AF551724

Fernwanderungen sind mehr als nur eine Folge einzelner Tageswanderungen. Sie können uns auch die Pforte zu einem neuen Lebensstil öffnen.

Günter Kromer, Jahrgang 1962, ist schon seit mehr als drei Jahrzehnten begeisterter Fernwanderer. Er veröffentlichte Bücher, schrieb viele Artikel für Zeitschriften und Online-Magazine und zeigte in vielen Städten Multimedia-Shows seiner Touren. 2018 beendete er seine Arbeit für ein Kulturmagazin, um zwei Jahre lang zu wandern. Auf seiner Webseite **www.d-wanderer.de** stellt er die einzelnen Etappen mit vielen Infos und über 4.300 Fotos vor. Im vorliegenden Buch konzentriert er sich hingegen bei seinen Streckenbeschreibungen auf das Wesentliche und fügt viele Erlebnisse sowie persönliche Eindrücke über das Abenteuer Fernwanderung, die Vielfalt Deutschlands und das Besondere der vier Jahreszeiten hinzu.

GÜNTER KROMER

DER DEUTSCHLAND-WANDERER

10.000 Kilometer auf den schönsten Fernwanderwegen

LINDEMANNS

Inhalt

Der Deutschland-Wanderer

Warum so oft in ferne Länder fliegen, wenn es in Deutschland noch so viel zu entdecken gibt?

Zwischen Juli 2018 und Juli 2020 wanderte ich 10.000 km auf Deutschlands schönsten Fernwanderwegen. Mit diesem Projekt will ich vielen Menschen auf unterhaltsame Weise die Schönheit unserer Heimat zeigen und sie zu eigenen Wanderungen motivieren.

Nachdem 1986 im Schwarzwald meine Begeisterung für Fernwanderwege erwachte, überquerte ich in den nächsten Jahren mehrmals zu Fuß die Alpen von Nord nach Süd, wanderte von Wien nach Nizza, von Zermatt nach Salzburg, von Karlsruhe zur Ostsee sowie einige andere lange Strecken. Fernwandern war für mich zwei Jahrzehnte lang eine der zentralen Säulen meines Lebens.

Ab der Jahrtausendwende war ich eine Zeit lang vor allem als Läufer unterwegs. Nach vielen faszinierenden Wettkämpfen, bei denen ich bis zu 185 km weit nonstop auf schönen Trails lief, wuchs meine Sehnsucht, endlich wieder auf mehrtägigen Wanderungen unterwegs auch genug Zeit zu haben, die vielen Naturschönheiten rechts und links des Weges zu bestaunen. Gleichzeitig wollte ich einen eigenen Beitrag zum Klimaschutz leisten. Daher beschloss ich, meine große Erfahrung zu nutzen, um möglichst viele der beliebtesten Fernwanderwege, aber auch Routen jenseits des Massentourismus, mit Reiseberichten und vielen Fotos vorzustellen.

Ich will aber auch zeigen, dass man nicht nur in der sonnigen Hauptsaison wandern kann. Jeder Monat und jedes Wetter bietet seine eigenen Reize. Ich erlebte einen Schneesturm auf dem Brocken, 40 Grad Hitze am Rhein, Sturmflut an der Ostsee, die Blütenpracht im Frühling, farbige Wälder und mystische Nebelstimmungen im Herbst sowie märchenhaft verschneite Winterwälder.

Im allgemeinen Sprachgebrauch und im Tourismus wird der Begriff „Fernwanderweg“ inzwischen für fast jede Etappenwanderung benutzt. In meine Auswahl nehme ich nur Wege, die mindestens in fünf offizielle Etappen eingeteilt sind.

Welche der sehr vielen zur Auswahl stehenden Routen ich in diesen zwei Jahren erkunde, richtet sich vor allem nach meinem Wunsch, sowohl mir als auch den Leser/innen möglichst viel Abwechslung zu bieten. Daher verzichtete ich auf einige der bekanntesten Klassiker und ergänze dafür mein Wanderabenteuer um ein paar ungewöhnlichere Strecken.

Da ich lieber vom frühen Morgen bis zum Abend unterwegs bin, anstatt erst um neun Uhr zu frühstücken und bereits um 15 Uhr am Etappenziel zu sitzen, fasse ich gerne zwei „offizielle“ Tagesetappen an einem Tag zusammen. Außerdem entspricht mein Wohlfühltempo eher schnellem Nordic Walking als normalem Wandern. An manchen Tagen laufe ich zwischendurch auch ein paar Kilometer. Unterwegs nehme ich mir aber immer sehr viel Zeit zum Fotografieren.

Westweg

Deutschland-Wanderer-Prolog: 23.12.2017 – 1.1.2018

Bereits im Jahre 1900 wurde der Westweg von Pforzheim bis nach Basel angelegt. Ab Titisee wird die mit dem Gütesiegel „Qualitätsweg Wanderbares Deutschland“ ausgezeichnete Strecke in eine Ost- und eine West-Variante geteilt. In beiden Fällen ist der Weg knapp 290 km lang und hat etwa 7.900 Höhenmeter.

www.schwarzwald-tourismus.info

Als mir die erste Idee für ein großes Fernwanderprojekt kam, wusste ich nicht, ob mir Etappenwanderungen auch im Winter noch immer so viel Freude bereiten wir früher. Daher wähle ich nun ein halbes Jahr vor dem offiziellen Start meines Deutschland-Wanderer-Projekts als Teststrecke den Weg, der mir bereits vor mehr als 30 Jahren ein neues Lebensgefühl vermittelt hatte.

Bei der ersten Etappe müssen meine Partnerin Annette und ich leider auf das erhoffte winterliche Ambiente verzichten, wir freuen uns aber darüber, endlich mal wieder zu einer Fernwanderung aufzubrechen. Bei feuchtem und kaltem Wetter marschieren wir durch Wälder und Orte nahe Pforzheim, einige Zeit am Ufer der Enz entlang und schließlich hinauf zum Etappenziel Dobel. Selbst dort oben liegen heute nur vereinzelt kleine Schneereste.

Da wir an Heiligabend zuhause bei der Familie feiern, setzen wir unsere Wanderung erst am 25.12. fort. Am frühen Morgen umgibt uns in Dobel noch dichter Nebel, der aber bald unter uns liegt. Nun blicken wir unter wolkenlosem Himmel zufrieden über das flache Nebelmeer, das die Rheinebene bedeckt und aus dem nur die hohen Berge des Schwarzwalds wie Inseln herausragen.

Nach einer Stunde knirscht endlich Schnee unter unseren Schuhen. Zwar müssen wir aufpassen, um auf dem an einigen Stellen vereisten Altschnee nicht zu rutschen, aber insgesamt kommen wir recht problemlos voran. Wir lieben das Wandern im Winter – und natürlich auch im Frühling, Sommer und Herbst. Ich empfinde es als großes Glück, dass wir so stark unterschiedliche Jahreszeiten mit ihren speziellen Reizen erleben dürfen.

Höhepunkt dieser Etappe ist ein Bohlensteg, der durch das urwüchsige Naturschutzgebiet am Hohlohsee führt. Die Gegend um Hohloh- und Wildsee ist das größte naturbelassene Hochmoor Deutschlands. Neben dem Steg wachsen Latschenkiefern und Birken, Heidelbeer- und Preiselbeersträucher. Da man vom nahen Wanderparkplatz bequem zu dieser Idylle spazieren kann, sind hier sehr viele Menschen unterwegs. Leider zeigen Spuren im Schnee an, dass einige rücksichtslose Spaziergänger den Weg verlassen haben und in das empfindliche Ökosystem am Ufer vorgedrungen sind.

Beim Abstieg ins Murgtal begegnen wir kaum jemanden und können wieder die Stille dieses Wintertages genießen.

An den nächsten drei Tagen wandere ich alleine weiter. Schon bei Sonnenaufgang marschiere ich auf einem recht anstrengenden Pfad von Forbach hinauf zu einem Bergsattel, danach bequem hinab zum großen Stausee der Schwarzenbach-Talsperre.

Ein steiler, sehr steiniger Aufstieg führt mich zum idyllischen Herrenwieser See. Als sich die Gletscher der Eiszeit aus dem Schwarzwald zurückzogen, hinterließen sie viele kleine Karseen, die heute unterhalb von steilen Bergflanken als bezaubernde Naturparadiese jeden Wanderer begeistern. Viele meiner Freunde kennen im Schwarzwald nur die am Wochenende stark frequentierten Wanderwege bei den Parkplätzen und glauben, dass man Deutschland verlassen muss, um den Zauber der Natur alleine genießen zu können, doch oft erlebt man auch hier perfekte Stille.

Da ich schon oft im Winter wanderte, weiss ich, dass man in dieser Jahreszeit außerhalb der geräumten Winterwanderwege mit anspruchsvollen und sehr anstrengenden Streckenabschnitten rechnen muss. Im verharschten und an einigen Stellen rutschigen Altschnee zwischen dem Herrenwieser See und dem Aussichtsturm auf der Badener Höhe bin ich über meine Schuhe mit Gamaschen, meine Wanderstöcke und meinen guten Trainingszustand sehr froh. Für normale Spaziergänger wäre dieser Aufstieg bei den heutigen Wegverhältnissen kein Vergnügen, doch mir bieten solche Strecken eine spannende Abwechslung zum normalen Wandern.

Die nächsten Kilometer führen über gut präparierte und entsprechend auch von vielen Wanderern genutzte Wege. Doch ab Hundseck beginnt mein weitaus schwerster Streckenabschnitt in diesem Winter. Schon auf dem ersten Kilometer der Aufstiegsroute breche ich immer wieder bis zum Knie im verharschten Schnee ein. Am Anfang komme ich zwischendurch manchmal auch 50 bis 100 Meter weit relativ problemlos voran, doch oben auf dem Hochkopf wird es dann äußerst anstrengend. Ich liebe die wilde Atmosphäre dieser wunderschönen Grinde-Vegetation mit den kleinen Birken, verkrüppelten Kiefern und Sträuchern. Da dies zu meinen Lieblingsrouten im Nordschwarzwald zählt, war ich schon oft im Winter hier oben, doch so anspruchsvoll habe ich diese Strecke noch nie erlebt. Anstatt bei klarer Fernsicht über die Rheinebene bis hinüber zu den Vogesen zu blicken, sehe ich heute im dichten Nebel nur meine unmittelbare Umgebung. Der Pfad ist unter so tiefem Schnee verborgen, dass ich den Streckenverlauf nicht erkennen kann. Da seit dem letzten starken Schneefall niemand mehr hier wanderte, kann ich mich auch nicht an Fußspuren orientieren. Nur ab und zu sehe ich durch den Nebel weit vor mir eine Markierung. Ich stapfe drei bis vier Schritte auf halbwegs festem Boden voran, stecke bis zum Knie im Schnee fest, ziehe das Bein wieder aus dem Loch heraus, mühe mich ein paar Meter vorwärts und breche schon wieder ein. Auf diese Weise brauche ich für einen Kilometer mehr als eine Stunde. Der kalte Sturm verhindert, dass ich zwischendurch stehen bleiben und mich ausruhen kann.

„Geht das denn überhaupt?", fragten uns viele Freunde, als Annette und ich von unserem Plan erzählten. Wir kennen die wechselnden Bedingungen dieser Jahreszeit und empfehlen den Westweg im Winter daher nur gut trainierten, erfahrenen und trittsicheren Wanderern. Schuhe mit Gamaschen und sehr gutem Profil sowie entsprechende Winterbekleidung sind absolut Bedingung. Für den wegen dicker Wechselbekleidung und Thermoskanne deutlich schwereren Rucksack entschädigt uns eine Winterwanderung mit Abenteuern, die uns im restlichen Jahr entgehen. Nicht nur die größere sportliche Herausforderung, sondern vor allem die täglich wechselnden, oft sogar von Kilometer zu Kilometer unterschiedlichen Streckenverhältnisse sorgen für ein völlig anderes Wandererlebnis als die schneefreien Monate.

Auf der 1.163 m hohen Hornisgrinde, dem höchsten Berg im Nordschwarzwald, begegne ich trotz dem starken Sturm heute überraschend vielen Spaziergängern, die auf der recht leichten Strecke vom Parkplatz am Mummelsee herauf wandern. Ein älteres Ehepaar wundert sich über meinen großen Rucksack, spricht mich an und kann es kaum fassen, dass jemand im Winter auf dem Westweg wandert.

Während ich unter dunkelgrauem Himmel über die weite, offene Grindefläche mit ihren von den häufigen Stürmen gekrümmten Bäumen und Sträuchern wandere, dringt ein schmaler Sonnenstrahl durch eine Wolkenlücke und beleuchtet einen kleinen Fleck der Rheinebene.

Mein Etappenziel Mummelsee zählt zu den beliebtesten Ausflugszielen im Nordschwarzwald. Auch heute ist an dem unter einer steilen Bergflanke gelegenen See recht viel los.

Nach einigen Kilometern erreiche ich die idyllischen Grindeflächen zwischen Darmstädter Hütte und dem Wildseeblick, wo ich glücklich durch die weiße Märchenlandschaft marschiere.

Oberhalb vom Touristenmagnet Ruhestein folge ich nicht dem in Serpentinen bergab führenden Wanderweg, sondern renne weglos geradeaus den Hang am Rande der Skipiste hinab. Während der letzten zehn Jahre bin ich viel öfter als Trailrunner auf sehr anspruchsvollen Strecken gelaufen statt gewandert. Daher liebe ich es immer noch aus ganzem Herzen, in hohem Tempo bergab zu rennen.

Nach dem Trubel am Skihang und der Rodelpiste folgen bei recht starkem Schneefall einsame Kilometer durch eine wunderschöne Landschaft mit wenigen, von Wind und Wetter bizarr geformten Bäumen und Sträuchern. Ach wie schön ist es, hier durch die stille Natur stapfen zu können!

Nach einer kurzen Überlegung, ob ich im Hotel Schliffkopf noch eine Pause mit Kaffee und Schwarzwälder Kirschtorte einlegen soll, gehts dann aber doch gleich weiter bis zum Hotel Zuflucht, wo ich mich in der Sauna nach diesem kalten Tag aufwärme.

Am Morgen weckt mich das Geräusch eines Schneepflugs. Über Nacht sind etwa 20 cm Schnee gefallen. Jetzt sieht der Wald um mich herum besonders winterlich aus. Doch der Neuschnee verbirgt nun die tiefe, brüchige Altschneedecke.

Unter diesen Bedingungen ist der Westweg hier ohne Schneeschuhe unpassierbar. Daher marschiere ich bis zur Alexanderschanze auf der Straße, die unter der dicken Schneedecke auch nicht anders aussieht als ein Wanderweg. Da aufgrund der Streckenverhältnisse nahezu keine Autos vorbeikommen, kann ich die Stille genießen.

Für heute hatte ich eine extrem lange Wanderung geplant. Ich wollte die beiden offiziellen Etappen von der Alexanderschanze bis Hausach an einem Tag zusammenfassen, in sehr sportlichem Tempo marschieren und die letzten Kilometer im Licht meiner Stirnlampe zurücklegen. Doch wenn ich heute Schritt für Schritt mühsam durch den Tiefschnee stapfen müsste, könnte ich mein Tagesziel unmöglich erreichen. Es stört mich nun aber nicht, dass ich deswegen von der Westweg-Route abweichen muss. Auf Winterwanderungen ist ein gewisses Maß an Flexibiliät bei der Streckenwahl Bedingung. Ich folge nun der heute fast autofreien Straße hinab nach Bad Griesbach. Am Ortsausgang stehen sehr viele PKW und LKW, deren Fahrer mich fragen, ob eine Fahrt nach oben möglich ist. „Ohne Schneeketten und Allradantrieb besser nicht!", empfehle ich.

Über Nebenstraßen erreiche ich schließlich wieder den Westweg, auf dem hier unten nicht mehr so tiefer Schnee liegt, und komme erst am späten Abend in Hausach an.

Am frühen Morgen begeistert mich der Blick von der Burgruine über das Kinzigtal, da die aufgehende Sonne die gegenüberliegenden Berghänge nach und nach erst rosa färbt und dann mit weichem, gelbem Licht bestrahlt.

Den ganzen Tag über marschiere ich unter wolkenlos blauem Himmel in einer Wintermärchenlandschaft durch wunderbar lockeren Pulverschnee. Nach vielen Stunden Genusswandern mit Aussicht erreiche ich den Gasthof Wilhelmshöhe, zu dem am Abend auch Annette kommt. Den herrlichen Tag lassen wir ganz gemütlich bei einem leckeren Abendessen ausklingen.

Anfangs stapfen wir durch tiefen Neuschnee, doch leider beendet Tauwetter unsere Freude am Winterwald. Bald regnet es und der Wind nimmt zu. Der nun stark aufgeweichte Tiefschnee kostet uns viel Kraft. Einmal reisst der Sturm die Regenhülle von Annettes Rucksack und ich muss ihm quer über eine Wiese hinterherrennen, bis ich ihn endlich festhalten kann. Dies ist ein zwar sportlicher und erlebnisreicher, aber nicht gerade genussvoller Wandertag. Dennoch sind wir auch heute froh, die Weihnachtsferien aktiv in der Natur verbringen zu können.

Manchmal führt der Westweg im Winter über Langlaufloipen, die offiziell für Wanderer gesperrt sind. Um unser Etappenziel zu erreichen, müssen wir diesen Routen dennoch folgen. Doch wir legen bei Winterwanderungen großen Wert darauf, dass wir die Loipen nicht beschädigen und marschieren daher weit neben dem gespurten Bereich durch den Schnee. Dies ist auch nicht anstrengender als ein Streckenabschnitt auf schmalen, zugeschneiten Pfaden.

Vom Aussichtspunkt Brend bleiben uns nur Nebel, Regen und Sturm in Erinnerung. Wir freuen uns, dass der Weg am Nachmittag an einem Gasthof vorbeiführt, in dem wir uns eine Weile bei Kaffee und Schwarzwälder Kirschtorte aufwärmen können. Dann müssen wir wieder hinaus in die heute äußerst unangenehme Witterung und marschieren schnell weiter zu unserem Ziel, dem gemütlichen Gasthof Kalte Herberge.

Von Tiefschnee über verharschte Wege bis zu schneefreien Abschnitten wird uns bei der nächsten Etappe viel Abwechslung geboten, mal durch urigen Wald, dann wieder über Wiesen mit viel Aussicht. Ein Tag wie aus dem Bilderbuch!

Der Schnee knirscht bei jedem Schritt unter unseren Füßen. Doch wenn wir zwischendurch stehen bleiben, um den Märchenwald um uns herum zu genießen, umgibt uns völlige Stille.

Viele Freunde fliegen in den Weihnachtsferien ans Mittelmeer oder auf ferne Inseln. Auch ich war schon oft im Winter im warmen Süden. Doch hier und jetzt fühlen wir, dass wir genau am für uns richtigen Ort sind.

Am Nachmittag erreichen wir den Titisee. Hier gabelt sich der Westweg in eine West- und eine Ost-Variante. Wir übernachten in der Jugendherberge, die etwas abseits beider Routen liegt.

Wie kann man das neue Jahr schöner beginnen als mit einer herrlichen Wanderung? Zuerst fordern uns beim Aufstieg nach Bärental ein paar vereiste Wegabschnitte, später wandern wir wieder durch eine tief verschneite Winterlandschaft.

Gegen zwölf Uhr endet für uns die Stille, denn nun umgibt uns der Touristentrubel am Feldberg. Auf den Skipisten und auch auf dem bequemen Winterwanderweg zur St. Wilhelmer Hütte ist sehr viel los. Den recht anstrengenden Aufstieg von der Hütte hinauf zum 1.493 m hohen Feldberggipfel trauen sich heute aber nur wenige Leute zu. Von Meter zu Meter gewinnt der Wind an Kraft. Mit enormem Rückenwind erreiche ich den Grat, wo ein heftiger Sturm den Schnee in hohem Tempo über den Berg bläst. Welch ein Spaß!

Dann krönt Petrus unsere Winterwanderung zum Abschluss mit einem herrlichen Blick auf die ferne Kette der Alpen. Glücklich marschieren wir zurück zum Parkplatz. Schon jetzt beschließe ich, im nächsten Winter auch die Westweg-Etappen zwischen Feldberg und Basel zu wandern. Die letzten Tage zeigten mir, dass Fernwandern nach wie vor ein unverzichtbarer Teil meines Lebens ist.

66-Seen-Wanderweg

1.–15.7.2018

Der nicht durchgehend markierte Weg führt ab Potsdam insgesamt 416 km rund um Berlin. Nahezu jeden Tag kommt man an mehreren Seen vorbei, in denen man baden kann, aber auch die vielen urwaldhaften Auwälder und duftende Kiefernwälder begeistern jeden Wanderer.

Nach vielen Monaten der Planung geht es jetzt endlich los. Da ich nicht nur die beliebtesten Routen, sondern auch weniger bekannte Strecken vorstellen will, wähle ich für mein erstes Kapitel den 66-Seen-Weg. Da man hier bei fast jeder Etappe nicht nur wandern, sondern auch baden kann, ist dies eine ideale Tour für den Sommer.

Mit seinen vielen großartigen Schlössern und Parkanlagen zählt Potsdam zum UNESCO-Weltkulturerbe. Für mich ist dies die schönste Stadt Deutschlands. Schon bald nach meiner Ankunft spaziere ich durch den wunderschönen Park Sanssouci. Hier weiche ich kurz von der Route des 66-Seen-Weg ab, um mir das Schloss von allen Seiten anzuschauen. Anschließend komme ich am Ruinenberg, an der russischen Kolonie Alexandrowka mit ihren hübschen alten Häuschen, am Marmorpalais und am Schloss Cecilienhof vorbei. Auf diesen herrlichen Kilometern fühle ich mich wie ein ganz normaler Tourist. Dass dies die ersten von geplanten 10.000 Kilometern sind, passt noch nicht ganz in meinen Kopf hinein. Einerseits erfüllt mich die Begeisterung darüber, dass es jetzt endlich losgeht, und die Vorfreude auf die nächsten zwei Jahre mit Euphorie, andererseits unterscheidet sich mein Spaziergang durch die Parks heute nicht von einem ganz normalen Urlaubstag.

Heute führt mich der Weg zwar häufig durch die Natur, doch es gibt auch einige langweilige Abschnitte und zu viel Asphalt. Am Himmel vor mir sehe ich immer wieder Flugzeuge, die in Berlin starten oder landen. In den letzten Jahren bin ich oft in ferne Länder gereist. Doch nun will ich endlich auch mein Heimatland besser kennenlernen und mit meinem D-Wanderer-Projekt möglichst viele Menschen dazu motivieren, selbst wieder ab und zu in Deutschland zu wandern. Ich will aber niemandem Fernreisen grundsätzlich verbieten, denn ich halte es auch für gut und wichtig, andere Kulturen kennenzulernen. Natürlich bietet eine Wanderung auf den Dünen der Sahara, zwischen asiatischen Tempeln oder über isländische Vulkane völlig andere Eindrücke als ein deutscher Waldspaziergang. Doch zu viele Menschen fliegen in ihrem Urlaub ausschließlich in ferne Länder und ahnen nicht, wie viel es auch bei uns zu entdecken gibt.

Am Morgen gehe ich an einer Stelle ohne Wegmarkierung in die falsche Richtung und muss einige Zeit später zuerst bei einem unübersichtlichen Gewirr aus Fußspuren die scheinbar richtige Route erahnen, mich danach weglos auf teilweise sumpfigem Boden durch Gestrüpp, Brennnesseln und Dornenranken drängen und über viele morsche Baumstämme klettern, bis ich den Wanderweg wieder erreiche.

Nach einigen monotonen Kilometern sitze ich eine Weile an einem hübschen Rastplatz am Schlänitz-See, spaziere durch den Park bei Schloss Marquart und entlang des Havelkanal, wo viele kleine Sportboote und größere Lastschiffe an mir vorbeifahren.

Während der ersten Etappen fehlen so viele Wegmarkierungen, dass man unbedingt den GPS-Track oder ein Buch mit Karte braucht. Ich empfehle „66-Seen-Wanderung“ von Manfred Reschke, der seit 1977 die Strecke für diesen Wanderweg in eigener Initiative erkundete. Im Laufe der Zeit bekam sein

Projekt Unterstützung durch die Leitung der Regionalparks und des Landestourismusverbandes. Im Jahr 2000 wurde der Weg dann offiziell eröffnet.

Zuerst spaziere ich wieder am Havelkanal entlang. Unterwegs schaue ich eine halbe Stunde lang zu, wie Schiffe eine Schleuse passieren.

Dann wandere ich durch einen wunderschönen Kiefernwald. Der intensive Duft dieser Wälder zählt seither für mich zu meinen wesentlichen Erinnerungen an den „66-Seen-Weg". Da an manchen Stellen tiefer, weicher Sand die Waldwege bedeckt, ist das Wandern hier zeitweise recht anstrengend.

Am Mittag sitze ich auf der Terrasse eines Restaurant am Ufer der Havel, schaue den Schiffen zu, esse Fisch und trinke ein Bier. Das Leben kann so schön sein!

Schon seit meinem ersten Jahr als Fernwanderer bin ich am liebsten vom frühen Morgen bis zum Abend unterwegs. Als ich heute nach mehr als 40 Kilometern gegen Abend über einen Brettersteg wandere, der entlang der Briese durch einen äußerst idyllischen Auwald führt, fühle ich mich rundum glücklich und zufrieden.

Am Morgen folgt sogar ein noch schönerer Abschnitt auf dem Briesesteg, oft an urwaldhaften Wasserstellen und kleinen Sumpfgebieten vorbei. Insgesamt spaziere ich im großartigen Briesetal etwa zwei Stunden lang durch diesen Auwald mit vielen im Wasser stehenden Bäumen und wilder Vegetation.

Die für den Nordosten Deutschlands typischen, aus großen Feldsteinen erbauten Kirchen, gefallen mir sehr gut. Auch heute komme ich an einer vorbei. Am Nachmittag erreiche ich den großen Wandlitzsee, wo ich von meinem Hotel hinab zu einer kleinen Badestelle gehe und weit am Ufer entlangschwimme. Am Abend setze ich mich dann mit einer Flasche

Wein, Brot und gutem Käse ans Ufer und schwimme bei Sonnenuntergang erneut eine Runde. Dass man bei einer Fernwanderung fast täglich in schönen Seen baden kann, gibt es auf nur sehr wenigen Routen. Bisher fühlt sich diese Woche für mich noch immer wie ein ganz normaler Urlaub an. Ich kann es kaum glauben, dass hier und jetzt nur ein winziger Anfang von etwas viel Größerem ist.

Beim Frühstück auf einer Hotel-Terrasse mit Blick über den See fängt der Tag bereits perfekt an. Dann wandere ich viele Kilometer am Ufer einiger recht naturbelassener Seen entlang. Genau so habe ich mir diese Fernwanderung gewünscht.

Passend zur afrikanisch anmutenden Hitze sehe ich plötzlich vor mir auf dem Weg eine Nandu-Familie. Ich weiss, dass die Vorfahren dieser afrikanischen Laufvögel vor langer Zeit aus einer Straußenfarm ausgebrochenen sind und sie längst in Ostdeutschland in freier Wildbahn heimisch sind, aber dennoch überrascht mich diese Begegnung.

Am Mittag will ich in Melchow Proviant kaufen, finde aber keinen geöffneten Laden. Für die restlichen 13 km bis Trampe habe ich nur noch ein paar Schluck Wasser. Von Stunde zu Stunde nimmt nun bei sonnigen 31 Grad mein Durst zu. Bald schleiche ich recht dehydriert durch die Gegend. An einem Friedhof will ich diese für Wanderer meist gute Gelegenheit zum Auffüllen meiner Flaschen nutzen, doch hier kommt kein Tropfen aus dem rostigen Wasserhahn. Als ich endlich an meinem Tagesziel im Landhotel Trampe zwei kühle Bier trinke, bin ich sehr froh darüber, wieder mit gutem Flüssigkeits-Nachschub im Schatten sitzen zu können.

Auch heute komme ich wieder an sehr vielen großen und kleinen Seen vorbei und wandere durch romantische Auwälder und duftende Kiefernwälder.

Eine Szene, die ganz harmlos beginnt, bleibt fest in meiner Erinnerung an den 66-Seen-Weg verwurzelt. Ich sehe und höre, wie am gegenüberliegenden Ufer ein Mann seinen Hund ruft. Der Hund jagt im Wasser einen Schwan. Zuerst denke ich nur „Böser Hund", als er später dem Schwan immer weiter auf den See hinaus folgt „Doofer Hund" und als irgendwann die Hoffnung schwindet, dass der Hund aus eigener Kraft den Weg zum Ufer findet „Armer Hund". Inzwischen hat der Besitzer mit seinen Angehörigen an meiner Seite des Sees telefoniert. Ein Kind steht verzweifelt am Ufer. Die Mutter schwimmt auf den See in Richtung Hund. Doch Hund und Schwan sind schneller und wechseln immer wieder die Richtung. Wenn der Hund zu nahe kommt, fliegt der Schwan zehn bis zwanzig Meter weiter. Irgendwann geht der Besitzerin die Kraft aus und sie muss von Leuten in einem Tretboot ans Ufer gebracht werden. 50 Minuten lang kann ich mich nicht von diesem Drama lösen. Doch schließlich muss ich weiter. Zu schade! Ich würde sehr gerne wissen, ob der Hund irgendwann doch noch in dem mehrere Kilometer langen und recht breiten See das Ufer erreichte. Leider kann ich daran nicht glauben.

Der Rest der sehr abwechslungsreichen Strecke gefällt mir so gut, dass ich nun beschließe, in den nächsten Jahren noch viele der Seen im Nordosten von Deutschland zu erkunden.

Am Abend halte ich mich am Großen Stienitzsee meist am Ufer auf und schwimme natürlich auch wieder eine Weile. Die Vermieterin meines sehr preiswerten Zimmers erzählt mir, dass der See der Firma Thyssen gehört. Mich überrascht es sehr, dass ein so riesengroßer See Privatbesitz ist, doch inzwischen weiss ich, dass dies in den neuen Bundesländern bei vielen Seen der Fall ist.

Diese Tage in Brandenburg bestätigen wesentlich intensiver als erhofft meine Überzeugung, dass es in Deutschland noch viel Schönes zu entdecken gibt. Ohne das D-Wanderer-Projekt wäre ich wohl nie im Leben hierhergekommen und hätte keine Ahnung, wie schön es im Nordosten von Deutschland an den vielen Tausend Seen ist.

Heute überraschen mich ein paar kurze, sogar über Treppen führende steile Auf- und Abstiege. Das Schmelzwasser der Gletscher der letzen drei Eiszeiten hat hier tiefe Rinnen in die Landschaft geschliffen. Die meisten Seen in dieser Region füllen solche Rinnen.

Bei Rüdersdorf verzichte ich auf den Besuch des sicherlich sehenswerten Freilichtmuseums, wo in einem Tagebau schon seit über 1.000 Jahren Kalk abgebaut wird. Das Museum interessiert mich zwar sehr, aber ich will lieber weiter durch die Natur wandern. Bald spaziere ich am Ufer des von vielen Segel- und Motorbooten befahrenen Kalksee entlang. Dann beobachte ich eine Weile den Bootsverkehr an einer Schleuse. Es folgen ein schöner Uferweg am Flakensee und ein idyllischer Pfad an einem kleinen Fluss, auf dem viele Paddel- und Motorboote an mir vorbeifahren. Ein Stück weiter mäandert der Fluss als schmales Gewässer durch die Auenlandschaft. Hier kann man nur noch mit Paddelbooten fahren, sofern man es schafft, sich zwischen den vielen umgestürzten Bäumen hindurch zu manövrieren. Viele Kilometer geht es so märchenhaft weiter.

Kurz vor Hangelsberg ärgere ich mich über die Dummheit mancher Menschen. Der 1842 eröffnete Bahnhof zählt zu den ältesten in Deutschland. Leider wurden das aus Ziegelsteinen gemauerte, unter Denkmalschutz stehende Fachwerkgebäude sowie ein Nachbargebäude sehr übel mit Graffity-Sprühereien verschandelt und manche Bereiche durch weiteren Vandalismus zerstört. Einige Kilometer weit wandere ich am Ufer der Spree entlang. Bald vereint sich dieser Fluss mit dem wasserreicheren Oder-Spree-Kanal.

Die 13 km von Fürstenwalde nach Bad Saarow bereiten mir nicht viel Freude, zumal ich mehrmals viel Zeit und Nerven auf der Suche nach der richtigen Route verliere. Es klingt zwar verrückt, doch einmal irre ich tatsächlich 20 Minuten lang durch einen sehr großen Friedhof und suche einen Ausgang auf der anderen Seite. Ich bemerke zwar bald, dass der Wanderweg draußen vorbeiführt, aber ein undurchdringlicher Zaun trennt mich von ihm. Schließlich kehre ich zum einzigen Eingang zurück.

Am Aussichtsturm auf dem Rauener Berg sehe ich den Rauch eines kleinen Waldbrandes, der genau in der Richtung aufsteigt, in die ich morgen früh wandern will. Die extreme Trockenheit der letzten Wochen sorgt in Brandenburg inzwischen schon für mehrere Brände.

Im Kurort Bad Saarow gefallen mir die vielen alten Villen. Auf dem See fahren Ausflugsschiffe und große Motorboote, im Schilf tummeln sich viele Wasservögel. Ein Teil des Ufers wurde wie ein Park angelegt. Heute schwimme ich zuerst am späten Nachmittag, dann noch einmal nach Sonnenuntergang.

Zuerst spaziere ich durch einen kleinen Urwald, dann wandere ich wegen fehlender Wegmarkierungen fast eine Stunde lang im Kreis. Hier sieht das Profil der Landschaft ähnlich aus wie ich es von den großen Dünenfeldern der Sahara kenne, allerdings wachsen hier Kiefern auf den nun üppig grünen Resten alter Dünen.

Diese Landschaft entstand nach der letzten Eiszeit, als Flugsand zu großen Wanderdünen aufgehäuft wurde. Die Formen der Dünen kann man im Wald noch sehr gut erkennen. Schließlich führt eine Treppe auf die höchste Binnendüne Deutschlands. Oben stehe ich auf offenem Sandboden. Mich faszinieren hier vor allem viele alte, verkrüppelte Kiefern, die am Rande der Düne wachsen.

Nahe Wendisch-Rietz kehre ich zum Mittagessen im Restaurant Fisch-Haus ein, das nicht nur hervorragendes Essen, sondern auch einen herrlichen Blick auf das Wasser bietet. Die hochwertige Speisekarte liegt zwar preislich über meinem normalen Budget, aber dafür bekomme ich die beste Fischsuppe meines Lebens und eine leckere Räucherfischplatte.

Nach zwei weiteren Seen erreiche ich den Campingplatz am Springsee, wo ich für heute Nacht ein Schlaf-Fass gebucht habe, ein originelles Holzhäuschen in der Form eines Fasses. In der vorderen Hälfte stehen Sitzbänke, im hinteren Bereich liegen Matratzen. Mich überrascht es sehr, wie bequem diese äußerst preiswerte Übernachtungsgelegenheit ist. Am Abend spaziere ich am Ufer entlang und setze mich bis zur Dämmerung auf eine Bank.

Wieder führt mich der Weg zu vielen Seen und durch schöne, abwechslungsreiche Wälder. Ich komme an einer Windmühle vorbei und sehe viele Storchennester.

Einen ganz besonderen Aspekt des Fernwanderns kenne ich schon von früheren Touren. Bereits nach wenigen Wandertagen verknüpft mein Bewusstsein viel intensiver Vergangenheit und Gegenwart, als dies bei einem normalen Urlaub der Fall wäre. Doch jetzt merke ich, dass dies nun sogar noch stärker als je zuvor geschieht. Einesteils erinnern mich immer öfter bestimmte Stellen und Gefühle an Erlebnisse von anderen Fernwanderungen, gleichzeitig scheint mein Unterbewusstsein viele Aspekte meines Lebens, an die ich lange nicht mehr gedacht hatte, in ganz neue Relationen zu setzen. Die Deutlichkeit dieses inneren Vorgangs überrascht mich. Offensichtlich war diese durch die Beschränkung auf das Wandern bedingte Pause in meinem Leben notwendig, das bisher meist geprägt wurde durch hundert Dinge, die ich gleichzeitig erledigen wollte. Wenige Wochen später scheint mein Bewusstsein dann alles Notwendige verarbeitet zu haben und ich wandere auch mental wieder in der Gegenwart.

Am frühen Nachmittag erreiche ich Köthen. Obwohl Berlin nur etwa 30 km entfernt ist, kann ich hier im Funkloch weder telefonieren noch ins Internet. Einen Laden gibt es hier auch nicht und das einzige Restaurant wurde vor einem Jahr geschlossen. Zum Glück bieten mir die anderen Gäste in meiner Unterkunft an, mit ihnen zu grillen. Zuerst freue ich mich über die Einladung, doch dann werde ich zwei Stunden lang Zeuge eines Familienkrieges, unter dem drei kleine Kinder sichtlich leiden. Zwischen all dem Geschrei und den Beschimpfungen komme ich mir vor wie in einer RTL-Soap. Ich bin sehr froh, dass ich mich nach dem Essen zum sehr schönen Badestrand zurückziehen kann, wo ich lange schwimme.

Nach wochenlanger Trockenheit mit extremer Waldbrandgefahr und hohen Dürreschäden in der Landwirtschaft regnet es heute Morgen viel zu viel. Im nahe gelegenen Berlin wird sogar eine Autobahn wegen Überflutung gesperrt. Für mich gibt es auf dieser Etappe zusätzlich zu elf normalen Seen noch 666 weitere, die am Morgen die Wanderwege und Straßen bedecken. Ich starte bei 14 Grad und Starkregen.

Nun führt der Weg mit sehr vielen Richtungswechseln durch Kiefernwald, aber immer gut mit blauen Punkten markiert. Doch irgendwann wundere ich mich, da ich eigentlich längst Teupitz hätte erreichen sollen.

Mist! Ich sah zwar an jeder Abzweigung Wegmarkierungen, aber bei dem dunklen Wetter fiel mir wegen meinen nassen Brillengläsern nicht auf, dass ich schon seit einer Weile nicht mehr blauen, sondern grünen Punkten folge. Nun muss ich umkehren und zwei Kilometer weit zurückgehen, bis ich die Stelle erreiche, ab der mich nun die richtige Farbe zum Ziel führt.

Das ehemalige Herz der Altstadt von Teupitz ist stark verfallen. Viele Läden und Gaststätten sind längst geschlossen. Dies fällt mir auch in anderen Orten im Osten von Deutschland auf. Viele alte Gebäude werden nicht renoviert oder abgerissen, sondern einfach nur abgesperrt. Da man hier außerhalb der Orte genügend Platz hat, ist es billiger, abseits etwas Neues zu bauen anstatt das Alte zu renovieren. Die Seebrücke wäre eigentlich ein idealer Platz für eine Mittagsrast, doch nicht bei diesem Mistwetter. Ich schaue mir kurz die Kirche an, in der ich Orgelmusik höre.

Noch einmal marschiere ich zwei Kilometer irrtümlich in die falsche Richtung. Erst der schöne Naturlehrpfad am Ufer des Tornower See hebt wieder meine Stimmung.

Da ich während der letzten Jahre bei Wettkämpfen oft extrem lange Distanzen nonstop gelaufen bin, plane ich in den ersten Monaten meiner Zeit als D-Wanderer einige zu lange Etappen ein. Heute werden aus den geplanten besonders sportlichen 43 Kilometern durch Umwege sogar 48. Im Laufe der nächsten Monate reduziere ich dann meist die tägliche Streckenlänge.

Nach einigen recht netten, aber wenig spektakulären Kilometern gefallen mir der Faule See und die kleinen, durch den Abbau von Gips entstandenen Gipsseen sehr gut. Nach einem sehr öden Streckenabschnitt sammle ich am Nachmittag schon wieder auf der Suche nach der richtigen Route einige zusätzliche Kilometer. An diesem heißen Sommertag geht mir das allmählich auf die Nerven. Als ich dann endlich Trebbin erreiche, muss ich nach der sehr weiten Wanderetappe noch lange nach einem geöffneten Restaurant suchen, da der Supermarkt schon geschlossen hat.

Der 66-Seen-Weg gefällt mir wirklich gut, aber bei keinem anderen Weg werde ich in den nächsten zwei Jahren annähernd so viele „Bonuskilometer“ sammeln.

Nahe Trebbin wandere ich ausnahmsweise auf einen „richtigen“ Berg hinauf; das ist allerdings nichts, was man im größten Teil von Deutschland als Berg bezeichnen würde, aber mit einer Höhe von 103 Metern für diese Region beachtlich.

Bald darauf erreiche ich zuerst den Blankensee und kurz danach den gleichnamigen Ort, in dem mir der Schlosspark mit seinen vielen Skulpturen und schmückenden Bauwerken sehr gut gefällt.

Die nächsten Kilometer führen durch eine abwechslungsreiche Wald- und Wiesenlandschaft – so richtig zum „die Seele baumeln zu lassen“. Danach kann ich wieder an einigen Seen schwimmen. Im Biergarten eines Restaurants am Kleinen Seddiner See verweile ich recht lange, da ich mich kaum von diesem schönen Platz trennen kann.

Die nächsten acht Kilometer muss ich nun im Lauftempo zurück legen, da ich um 17:02 Uhr von einem kleinen Bahnhof mit dem Zug zu meiner gebuchten Unterkunft nach Potsdam fahren will. Ich erreiche den Bahnhof zwar rechtzeitig, sehe dort aber, dass heute alle Züge ausfallen. Leider fehlt ein Hinweis, wie man zu Fuß den nächsten Bahnhof erreichen kann, ab dem Schienenersatzverkehr angeboten wird. Daher marschiere ich nun auf dem „66-Seen-Weg“ noch zusätzliche acht Kilometer vorbei an einigen Badeseen, durch angenehmen Kiefernwald und Auwälder bis Caputh, von wo aus ich mit dem Bus nach Potsdam fahre.

Am Morgen fahre ich zurück nach Caputh und spaziere dort durch den kleinen Park beim Schloss. Leider führt mich danach die Strecke nicht wie erwartet durch die Parkanlagen beim Schloss Charlottenhof. Statt dessen muss ich nun neben lauten Straßen zum Hauptbahnhof von Potsdam marschieren.

Den gesamten Nachmittag verbringe ich dann im wunderschönen Park Babelsberg, der zwar nicht am „66-Seen-Wanderweg“ liegt, aber ein perfekter Abschluss dieser Tour ist. Eine Stunde vor meiner Heimfahrt schwimme ich gegenüber vom Park Babelsberg zwischen Seerosen, unter den über das Wasser ragenden Ästen von Eichen und Weiden, und genieße ein einzigartiges Badepanorama. Es ist heute kaum mehr vorstellbar, dass hier einst die Mauer Deutschland teilte und in dem Bereich, in dem ich jetzt bade, fünf Menschen bei Fluchtversuchen ermordet wurden. Der heute so lebhafte Bootsverkehr auf der Havel war damals natürlich streng verboten.

Während der ersten sechs Monate muss ich zwischen den Fernwanderungen jeweils ein paar Tage lang zuhause arbeiten. Ich bin beruflich selbstständig, will aber nach dem Jahreswechsel meine Arbeit reduzieren und nur noch ab und zu Telefonate oder Mails von unterwegs erledigen.

Auf der Heimfahrt freue ich mich schon darauf, bereits in sechs Tagen zur nächsten Fernwanderung aufbrechen zu dürfen, dann sogar gemeinsam mit Annette, die zwei Wochen Urlaub hat.

Maximiliansweg

21.7. – 2.8.2018

Der Maximiliansweg führt etwa 370 km von Lindau bis Berchtesgaden am nördlichen Rand der Alpen über sehr viele Gipfel. An manchen Streckenabschnitten braucht man sehr gute Trittsicherheit und Schwindelfreiheit, meist sind es aber Wege, die jeder Wanderer gehen kann. Die Route ist nicht durchgehend markiert.

Ich bin es seit Jahrzehnten gewohnt, bei Fernwanderungen 1,5 bis 2,5 „offizielle" Tagesetappen zu wandern. Annette und ich fühlen uns nach vielen Marathon- und Ultratrail-Wettkämpfen so fit, dass wir für die nächsten Tage sehr sportliche Distanzen planen.

Wir starten nicht in Lindau, sondern erst in Hittisau nahe der Grenze zwischen Österreich und Deutschland. Nach einigen Kilometern sehe ich, dass sich eine graue Regenfront schnell nähert. Gerade noch rechtzeitig holen wir unsere Jacken aus dem Gepäck und ziehen die Regenschutzplane über den Rucksack. Schon gießt es los. Wer es noch nie zuvor erlebt hat, staunt sicherlich, wie schnell die Temperatur in den Alpen innerhalb weniger Minuten fallen kann. Unten am Lecknersee schwitzen wir noch, jetzt könnte man bereits Handschuhe brauchen. Zum Glück erreichen wir nun bald unser Ziel.

Als ich in meinem ersten Fernwanderjahr 1986 auf dem E 5 hierherkam, konnte ich wegen dichtem Nebel das Staufner Haus erst aus wenigen Metern Entfernung sehen. Heute ist es ebenso, nur liegt zum Glück dieses Mal hier kein Schnee. In der Alpenvereinshütte sitzen wir dann in der warmen Stube und genießen nach dem Abendessen leckeren Apfelstrudel mit Vanillesoße, was für mich schon seit Jahrzehnten fast untrennbar zur Einkehr in einer Alpenhütte gehört. Der Blick aus dem Fenster steht den ganzen Abend unter dem Motto „One Shade of Grey".

Am Morgen reißt der Nebel ab und zu stellenweise etwas auf. Bei klarem Wetter kann man von der Nagelfluhkette aus viele Dutzend Berggipfel sehen, heute dagegen fasziniert uns das spannende Spiel der Nebelschwaden. Oft sehen wir nur 100 m weit vor und hinter uns den schmalen Pfad auf dem Grat, dann öffnet sich kurz eine Lücke im Grau und wir erkennen einen ganzen Bergkamm, kurz danach wogt der Nebel wieder bis zu uns. Es muss nicht immer Postkartenwetter sein! Auch solche Tage sind sehr reizvoll.

Der Weg führt mit viel Auf und Ab über die Gipfel der Nagelfluhkette. Das Gestein, das dieser Region ihren Namen gab, ist etwas Besonderes. Vor langer Zeit lagerten Flüsse in einem großen Becken rund geschliffene Steine verschiedener Arten aus unterschiedlichen Regionen ab. Später löste sich aus dem Wasser Kalk und verband die Steine zu dem außergewöhnlich aussehenden Konglomerat, aus dem hier die Felsen bestehen. Für diesen sehr steil bergauf oder bergab führenden Weg braucht man stellenweise Trittsicherheit. Vor allem ein paar kurze Passagen mit leichter Kletterei sind bei Regen rutschig. An kritischen Stellen sichern Zäune oder Drahtseile den Weg, so dass man nicht befürchten muss, in den fast senkrechten Abgrund links neben dem Pfad zu stürzen. Als starker Regen beginnt, verlassen wir den Grat und steigen vorzeitig auf einer anderen Route ins Tal. In Gunzesried essen wir in einer Sennerei ein leckeres Käsegericht und trinken dazu Buttermilch. Gut gestärkt marschieren wir hinab nach Sonthofen.

Am Morgen gießt es aus allen Kübeln. Die Berge stecken lückenlos in den Wolken. Unter diesen Umständen macht es keinen Sinn, den laut Beschreibung steilen und bei Regen rutschigen Aufstieg zum Tiefenbacher Eck zu marschieren. Wir wandern stattdessen auf einer einfacheren Route über Bad Hindelang und Oberjoch und treffen erst nahe Unterjoch wieder auf den Maximiliansweg. Inzwischen geben die Wolken zumindest einen Teil der Berge frei. Einige außerordentlich idyllische Bereiche am Ufer der Vils gefallen uns sehr gut. Heute fotografiere ich sehr viele Schmetterlinge. Da inzwischen auch oft die Sonne scheint, macht das Wandern wieder so richtig Spaß.

In Pfronten steigt Annette wie geplant in den Bus nach Füssen. Ich gebe ihr die schwereren Bestandteile meines Gepäcks mit. Mit dem nun deutlich leichteren Rucksack komme ich nun viel schneller voran. Noch stecken mir meine Wettkampf-Jahre so sehr im Blut, dass ich mich nicht ausschließlich auf Wandern beschränken will. Dies wird sich im Laufe der nächsten Monate ändern. In hohem Tempo marschiere ich einen steilen Pfad bergauf. Schließlich erreiche ich den Falkenstein mit der höchstgelegenen Burgruine Deutschlands.

Laut Höhenprofil im Wanderbuch geht es von hier bis Füssen nur noch bergab. Stattdessen führt der Weg mit viel Auf und Ab weiter. Zwischendurch blicke ich hinab zum Weißensee, Hopfensee und Forgensee. Obwohl ich 2,5 Stunden lang in hohem Tempo abwechselnd marschiere und schnell laufe, erreiche ich den Alatsee viel später als geplant. Hier lädt mich das inzwischen wunderbare Sommerwetter zum Baden ein, aber leider fehlt mir die Zeit für eine Rast. Erst gegen 20 Uhr komme ich in Füssen an.

Schon bevor die Völkerwanderung internationaler Touristen zum Schloss Neuschwanstein strömt, genießen wir in aller Ruhe den Blick auf Schloss Hohenschwangau und auf Neuschwanstein. Auch die Aussicht auf die vielen Seen im Flachland und zwischen hohen Bergen können wir noch ganz alleine betrachten. Als wir den Tegelberg-Gipfel erreichen, kommen gerade die ersten Touristen mit der Gondelbahn herauf.

Unter wolkenlosem Himmel marschieren wir anfangs auf leichtem Weg durch eine hübsche Alpenlandschaft. Dann können wir zwischen unterschiedlichen Streckenvarianten wählen. Die Maximiliansweg-Route über die Hochplatte ist eine ausgesprochen hochalpine Gratwanderung nur für sehr erfahrene Wanderer. Auf der als E4-Variante ausgeschilderten Alternative folgen wir lieber dem zwar steilen, aber problemlosen Abstieg hinab ins Lobental und anschließend hinauf zur Kenzenhütte. Da man laut dem Rother Wanderführer (Auflage 2013) von hier bis zur Brunnenkopfhütte 4,5 Stunden braucht, sind wir optimistisch, unser Ziel heute recht früh zu erreichen. Im Buch steht: „... für normale Wanderer gut zu bewältigen", doch diese Verharmlosung muss ich nun als gefährlichen Unsinn bezeichnen.

Am Anfang gefällt uns die Strecke hervorragend. Durch ein Blumenmeer steigen wir zu einem Pass auf, danach steil zu einer weitläufigen Wiesenlandschaft. Bei diesem tollen Panorama bereitet uns das Wandern viel Freude.

Doch dann führt der schmale Pfad meist direkt am Klammspitzengrat entlang über viele Stellen, an denen man Schwindelfreiheit und sehr gute Trittsicherheit braucht. Mir bereitet dies nach jahrzehntelanger Bergerfahrung keine Probleme, aber Annette war noch nie auf so einer anspruchsvollen Bergstrecke unterwegs und ist es außerdem seit zehn Jahren nicht mehr gewohnt, mit schwerem Rucksack zu wandern.

Immer mehr kniffelige Kletterpassagen kosten ihr viele Nerven. Manchmal stehen wir vor steilen Abgründen, an denen die Drahtseilsicherung wenig vertrauenswürdig aussieht. Nicht jeder Stein, an dem wir uns beim Klettern festhalten, ist stabil genug. Immer wieder lösen sich unter unseren

Füßen Steine und poltern bergab. Diese auf der Wanderkarte als gepunktete Linie eingezeichnete alpine Route eignet sich unserer Meinung nach absolut nicht für „normale Wanderer".

Wir sind heute nicht die einzigen Maximiliansweg-Wanderer, die sich über die zu harmlose Einschätzung im Buch ärgern. Unterwegs treffen wir zwei, die sogar noch langsamer voran kommen. Wir brauchen statt der angegebenen 4 Std. 30 Min. für diesen Übergang 5 Std. 50 Min., die anderen deutlich mehr. Allen nicht in alpinen Touren erfahrenen Wanderern empfehle ich ausdrücklich, ab dem Pass oberhalb der Kenzenhütte die E 4 Variante über Schloss Linderhof zu wählen.

Wir sind sehr froh, als wir endlich die Brunnenkopfhütte erreichen. Nach Spinatknödeln und zwei Bier zum Abendessen lässt das schöne Abendlicht vor dem auf 1.602 m stehenden Alpenvereinshaus meine Seele jubeln. Ich liebe es, vor einer Hütte zu sitzen und zu beobachten, wie sich das Licht und die Farbe der Berge immer mehr ändern.

Die Wanderung zum August-Schuster-Haus und der folgende Abstieg gefallen uns. Als wir uns in einem schattigen Tal auf eine Bank setzen, landen viele Schmetterlinge auf unseren Rucksäcken, Händen und Armen. Sie freuen sich über das ausgeschwitzte Salz. Uns gefällt es, die kleinen Kostbarkeiten aus unmittelbarer Nähe beim Salzlecken beobachten zu können.

In der Schleifmühlklamm mit mehreren schönen Wasserfällen ist das Klima einigermaßen erträglich, aber bald darauf treffen uns in Unterammergau die mehr als 30 Grad wie ein Schlag.

Normalerweise würden mir die ersten Kilometer des Aufstiegs in Richtung Hörnle gefallen, da ich an schönen alten Bäumen und vielen Heuhütten vorbeikomme, aber ohne Schatten und auf Asphalt fühlt es sich bei dieser brutalen Hitze recht übel an.

Danach ist es im Wald zwar schattiger, aber nun führt ein außerordentlich stark verwurzelter Weg sehr steil bergauf.

Oben wechsle ich mit wenigen Schritten von der Einsamkeit des Waldes in eine lebhafte Menschenmenge. Zur Hörnlehütte fahren heute sehr viele Leute mit der Bergbahn hinauf. Eine Weile setze ich mich neben das Gipfelkreuz und schaue hinab zu den vielen Seen im flachen Alpenvorland.

Beim Abstieg nach Grafenaschau bin ich wieder ganz alleine unterwegs. Unten muss ich dann in sengender Hitze zwei Stunden lang auf einer nahezu völlig flachen und schattenlosen Asphaltstraße marschieren.

Zum Abendessen sitzen Annette und ich ein Stück oberhalb von Eschenlohe auf der Terrasse eines Hotels mit schöner Aussicht und sehen in der Ferne viele Blitze über den Himmel zucken.

Inzwischen haben wir kapiert, dass die im Rother-Wanderführer angegebenen Gehzeiten wohl für schnelle Nordic Walker statt für normale Wanderer kalkuliert sind. Wir hatten aufgrund unserer guten Kondition geplant, die im Buch für die zwei Etappen von Eschenlohe zur Tutzinger Hütte angegebenen 13 Stunden problemlos in zehn Stunden zu schaffen. Nun sehe ich, dass auf einer Internetseite dafür mehr als 18 Stunden angegeben werden. Wahrlich ein gewaltiger Unterschied, wenn man sein Ziel noch bei Tageslicht erreichen will!

Annette kürzt nun ein Stück mit dem Bus ab. Ich verzichte auf Frühstück und marschiere schon ab 5:50 Uhr in hohem Tempo bergauf. Durch diesen Sprint erreiche ich die schön gelegene Heimgarten-Hütte bereits nach knapp mehr als drei Stunden. Schon hier begeistert mich der Blick hinab zu vielen Seen und zu weit entfernten Alpengipfeln. Dann wandere ich hinab zum Grat zwischen Heimgarten und Herzogenstand, dem schönsten Streckenabschnitt des Maximilianswegs. Obwohl man auf dem schmalen, rechts und links steil abfallenden Grat Trittsicherheit und Schwindelfreiheit braucht, empfinde ich diesen sehr gut ausgebauten und hervorragend gesicherten Weg als leicht. Das Beste an dieser Strecke ist aber nicht ihre exponierte Lage, sondern der unglaublich schöne Blick hinab zum Walchensee und zum Kochelsee.

Vom Herzogenstandhaus laufe ich hinab zum Parkplatz Kesselberg, wo Annette auf mich wartet. Nun marschieren wir gemeinsam auf reizvoller und abwechslungsreicher Strecke weiter. Während wir an der Staffelalm etwas vespern, laufen zwei Hühner zwischen unseren Beinen herum und warten auf Krümel. Als Annette beim Essen versehentlich ihre Hand etwas zu tief hält, pickt eines der Hühner sogar in das Brot. Dann stolziert ein Hahn würdevoll vor uns hin und her, kräht und freut sich wie ein Star darüber, dass wir Paparazzi ihn pausenlos fotografieren.

Nach einem zwar sehr anstrengenden, aber besonders schönen Marsch durch einen märchenhaften Wald, sitzen wir am Abend vor der Tutzinger Hütte. Die Sonne färbt die fast senkrechten Felsen der hoch aufragenden Benediktenwand rot. Auch danach bleiben wir noch lange auf der Terrasse des Alpenvereinshauses, bis es zu kühl wird und wir hinein ins Matratzenlager gehen.

Obwohl es am frühen Morgen draußen noch sehr kalt ist, frühstücken wir auf der Terrasse. Marmeladenbrot und Kaffee vor solch einer beeindruckenden Bergkulisse – was will man mehr? Gut gelaunt marschieren wir danach weiter. Je näher wir dem Brauneck kommen, desto mehr Touristen tummeln sich auf den einfachen Wegen nahe der Bergbahnstation.

Bereits während der letzten Tage plagte uns die Hitze, doch unten in Lenggries ist es heute sogar noch schlimmer. Da die normale Wanderroute auf den Fockenstein momentan gesperrt ist, muss ich auf einer Umleitungsstrecke zwei äußerst unangenehme Stunden lang über einen viel zu sonnigen Schotterweg bergauf marschieren. Als ich endlich den Gipfel erreiche, genieße ich 20 Minuten lang den Panoramablick auf den Tegernsee und viele Berggipfel, darunter den Wendelstein, über den wir morgen wandern wollen. Während man bei einem normalen Urlaub beliebig einzelne Touren kombiniert, sieht man bei Fernwanderungen oft in der Ferne einen Berg, den man gestern oder vorgestern überquerte, und vor sich erblickt man ein Ziel der nächsten Tage.

Am Abend warten wir am Ufer des Tegernsee auf den Mondaufgang. Heute ist die längste Mondfinsternis dieses Jahrhunderts. Schon lange wurde in den Medien der an diesem Abend rot scheinende Blutmond angekündigt. Wir warten sehr lange, doch trotz klarem Himmel sehen wir keinen Mond. Schließlich gehen wir enttäuscht zurück ins Hotel. Als wir eine Weile später zufällig aus dem Fenster schauen, steigt der rote Mond gerade am Horizont über die Berge. Daher setzen wir uns nun noch eine Weile auf den Balkon.

Eigentlich wollten wir heute wieder eine extrem lange Etappe wandern, doch nun müssen wir einen Streckenabschnitt aus unserer Planung streichen. Bei idealem Wanderwetter könnten wir die geplante Route vielleicht schaffen, aber nicht bei dieser mörderischen Hitze.

Am Morgen marschieren wir vom Tegernsee zum Schliersee. Dort fühlt man sich heute wie in der Sauna. Da schon am frühen Mittag rings um uns herum dunkle Gewitterwolken aufquellen, folgen wir der Vernunft und kürzen unsere Etappe sogar noch stärker als beim Frühstück geplant. Wegen der hohen Gewittergefahr wäre es leichtsinnig, zu Fuß zum Wendelstein aufzusteigen. Wir fahren stattdessen mit dem Zug zur Talstation der Wendelstein-Gondelbahn. Im Westen ist der Himmel nun sehr dunkel. Erste Sturmböen reißen Blätter von den trockenen Bäumen. Als wir mit der Gondel oben am Wendelstein ankommen, ist es dort sehr stürmisch und recht kalt. Welch ein Kontrast zur Hitze vor einer Stunde! Nach einer Stunde bessert sich das Wetter allmählich.

Wir haben heute auf einige Wanderkilometer verzichtet, konnten uns dafür aber zwischendurch ein wenig von den bisherigen Anstrengungen erholen und fast drei Stunden lang oben auf dem Gipfel den weiten Rundblick genießen.

Obwohl ich normalerweise bei Fernwanderungen die Strecke lieber lückenlos wandere, habe ich hier von Anfang an die Talfahrt mit der historischen Zahnradbahn eingeplant, denn diese ist ein ganz besonderes Erlebnis. Mit dem letzten Zug fahren wir hinab nach Brannenburg.

Annette fährt heute nach Hohenaschau und wandert nur den Aufstieg zur Sonnenalm.

Da der Maximiliansweg nicht immer als solcher an den Wegweisern benannt wird, steige ich heute versehentlich über eine andere Route als geplant in Richtung Hochries auf. Diese ist ausgesprochen reizvoll und führt mich vorbei an einer kleinen, unbewirtschafteten Alm, zu der wohl nicht allzu häufig Wanderer kommen. Hier rede ich eine Weile mit dem Bauer, einer urigen Gestalt, die hervorragend eine Hauptrolle in einem klassischen Heimatfilm spielen könnte.

Das Hochrieshaus bietet auch kulinarische Köstlichkeiten, die man allgemein nicht mit Alpenvereinshütten verbindet. Nach einem außergewöhnlich guten Mittagessen wandere ich weiter.

Wieder lege ich einige Teile des Abstiegs als Läufer zurück. Unten in Hohenaschau weiß ich, dass ich mich auch beim nächsten Aufstieg sehr beeilen muss, da es oben auf der Sonnenalm nur um 19 Uhr Abendessen gibt.

Eine Weile suche ich nahe der Seilbahnstation nach einer Möglichkeit, Getränke zu kaufen oder wenigstens Wasser in meine Flasche zu füllen, dann gebe ich es auf und eile trotz der Hitze durstig weiter. Dehydriert plage ich mich bergauf. Unterwegs zweifle ich mal wieder am Verstand einiger Mitmenschen. Auf einem sehr steilen, steinigen und wurzeligen Trail kommen mir ein paar Leute entgegen, die ein etwa zehnjähriges Kind in einem Rollstuhl den Pfad hinabtragen. Wegen einiger sehr hoher Stufen ist dies extrem mühsam und auch nicht ungefährlich. Anstatt hirnlos der kürzesten Wanderroute zu folgen, hätten sie den gesamten Abstieg auch ganz bequem auf einem asphaltierten Weg zurücklegen können.

Ich bin sehr erleichtert, als ich endlich eine Almhütte erreiche, bei der ich innerhalb von wenigen Minuten einen halben Liter Cola fast nonstop in mich hineinschütte und gleich noch einen halben Liter Apfelschorle nachtanke.

In hohem Tempo marschiere ich weiter bergauf, dann am Fuß der Kampenwand vorbei und erreiche gerade noch rechtzeitig zum Abendessen die Sonnenalm, wo Annette schon auf mich wartet. In diesem kleinen, komfortablen Berghotel gibt es in stilvollem Ambiente sehr gutes Essen. Die Hütte steht direkt am Grat. Von der Terrasse blickt man auf einer Seite in Richtung Zentralalpen, auf der anderen Seite ins flache Voralpenland. Am Abend stehen wir bis lange nach Sonnenuntergang draußen und genießen das wechselnde Licht.

Am Morgen marschieren wir zur Kampenwand, verzichten dort aber auf den etwas anspruchsvollen Abstecher hinauf zum Gipfel. Auch der normale Wanderweg bietet mit ein paar kleinen Kletterstellen wieder etwas Spannung, doch Annette kommt das seilgesicherte Stück gut hinab.

Um die Mittagszeit setzen wir uns in Marquartstein eine halbe Stunde lang vor dem Supermarkt in den Schatten, essen etwas und trinken, trinken, trinken. Heute plagt uns die Hitze sogar noch übler als an den letzten Tagen. Für den Aufstieg zum Hochgernhaus packen wir mehr Flaschen als gewohnt in die Rucksäcke. Auch unterwegs setzen wir uns mehrmals kurz hin und trinken erneut sehr viel. Nur so schaffen wir den Aufstieg.

Das Hochgernhaus ist fast genau das Gegenteil der Sonnenalm. Ich liebe Abwechslung. Mir gefallen trotz der großen Unterschiede beide Übernachtungsplätze sehr gut. Heute übernachten wir in einer kleinen, urigen und sehr familiären Hütte mit herrlicher Aussicht, sehr gutem Frühstück, und das alles etwa zum halben Preis von gestern.

Eigentlich müsste ich hier mit bester Laune das Leben genießen, doch ich bin stinksauer, da meine erst vor zwei Monaten gekaufte Kamera schon streikt. Da ich das D-Wanderer-Projekt vor allem durch Vorträge und Buchveröffentlichung finanzieren will, muss ich mich auf die Kamera verlassen können. Zum Glück kann ich wenigstens mit Annettes Kamera fotografieren.

Wir sitzen auf der Terrasse und beobachten die Murmeltiere am Hang oberhalb der Hütte.

Nach einem leckeren Frühstück steigen wir hinauf zum Gipfel des Hochgern. Bei klarer Sicht sehen wir in der Ferne unter anderem Großglockner und Großvenediger, auf der anderen Seite blicken wir hinab zum Chiemsee.

Durch ein herrliches Blumenmeer wandern wir bergab zu einigen Almen. Beim Aufstieg zum Hochfelln bremst im oberen Bereich wieder ein steiler, wurzeliger Trail mit einigen leichten Kletterstellen.

Heute fliehen besonders viele Wanderer vor der Hitze aus dem Tal und fahren mit der Bergbahn auf den Hochfelln. Für manche Vögel ist dies ein Festtag. Bis auf wenige Zentimeter kommen sie auf dem Tisch an uns heran und warten darauf, dass auch für sie etwas von unserem Mittagessen abfällt. Sobald ein Teller unbeobachtet steht, wird das Menü für sie eröffnet.

So lange wie möglich bleiben wir hier oben, doch schließlich müssen auch wir hinab ins überhitzte Tal und noch weiter bis nach Inzell.

Im Urlaub lege ich keinerlei Wert auf Komfort. Mir ist alles recht, egal ob spartanische Hütte oder billiges Hostel. Wenn aber der Frühstücksraum in einem Hotel mittlerer Preisklasse in einem fensterlosen Keller mit gesundheitsgefährdendem Sauerstoffmangel ist, dann werde sogar ich sauer. Wir sind froh, als wir endlich wieder hinaus an die frische Luft dürfen und steigen schnell auf schönen Waldwegen zur Kohleralm hinauf.

Ungeübte Wanderer sollten für die sehr anstrengende und anspruchsvolle Strecke zwischen Kohleralm und Zwieselalm deutlich mehr Zeit als im Wanderführer angegeben einplanen.

An der Zwieselalm rasten wir. Bei einer Almhütte Buttermilch trinken, ist für mich schon fast ein Ritual auf alpinen Wanderungen. Dann wandern wir hinab nach Bad Reichenhall. Dort steht im Kurpark das schönste Gradierwerk Deutschlands. Auch die historische Saline sollte man unbedingt besichtigen. Schon von außen fasziniert das ausgesprochen hübsche Gebäudeensemble, doch die Führung durch die Saline ist sogar noch interessanter. In der Maschinenhalle befördern zwei 13 m durchmessende Wasserräder die Sole aus der Tiefe. Unten erfährt man im Stollensystem viel über die historische Salzgewinnung.

Die letzten Kilometer bis Berchtesgaden sind relativ leicht, aber nach den vielen faszinierenden Tagen auf den Bergen finden wir diese Etappe nicht besonders interessant.

Heidschnuckenweg

26.8. – 1.9.2018

Der offiziell in 13 Etappen aufgeteilte Weg führt 223 km weit von Hamburg-Fischbek nach Celle durch die Lüneburger Heide und andere schöne Heidegebiete. Die hervorragend markierte Strecke zählt zu den leichtesten Etappenwanderungen Deutschlands.

www.heidschnuckenweg.de

Schon kurz nach meiner Ankunft am S-Bahnhof Hamburg-Fischbek spaziere ich über die Fischbeker Heide, Deutschlands zweitgrößte Heidefläche. Normalerweise wirken zur Zeit der Heideblüte Ende August alle Heideflächen wie eine lila Märchenlandschaft. Doch der extrem trockene Sommer 2018 hinterließ auch hier unübersehbare Spuren. Nur ein Teil der Heidepflanzen blüht, die meisten sind aber jetzt schon völlig vertrocknet, so dass Braun und Grau gegenüber Lila überwiegt. Es sieht zwar trotzdem noch hübsch aus, kann aber mit dem gewohnten Farbenrausch normaler, weniger dürrer Jahre bei Weitem nicht mithalten.

Doch die Landschaft mit ihren offenen Heideflächen, einzelnen Wacholdersträuchern und vielen Birken gefällt mir auch in diesem vertrockneten Zustand. Es macht Spaß, hier zu wandern. Ich fotografiere so viel, dass ich auf den ersten fünf Kilometern sehr langsam vorankomme.

Am Mittag komme ich unter anderem an einigen für diese Region typischen Ziegelhäusern mit Reetdach und an einer Windmühle vorbei. Zum Glück habe ich schon vor Tagen bemerkt, dass ich versehentlich eine Unterkunft im 90 km entfernten Buchholz/Aller anstatt in meinem heutigen Etappenziel

Buchholz/Nordheide gebucht hatte und konnte rechtzeitig die Übernachtung ändern.

Früher verzichtete ich beim Fernwandern darauf, Unterkünfte im Voraus zu buchen. Dadurch konnte ich meine tägliche Etappenlänge flexibel auf Wetter, Strecke und Kondition anpassen. Die Flexibilität hat aber den Nachteil, dass man bei der Ankunft meist nicht mehr die billigste Unterkunft im Ort, sondern nur noch teuere Hotels bekommt. In vielen Orten mit nur einer einzigen Unterkunft hat man ohne frühe Buchung keine Chance. Und nach acht bis zehn Stunden Wanderung habe ich meist keine Lust mehr, zusätzlich viele Kilometer auf der Suche nach einem passenden Zimmer zu marschieren. Auch bei den Bahnfahrkarten für Hin- und Rückfahrt spare ich durch die frühzeitige Buchung sehr viel Geld. Ob ich für ein Ticket mehr als 100 Euro zum Normalpreis oder 19 Euro zum Sparpreis zahle, macht bei etwa 40 geplanten Fernwanderungen einen großen Unterschied.

Am Morgen führt mich der Weg oft auf schmalen Pfaden durch wunderschöne Wälder. Die beiden großen Heideflächen am Brunsberg und beim Pferdekopf gefallen mir sogar noch besser als gestern die Fischbeker Heide.

Ich kann nicht verstehen, warum so viele Leute zum Wandern immer nur in ferne Länder fliegen, aber noch kein einziges Mal in solch einer großartigen Landschaft wie der Heide waren.

Wald, Wiesen, Felder und kleine Heidegebiete wechseln sich nun ab. Durch einen urigen Wald spaziere ich am sumpfigen Ufer der Seeve entlang. Nach einem kurzen, starken Regenguss fasziniert es mich mal wieder, wie sehr ein Schauer die Gerüche einer Landschaft verändern kann.

Nach ein paar herrlichen Kilometern durch die Weseler Heide erreiche ich Undeloh. Hier stehen viele alte und wunderschöne Häuser im für diese Region typischen Stil sowie eine viele Jahrhunderte alte Feldsteinkirche mit freistehendem, hölzernen Glockenturm.

Heute führt mich der Weg sehr oft über Heideflächen. Die Zucht von Heidschnucken, den für diese Gegend typischen Schafen, lohnt sich schon seit Jahrzehnten nicht mehr. Ohne die Schafe würde die Heide aber schnell mit Wald zuwachsen, wie ich es unterwegs an vielen kleineren Heideflächen sehe, in denen nun kleine Bäume das Heidekraut verdrängen. Daher werden die Schafherden inzwischen vom Staat im Sinne des Naturschutzes subventioniert. Doch auf meiner Wanderung komme ich an auffallend vielen leeren Schafställen vorbei und sehe auf den Heideflächen nur ganz selten Schafe weiden. Viele Schäfer lassen die Tiere momentan lieber in eingezäunten Gehegen, anstatt sie in der Natur ihre Aufgabe erfüllen zu lassen. Die Angst vor Wölfen nimmt zu. Unterwegs erzählt mir ein Einheimischer, dass für die Menschen in der Heide in Bezug auf Wölfen inzwischen das „Drei-S-Prinzip" gilt: „Sehen, schießen, schweigen".

Von Landwirtschaft und Viehzucht können die Menschen hier auch nicht besonders gut leben. Doch die vielen Touristen, die mit der Kutsche durch die Heide fahren wollen, bieten gute Einkommensquellen.

Das autofreie Dorf Wilsede wirkt wie eine Mischung aus Freilichtmuseum und Freizeitpark, aber durchaus charmant und angenehm. Hier erfährt man bei der Besichtigung einiger alter Gebäude einiges über das ehemalige Leben in der Heide. Da ich auf meiner Reise am liebsten regionale Spezialitäten esse, bestelle ich hier im Restaurant natürlich Heidschnucke.

Der Totengrund ist zwar etwa einen Kilometer vom Heidschnuckenweg entfernt, aber da dieses mit viel Wacholder bewachsene Tal eine der schönsten Stellen der gesamten Heide ist, spaziere ich von Wilsede aus hinüber.

Bald darauf erreiche ich den Wilseder Berg, mit nur 169 m die höchste Erhebung in der norddeutschen Tiefebene. Auch diese traumhaft schöne Heidelandschaft zählt zu den Stellen in Deutschland, die man auf jeden Fall ein Mal im Leben besucht haben sollte – am besten frühmorgens oder gegen Abend, denn mittags sind hier sehr viele Spaziergänger unterwegs.

Durch offene, flache Landschaft mit vielen Wacholderbäumen wandere ich nach Behringen.

Am Ufer des Brunausees genieße ich den Sonnenaufgang. Danach bieten im Morgenlicht die Borsteler Kuhlen, eine Senke mit vielen schönen Wacholdersträuchern, einen idyllischen Anblick. Später spaziere ich über schmale Pfade durch zauberhafte Wälder. Bei einem riesengroßen Parkplatz erreiche ich den Eingang des Heidepark Soltau. Ein Besuch dieses Freizeitparks mit Achterbahnen und anderem Rummel interessiert mich nicht. Am Nachmittag spaziere ich lange Zeit am wunderschönen Ufer der Böhme entlang. Mehrere idyllische Rastplätze an dem hier sehr naturnahen Flüsschen laden dazu ein, nach einem schönen Wandertag die Seele baumeln zu lassen.

Selbst der schönste Fernwanderweg kommt nicht ohne öde Streckenabschnitte aus. Der zwanzigminütige Marsch auf einer Straße zwischen Truppenübungsplätzen, wo ich die ganze Zeit über das dumpfe Donnern der Panzergeschütze höre, gefällt mir überhaupt nicht. Als Ausgleich für diese miesen Kilometer erreiche ich am Mittag den Wietzer Berg, eines der schönsten Ausflugsziele der Heide. Oben wurde an einem Findling ein Denkmal für den berühmten Heidedichter Hermann Löns errichtet. So schön wie hier sieht man die Kombination aus Wacholder, Birken, Eichen und Kiefern nur selten.

Ich übernachte in dem ausgesprochen fotogenen Ort Müden an der Örtze. Dieses sehr charmante Dorf wirkt wie ein

Freilichtmuseum. Restaurants, Cafés und Hofläden laden zum Draußen-Sitzen ein. Auch ein Blick in die alte Kirche lohnt sich.

Am nächsten Tag wandere ich unter anderem am hübschen Heidesee vorbei, dann auf einem traumhaften Pfad entlang der Örtze, später wieder über viele große und kleine Heideflächen und dazwischen durch Wald.

Oft kann ich den Zauber dieser Landschaft in einsamer Natur genießen, nur bei der Oberroher Heide durchquere ich wieder eines der Touristenzentren mit Kutschenfahrten und vielen Spaziergängern.

Ab und zu treffe ich Wanderer, die mit Zelt und Schlafsack unterwegs sind. Auf eine Weise beneide ich sie wegen ihrer viel freieren und preiswerteren Art zu reisen. Andererseits komme ich mit leichterem Gepäck deutlich schneller voran und kann jeden Tag mehr Kilometer wandern als mit schwerem Rucksack. Meine innerhalb von nur zwei Jahren geplanten 10.000 Kilometer kann ich nur schaffen, wenn ich meine Kraft einteile. Daher ist es langfristig gesehen auch sinnvoll, wenn ich nachts gut in einem Zimmer schlafen kann, anstatt bei Wind und Wetter irgendwo auf einer unbequemen Waldlichtung übernachte. Außerdem ist das wilde Campen in Deutschland ohnehin nicht erlaubt und vor allem in Naturschutzgebieten ausdrücklich verboten.

Heute breche ich bereits um 6:30 Uhr auf, da ich den Sonnenaufgang in der Misselhorner Heide erleben will. Das Morgenlicht zaubert eine herrliche Stimmung in die Heidelandschaft. Vor allem begeistern mich hier die unglaublich vielen Spinnennetze, die überall den Boden bedecken. Tagsüber sind diese Netze kaum sichtbar, aber dünner Bodennebel schmückte sie in der Nacht mit Tautropfen. Eine halbe Stunde lang krabble ich immer wieder am Boden, um die Naturwunder am Wegesrand zu fotografieren. Egal wie viele Kilometer heute noch vor mir liegen – hier und jetzt genieße ich diesen ganz besonderen Morgen. Wer erst nach dem Frühstück in der Heide wandert, der verpasst solche unvergesslichen Momente.

Ein paar weitere kleine Heideflächen folgen, darunter ein besonders idyllischer Fleck beim Angelbecksteich. In dieser Gegend zerstörte 1975 der größte Waldbrand der deutschen Geschichte weite Flächen, doch heute wächst darauf wieder ganz normaler Wald.

Am Nachmittag spaziere ich in Celle durch die Straßen der Fußgängerzone und bewundere das fast lückenlose Ensemble vieler Fachwerkhäuser aus dem 16. und 17. Jahrhundert.

Pfälzer Weinsteig

September & Oktober 2018

Der offiziell in elf Etappen eingeteilte „Prädikatswanderweg" Pfälzer Weinsteig führt 172 km mit etwa 6.000 Höhenmetern durch den Naturpark Pfälzerwald und über viele Weinberge oberhalb der Rheinebene. Verträumte Waldwege, sonnige Weinberge, Felsen und Burgruinen, dazu ein sehr großes gastronomisches Angebot zeichnen diesen Weg aus. **www.pfalz.de/de/route/pfaelzer-weinsteig**

Schon wenige Minuten nachdem ich beim Deutschen Weintor fast direkt an der Grenze zu Frankreich aus dem Bus gestiegen bin, spaziere ich zwischen Reben bergauf, dann durch Wald zu einer Burgruine mit schöner Aussicht. Bald darauf genieße ich im warmen Abendlicht auf dem Stäffelesbergturm den herrlichen Rundblick.

Der Abstieg führt mich unter anderem durch das verträumte Dorf Dörrenbach. Nachdem die Sonne hinter den Bergen verschwindet, wird es nun schnell kühl. Zuletzt wandere ich noch einmal über Weinberge nach Bad Bergzabern.

Ich liebe es, am frühen Morgen oder späten Abend zu wandern und genieße um diese Zeit die besonderen Lichtstimmungen sowie die Stille auf den Wanderwegen. Daher starte ich heute schon um 6:40 Uhr. Oben auf den Weinbergen freue ich mich kurz vor Sonnenaufgang über den farbenfrohen Himmel. Das frühe Aufstehen hat sich mal wieder gelohnt!

Die meisten Etappen des Weinsteig führen im Wechsel durch Wald und Weinberge, dazwischen durch einige Dörfer an der Deutschen Weinstraße, die wegen ihrer hübschen Weinstuben und Restaurants im Sommer und frühen Herbst am Wochenende von sehr vielen Touristen besucht werden. Doch am frühen Morgen wirkt Gleiszellen, eines dieser Schmuckstücke, wie eine Geisterstadt. Ich spaziere ganz alleine an blumengeschmückten Häusern, Weinreben und hübschen Höfen vorbei.

Wieder geht es über sonnige Weinberge. Üppige Trauben zieren den Weg. Dann steige ich hinauf zur Burgruine Landeck. In diesem sehr beliebten Ausflugsziel drängen sich an schönen Wochenenden ebenfalls die Touristen. Heute komme ich früh genug und kann die große Ruine in perfekter Stille genießen.

Auch Ruine Madenburg erreiche ich noch vor dem Besucheransturm. Wie schon in Burg Landeck kann man auch hier mittags und abends gute Pfälzer Küche, Flammkuchen und vieles andere zu zivilen Preisen essen und dabei auf der Terrasse den Blick hinab auf Weinberge und über die Rheinebene zu den Bergen des Odenwalds und zum Schwarzwald genießen.

Im Slevogthof, einem ehemaligen Herrenhaus aus dem 19. Jahrhundert, lebte vor etwa hundert Jahren der impressionistische Maler Max Slevogt. Einige seiner Werke werden am Wanderweg auf großen Tafeln gezeigt.

Bald komme ich an einigen wie gigantische Mauern senkrecht aufragenden Sandsteinfelsen vorbei. Dann erreiche ich die ehemalige Reichsburg Trifels, in der 1193 Richard Löwenherz drei Wochen lang gefangen gehalten wurde. Im großen Restaurant unterhalb der Burg bestelle ich die Löwenherzplatte mit Pfälzer Saumagen, Leberknödel, Bratwurst und Weinsauerkraut, dazu passend zur Saison einen halben Liter Neuer Wein. In frischem Zustand erinnert Neuer Wein eher an Traubensaft, danach steigt der Alkoholgehalt. Dieser hier wirkt schon fast wie normaler Wein.

Etwas beschwingt und mit vollem Magen marschiere ich hinab nach Annweiler. Entlang der Queich stehen einige Fachwerkhäuser, dazu drehen sich im Ort drei Mühlräder.

Beim nächsten Aufstieg sammle ich wie viele andere Spaziergänger Esskastanien. Am Krappenfelsen raste ich mit schönem Blick hinüber zum Trifels. Am späten Nachmittag erreiche ich Eußerthal.

Heute begleitet mich wieder Annette. Dieser Morgen wirkt mehr wie Herbst statt wie Spätsommer. Ich liebe die romantische, fast schon mystische Stimmung, die bei Nebel in urigen Wäldern herrscht.

Auf dem Orensfelsen sieht man heute Morgen zwar statt der Berglandschaft mit dem Trifels nur Grau, aber die Kombination aus Nebel, Fels und knorrigen Bäumen begeistert uns ebenso.

Als wir kurz darauf Neuscharfeneck erreichen, die schönste Ruine am Weinsteig, löst sich der Nebel auf. Noch ist außer uns kein Mensch hier. Lange bleiben wir oben am Bergfried stehen und genießen die Stille und die Aussicht.

Beim nächsten Abstieg begegnen wir innerhalb von kurzer Zeit mindestens 50 Wanderern. Das angekündigte Schönwetter lockt die Menschen in die Pfalz.

Auf dem Weinsteig kommt man zumindest am Wochenende sehr häufig an Einkehrmöglichkeiten mit gutem Essen, Selbstbedienung und günstigen Preisen vorbei. In der fast voll besetzten St.-Anna-Hütte essen wir leckere Leberknödel mit Sauerkraut.

Die Völkerwanderung um uns herum nimmt immer mehr zu. Am Mittag spazieren wir unter anderem auf einem Pfad, der mit sehr vielen ungewöhnlichen „Kunstwerken" geschmückt ist. Vor Jahren baute hier jemand kleine Schlösser, Burgen, Schiffe und einfache Wurzelgebilde und besetzte diese mit unglaublich vielen Spielzeugfiguren. Kitsch oder Kunst? Für mich ist diese Inszenierung mit Schlümpfen, Drachen, Playmobilfiguren und mehr wirklich genial.

Am späten Nachmittag erreichen wir das fotogene Dorf Sankt Martin, das heute von Touristen buchstäblich überrannt wird.

Heute duftet der Kiefernwald am Weg hinauf zum Kalmit-Gipfel besonders intensiv. Je öfter ich in Deutschland wandere, desto stärker erkenne ich, wie vielfältig die ganz pauschal als „Wald“ bezeichnete Natur aussehen kann. Eigentlich müsste man 100 verschiedene Worte für „Wald“ kennen. Die Auwälder bei meiner Wanderung auf dem „66-Seen-Weg“, die knorrigen Bäume dicht unterhalb der Waldgrenze in den Alpen, forstwirtschaftliche Monokulturen und wilde Urwälder – Wald ist nicht gleich Wald. Meist ändert sich der Charakter des Waldes um mich herum schon innerhalb von wenigen hundert Metern. Auf dem Weinsteig spaziere ich oft durch lichte Laubwälder, mal durch Mischwald, am besten gefallen mir hier aber die sonnigen Kiefernwälder.

Unterwegs komme ich an einem Felsenmeer mit vielen stark bemoosten Felsen vorbei. Schließlich erreiche ich die Kalmit, den mit 672 m höchsten Gipfel am Weinsteig. Die Terrasse vor dem Restaurant liegt bereits im Schatten, in der Rheinebene unter mir scheint aber noch die Sonne.

Als ich vor vier Jahren bei einem 100-Meilen-Wettkampf nonstop 34 Stunden lang auf dem Weinsteig lief, erreichte ich die Kalmit gegen Mitternacht, blickte von oben auf das Lichtermeer der Städte in der Rheinebene und sah beim Abstieg Wildschweine. Auch der Lauf durch die Nacht bot mir damals viele unvergessliche Reize. Heute kann ich mir sehr viel mehr Zeit lassen, die Natur zu genießen und viel zu fotografieren.

Als ich nach weiteren Kilometern in herrlichen Kiefernwäldern das Hohe Loog Haus erreiche, sollte ich eigentlich ohne Pause weiter wandern, damit ich mein Etappenziel nicht allzu spät erreiche. Doch da eine Bank auf der ansonsten schon schattigen Terrasse noch in der warmen Abendsonne steht, trinke ich hier doch ein Bier, um diese wunderschöne Lichtstimmung in Ruhe zu genießen.

Beim Abstieg mache ich einen kurzen Abstecher zum Hambacher Schloss. Hier war 1832 beim Hambacher Fest eine der Sternstunden der deutschen Demokratiebewegung. Auf der Terrasse genieße ich die Aussicht über die Rheinebene. Dann marschiere ich hinab nach Neustadt an der Weinstraße.

Morgens um acht Uhr trinke ich in der netten Altstadt einen Kaffee. Durch Wald marschiere ich dann zu einer nicht besonders spektakulären Ruine sowie zu netten Aussichtspunkten auf Sandsteinfelsen. Um diese Jahreszeit sieht man hier sehr viele Leute mit Taschen und Körben kreuz und quer durch den Wald gehen und Esskastanien sammeln. Oft wird behauptet, dass Esskastanien untrennbar zur Natur des Pfälzerwald gehören. Doch das war nicht immer so, denn diese Bäume wurden erst von den Römern aus dem südlichen Alpenraum hier eingeführt. Auch die für das heutige Landschaftsbild der Pfalz typischen Weinreben wurden von den Römern, vielleicht sogar schon von den Kelten, nach Deutschland gebracht.

Zur Zeit lese ich ein ganz besonders faszinierendes Buch über Natur. „Das Gesicht Deutschlands" (Theiss-Verlag) beschreibt hervorragend, wie die deutschen Landschaften im Laufe der Jahrhunderte entstanden sind – oft erst durch Einwirkung der Menschen.

In Deidesheim lohnt es sich, den Weinsteig kurz für eine Ortsbesichtigung zu verlassen. Manche Weingüter wirken hier wie kleine Paläste. In vielen von ihnen kann man auch gut einkehren. Ich raste lieber bald darauf auf der Terrasse der Wachtenburg.

Die schönsten Weinberge am Pfälzer Weinsteig sieht man beim pittoresken Flaggenturm oberhalb von Bad Dürkheim.

Mehr als eine halbe Stunde lang fotografiere ich hier oben, dann wandere ich hinab in die Stadt.

Schon seit Jahren sammle ich auf Wanderwegen manchmal Verpackungsmüll, den andere Leute weggeworfen haben. Dies wird nun für mich als D-Wanderer zu einer Marotte. Nahezu jeden Tag hebe ich irgendwo im Wald Flaschen oder große Verpackungen auf und trage sie zum nächsten Mülleimer. Mit all dem Müll, den ich auf den 10.000 Kilometern aus dem Wald hole, könnte man sicherlich einen großen Container füllen. So bekommt meine Tour einen weiteren ökologischen Nutzen. Doch einesteils befriedigt es mich, zur Säuberung der Umwelt beizutragen, andererseits ärgert es mich von Monat zu Monat mehr zu sehen, wie viele Leute es zwar schaffen, eine volle Chipstüte oder eine Bierflasche zu einer schönen Waldlichtung zu tragen, aber dann nicht auf die Idee kommen, diese in leerem Zustand wieder nach Hause zu nehmen.

Der mit Zypressen bewachsene Innenhof der Burg Battenberg und die sonnige Terrasse mit weitem Blick über die Weinberge erinnern mich an die Toskana. Ich trinke auf der Terrasse ein Glas Neuer Wein, esse dazu eine Quiche und schwelge in Urlaubsgefühlen.

Über Weinberge wandere ich nach Neuleiningen, wo ich mir erneut eine Burgruine anschaue. Die nächsten Kilometer führen mich über Felder, vorbei an Hecken mit vielen Beeren, über Streuobstwiesen und zuletzt wieder über Weinberge.

Nibelungensteig

17. – 20.10.2018

Der lückenlos markierte, mit dem Gütesiegel „Qualitätsweg Wanderbares Deutschland“ zertifizierte Nibelungensteig führt in offiziell sieben Etappen mit 130 km und etwa 4.000 Höhenmetern vom Rande der Rheinebene durch den Naturpark Odenwald bis zum Main. Seit einigen Jahren gibt es zusätzlich noch eine etwas längere Variante über Eberstadt.

www.nibelungenland.net/Qualitaetsweg-Nibelungensteig

Nach wenigen Wanderkilometern blicke ich vom Melibokus, dem höchsten Gipfel oberhalb der Bergstraße, über die Rheinebene. Die Sonne scheint durch den lichten Buchenwald, der sich allmählich herbstlich färbt. An diesem wunderbaren Morgen wandere ich hier ganz alleine. Einmal raschelt es neben mir im Gebüsch und ich sehe ein großes Wildschwein den Hang hinabrennen.

Bald erreiche ich eines der beliebtesten Ausflugsziele im Odenwald. Das Felsenmeer im Lautertal sieht eigentlich eher wie ein langer Felsenfluss statt wie ein Meer aus. Ein paar hundert Meter weit liegen unglaublich viele von der Erosion abgerundete Felsen.

Während der ersten Monate meines D-Wanderer-Projekts drehe ich von den meisten Strecken auch kurze Filme, die ich auf youtube veröffentliche. Dafür habe ich mir extra ein kleines Stativ und ein Mikrophon gekauft. Heute brauche ich viel Geduld, um eine Szene zu filmen, in der ich vor Felsen stehe und etwas über den Nibelungenweg erzähle. Ich stelle das Stativ auf einen Stein, drücke die Aufnahmetaste, renne mit dem an einem langen Kabel hängenden Mikrophon ein paar Meter weit weg und will mit dem Reden beginnen. Doch jedes Mal wird die Aufnahme durch Lärm gestört. Mehrmals fliegen gerade im falschen Moment Flugzeuge über mich, zweimal bellt in der Nähe ein Hund, dann kommt eine Familie mit laut spielenden Kindern. Nach zwanzig Minuten gebe ich auf und filme später an einer ruhigeren Stelle.

Schon die Römer nutzten diese Felsblöcke. An einigen Stellen sieht man Säulen und andere unvollendete Werkstücke, die nach begonnener Arbeit nicht fertiggestellt und liegen gelassen wurden. Unten vor dem Informationszentrum zeigt die Rekonstruktion einer römischen Pendelsäge, wie man damals solche Felsen zersägen konnte.

Weitere Höhepunkte sind heute der wie eine gewaltige Mauer aussehende Kletterfelsen Hohenstein und der Friedhof in Schlierbach mit seinen ungewöhnlichen Grabschildern.

Am Nachmittag spaziere ich in Lindenfels durch ein altes Stadttor, vorbei am Deutschen Drachenmuseum und an einigen unterschiedlich gestalteten Drachenfiguren hinauf zur Burgruine mit weiter Aussicht über den Odenwald.

Zum Abendessen bestelle ich wieder eine regionale Besonderheit: die Odenwälder Spezialität Kochkäse. Doch mir hat dieser weiche Käse, den man mit einem Löffel isst, zu wenig Geschmack. Da helfen auch der dazu servierte Kümmel und die Zwiebeln nichts. Auch der regionale Apfelwein und ein Bier aus dem Odenwald schmecken mir nicht besonders.

Eigentlich wäre der Himmel heute Morgen wolkenlos, doch ein dichtes Netz aus Kondensstreifen bedeckt den Himmel. Ich bin früher auch oft und gerne geflogen, aber es ärgert mich inzwischen immer mehr, wenn so viel Sonnenlicht und blauer Himmel von den Resten der Kondensstreifen verschluckt werden. Dass man je nach Wetterlage an manchen Tagen statt tiefblauem Himmel nur noch ein verwaschenes Grau über sich sieht, ist einer der wichtigsten Gründe für mich, warum ich mit dem D-Wanderer-Projekt mehr Menschen dazu motivieren will, ab und zu auch mal wieder durch Deutschland zu wandern, anstatt immer nur mit Billig-Airlines durch Europa zu jetten. Auch ich würde sehr gerne wieder nach Asien, Island oder in die Sahara fliegen, doch diese Wünsche empfinde ich im Gegensatz zu früher, als dies reale Lebensplanungen waren, nun mehr wie abstrakte Träume. Dies ist nichts mehr, was mit meiner eigenen Zukunft zu tun hat.

Am frühen Morgen verwandelt der Dunst die Landschaft in eine weichgezeichnete Märchenwelt. Ständig bleibe ich zum Fotografieren stehen. Es lohnte sich mal wieder sehr, so früh aufzubrechen. Wer jetzt noch im Hotel beim Frühstück sitzt, verpasst die schönste Zeit des Tages. Der dünne Bodennebel löst sich sehr bald auf, doch ein sanfter Dunsthauch bleibt heute den ganzen Tag bestehen.

Im Odenwald gibt es mehrere Quellen, von denen behauptet wird, dies sei der Ort, an dem Siegfried ermordet wurde. Ich komme am Siegfriedsbrunnen vorbei, an dem heute aber kein Wasser fließt. Entlang des Wanderwegs informieren viele Tafeln über die Nibelungensage.

In diesem Herbst liegt überall so extrem viel Fallobst auf dem Weg, dass ich mittags keinen Proviant kaufen muss. Ich bücke mich immer wieder und lerne innerhalb dieser vier Tage die geschmacklichen Unterschiede zwischen mehr als einem Dutzend Apfel- und Birnensorten kennen.

Vorbei an einem Stausee und einem eindrucksvollen Eisenbahn-Viadukt wandere ich weiter.

Abgesehen von der recht hübschen Ruine Wildenburg bietet die Strecke heute bis zum Ziel keine nennenswerten Fotomotive. Auf den letzten Kilometern muss ich mich beeilen, damit ich Amorbach erreiche, bevor die Abteikirche um 16 Uhr geschlossen wird. Fast in letzter Minute kann ich mir dieses Meisterwerk mit einer der größten Barock-Orgeln Europas noch anschauen. Die wunderschöne Kirche wurde im barocken Stil gestaltet, weist aber auch sehr viele Rokoko-Elemente auf.

Anschließend setze ich mich lange in einem Park auf eine Bank am Ufer eines Sees und schaue den Enten, Schwänen und einem Eisvogel zu. Da ich nun bereits in Franken bin, bestelle ich zum Abendessen einen leckeren Fränkischen Sauerbraten.

Bald führt mich der Weg an einem steilen Hang entlang, an dem vor langer Zeit Terrassen angelegt wurden. Inzwischen ist das Ergebnis der mühevollen Arbeit, die für viele Generationen gedacht war, verwildert und mit Wald zugewachsen, ein Zeichen für die Vergänglichkeit menschlichen Schaffens.

Die auf den ersten Blick unscheinbare Gotthardsruine ist zwar nicht so spektakulär wie viele andere Ruinen, aber die ganz besondere Atmosphäre in dem fast schmucklosen Kirchenschiff mit seinen wuchtigen Sandsteinsäulen und dem durch große Fenster hereinfallenden Licht gefällt mir ausgesprochen gut. Bald darauf blicke ich von der Terrasse der Mildenburg hinab auf den Main und steige dann über eine Treppe in die mit vielen prunkvollen Fachwerkhäusern geschmückte Altstadt von Miltenberg.

Zum Glück weiß ich, dass sich in der kleinen, äußerlich sehr unscheinbaren Martinskapelle von Bürgstadt ein faszinierender Kulturschatz verbirgt und dass ich den Schlüssel zur Kapelle nebenan in der Gärtnerei bekomme. Diese Kapelle wirkt mit ihren vielen farbenprächtigen Wandgemälden aus dem 16. Jahrhundert wie ein Bilderbuch. Auch die Bretter der Holzdecke wurden kunstvoll bemalt.

Am Nachmittag erreiche ich in Freudenberg am Main das Ende des Nibelungensteig. Nach diesen erholsamen Wandertagen darf ich bei der Heimfahrt das Chaos der Deutschen Bahn mal wieder in seiner übelsten Form erleben. Alle während meiner zwei D-Wander-Jahre erlebten Bahn-Verspätungen zusammengezählt, würden sicherlich mehrere Tage ergeben. Ich könnte hier ein paar Seiten mit nervtötenden, spannenden und lustigen Erlebnissen beim Abenteuer Bahn füllen, aber alles in allem halte ich die Bahn nach wie vor für das beste Verkehrsmittel. Als Autofahrer steht man auch oft genug im Stau. In der Bahn kann man immerhin während der Fahrt lesen und Musik hören. Und selbst wenn man mit dem Auto zu einer Fernwanderung fährt, braucht man anschließend auch Bahn und Bus, um zum Parkplatz zurückzukommen.

Jurasteig

27.10. – 3.11.2018

Der als „Qualitätsweg Wanderbares Deutschland" ausgezeichnete Jurasteig führt in offiziell 13 Etappen 237 km weit mit knapp 4.500 Höhenmetern durch den Bayrischen Jura. **www.jurasteig.de**

Dieses Mal begleitet mich wieder Annette. Die erste Etappe führt uns ab Kelheim meist durch bunten Herbstwald. Trotz Regen und fehlender landschaftlicher Höhepunkte macht uns das Wandern in dieser herbstlichen Umgebung Spaß. In Bad Abbach geht Annette vor dem Abendessen ins Thermalbad, während ich im Hotel drei Stunden lang im Internet Wanderetappen für die folgenden Monate recherchiere und viele Unterkünfte buche. Außerdem schreibe ich meinen Reisebericht von der aktuellen Etappe und wähle aus den vielen heute aufgenommenen Fotos ein paar aus. Während der ersten neun Monate meines D-Wander-Projekts sitze ich fast jeden Abend ein bis zwei Stunden an meinem Notebook, um möglichst täglich meine Homepage auf den aktuellen Stand zu bringen. Da sich dies aber nicht bewährt, stelle ich ab dem Frühjahr die Text und Fotos erst online, wenn ich zu Hause alles in Ruhe bearbeiten kann. Rückblickend erkenne ich, dass es ein Fehler war, spätabends in übermüdetem Zustand unter Zeitdruck verfasste Texte sofort zu veröffentlichen, denn in dieser Version standen viel zu viele Fehler drin.

Am Morgen mischen sich immer mehr Schneeflocken in den Regen. Bald bleibt der Schnee sogar an einigen Stellen liegen. Ich kann es kaum glauben, dass ich vor neun Tagen noch im sommerlichen T-Shirt durch den Odenwald gewandert bin.

Da wir im Internet keine Angaben fanden, wussten wir nicht sicher, ob die Seilfähre über die Donau um diese Jahreszeit schon um neun Uhr in Betrieb ist. Als wir das Ufer erreichen, sehen wir zwar die kleine Fähre, aber keine Menschen. Was nun? Doch gleich darauf kommt ein netter Mann, der wohl im Warmen auf Fahrgäste wartete. Für nur 50 Cent pro Person bringt er uns ans andere Ufer. Bei solch ungemütlichem Wetter ist das für den Fährmann sicherlich kein gesunder Job.

Der Alpine Steig bei Eilsbrunn zählt zu den landschaftlichen Höhepunkten des Jurasteig. Alpin bedeutet aber nicht, dass man hier klettern muss. Ein problemlos begehbarer Pfad führt über mit herrlichen Bäumen und Sträuchern gesäumte Trockenwiesen vorbei an zahlreichen Felsen. Heute sieht dieser Weg wegen dem Kontrast zwischen Schneeresten und dem farbigen Herbstlaub besonders reizvoll aus.

Am Nachmittag steigen wir über eine Treppe durch ein schmales Felsentor hinab in den recht dunklen, mehr als 20 m durchmessenden Hohlraum der Räuberhöhle. Durch eine Öffnung auf der Rückseite erreichen wir eine Felswand mit Aussicht auf das Naabtal.

Am Abend gefällt uns die Kirche des großen Zisterzienserinnenklosters in Pielenhofen ausgesprochen gut. Die mit einer Mischung aus Antikem und Trödel sowie einem gemütlichen Kachelofen eingerichtete Klosterwirtschaft ist eines der schönsten Restaurants auf meinen 10.000 Kilometern durch Deutschland und hat auch eine sehr gute Küche sowie ausgesprochen nostalgisch eingerichtete Gästezimmer.

Auf abwechslungsreicher Strecke geht es weiter. Um die Mittagszeit schauen wir uns das recht malerisch unter großen Felsen erbaute Kallmünz an. Von der Altstadt aus führen zwei Brücken über den Fluss. Am besten gefällt uns hier die im Rokokostil gestaltete Pfarrkirche.

Um 17 Uhr, fast genau zur Zeit des Sonnenuntergangs, erreichen wir Schmidmühlen. Nach vielen Stunden in der Kälte freuen wir uns darauf, uns nun im Gasthof aufwärmen zu können. Doch dort verkündet am Eingang ein Zettel, dass erst ab 18 Uhr geöffnet ist. Dies wundert uns, denn im Anmeldeformular stand, dass wir hier möglichst sogar schon *vor* 18 Uhr ankommen sollen.

Da wir wegen der Kälte unmöglich eine Stunde lang vor der Tür warten können, suchen wir im Ort nach einem anderen Gasthof, in dem wir zu Abend essen können, doch die einzige Möglichkeit, unsere Wartezeit im Warmen zu verbringen, ist ein großer Supermarkt.

Von unserer Wirtin erfahren wir am Abend, dass es früher in der Region viel mehr Hotels und Gasthöfe gab, aber immer mehr davon schließen. Die extrem wachsende Zahl bürokratischer Vorschriften für die Gastronomie, der verheerende Personalmangel, die sinkende Gästezahlen und die vielen alten Wirte, die keine Nachfolger finden, werden zunehmend ein Problem für den Tourismus. Immer mehr Tourismusverbände beklagen, dass ihre mit viel Aufwand angelegten Fernwanderwege nach dem Ausfall der letzten Übernachtungsmöglichkeit an Etappenzielen bedenkliche Lücken aufweisen. Die Frage, ob es nach der Corona-Pandemie langfristig durch die stark gestiegene Nachfrage nach Urlaub in Deutschland wieder mehr Unterkünfte geben wird oder ob die vielen vom Lockdown in die Pleite getriebenen Gasthöfe das Fernwandern auf Dauer erschweren, bleibt spannend. Doch von einer solch ungewissen Zukunft ahnen wir am Jurasteig zum Glück noch nichts.

Der Jurasteig führt heute manchmal durch kleine Gebiete mit Wacholderheide, ab und zu auch zu einigen Felsen und zu schönen Aussichtspunkten. Nach einem sonnigen Vormittag regnet es ab 13 Uhr und eiskalter Wind bläst mir um den

Hals. Da ich an einer korrekt markierten Stelle dennoch in die falsche Richtung wandere, verlängert sich für mich diese Etappe um eine Stunde, so dass ich Kastl erst bei Dunkelheit erreiche, zu spät, um noch wie geplant die große Klosterburg zu besichtigen.

Am Morgen ist es so kalt, dass ich bei einer Brücke auf Glatteis ausrutsche. Doch der Wanderweg ist zum Glück eisfrei. Nur an schattigen Stellen bedeckt Raureif den Boden.

Wieder können wir die Farbenpracht des Herbstes in vollem Umfang genießen. Zwischendurch gefallen uns einige asphaltierte Kilometer auf einer monotonen, fast baumlosen Hochfläche mit vielen Windrädern überhaupt nicht, doch danach dürfen wir wieder auf sehr abwechslungsreicher Strecke über viele Naturpfade wandern. Ein idyllisches Sumpfgebiet, eine hübsche Wallfahrtskapelle, schöne Wiesen und Wälder, zuletzt ein schmaler Wiesenpfad entlang eines großen Schilfgebietes – was will ein Wanderer mehr?

Als wir in dem Hotel in Deining wie beim Abendessen vereinbart um sieben Uhr in den Frühstücksraum gehen, ist es dort noch dunkel. Nach langem Warten bleibt uns schließlich nichts anderes übrig, als gegenüber in der Tankstelle zu frühstücken. Um 7:45 Uhr legen wir dann das Geld für die Übernachtung, abzüglich eines Teils der Kosten für das Tankstellenfrühstück, an die Rezeption und wandern los.

Auf einer schönen und abwechslungsreichen Route geht es weiter. Am Morgen läuft ein Dachs vor uns auf dem Weg. Mich wundert, was so ein normalerweise nachtaktives Tier um diese Zeit noch draußen macht.

Als wir auf einer Bank gegenüber des Dorfes Mutterhofen sitzen und etwas essen, hören wir trotz der großen Entfernung von drüben Musik. Viele Menschen verlassen dort gerade die

Kirche und versammeln sich auf dem Friedhof. Wir hören die durch ein Mikrofon verstärkte Stimme des Pfarrers, dann Gesang der anderen Leute. Uns wird klar, dass dort gerade ein Allerheiligen-Gottesdienst gefeiert wird. Die festliche Stimmung überträgt sich auch auf uns.

Nach vielen Stunden zwischen herrlich buntem Herbstlaub besichtige ich in Dietfurt das Mühlenmuseum. In der großen, noch heute genutzten Mühle, kann man von der Befüllung ganz oben über die Mahlwerke bis zur Abfüllung alle Stockwerke sehen, dazu eine Ausstellung mit einem herrlich chaotischen Durcheinander alter Dinge.

Eigentlich mag ich den Klang von Kirchenglocken. Aber nicht nachts! Vor allem nicht, wenn ich auch um zwei, drei, vier und fünf Uhr von den Stundenschlägen aus dem Tiefschlaf geweckt werde und 5:30 Uhr dann das Läuten zum Gottesdienst ankündet, dass ich nun noch immer zwei Stunden bis zum Frühstück warten muss.

Bald erreichen wir das Altmühltal. Wir steigen zum Rosskopf hinauf, wo wir lange auf einer Bank sitzen und den herrlichen Blick ins Tal genießen. Dann spazieren wir an einer Wacholderheide vorbei.

Mehrmals führt uns der Weg hinab ins Tal und dann wieder hinauf zu grandiosen Aussichtspunkten. Hohe, in den Herbstfarben rot leuchtende Steilhänge umrahmen den Fluss. Mir gefällt diese Etappe so gut, dass ich beschließe, im Sommer auch den Altmühltal-Panoramaweg zu wandern, dessen Route in diesem Bereich über die selben Wege wie der Jurasteig führt.

In Riedenburg finden wir nach einigen Tagen mit schlechten Einkaufsmöglichkeiten endlich wieder viele geöffnete Läden. Einer der für mich besten Gründe für Fernwanderungen statt einzelner Tagestouren ist es, dass man morgens gleich nach dem Frühstück loslaufen kann und abends nicht mit dem Auto oder Bus zurückfahren muss. Ein anderes Motiv ist das Gefühl, voranzukommen. Während man im Alltag oft das Gefühl der Stagnation erlebt, bringt uns das Fernwandern im buchstäblichen Sinne jeden Tag ein Stück weiter.

Der Weg durch das Naturwaldreservat Klamm ist der einzige Abschnitt am Jurasteig, auf dem man bei Nässe gute Schuhe und etwas Trittsicherheit braucht. Wir steigen über viele Steintreppen zwischen schroffen Felswänden und urwaldhafter Vegetation bergauf und bergab. Dieser faszinierende Weg scheint einem Märchenbuch entsprungen zu sein.

Später wandern wir unter anderem hinauf zur Burg Prunn und eine Weile am Fluss entlang. Der Streckenabschnitt auf dem Keltenwall, dem Kamm einer mehr als 2.000 Jahre alten keltischen Mauer, fasziniert uns. Dieser mehrere Kilometer lange, viele Meter hohe Wall schützte damals eine Stadt mit mehr als tausend Einwohnern.

Schließlich stehen wir auf hohen Felsen und blicken hinab zur Donau. Bei der Weltenburger Enge hat sich der Fluss tief in die Umgebung eingeschnitten. In einer weiten Flussschleife steht das berühmte Kloster Weltenburg. Nachdem wir eine Woche lang kaum andere Wanderer getroffen haben, befinden wir uns nun wieder an einem touristischen Brennpunkt, da die Weltenburger Enge zu den Regionen Deutschlands zählt, die man unbedingt einmal besuchen sollte.

Dann marschieren wir hinab zur Donau, wo wir nun den Spaziergang am von vielen Felsen gesäumten Ufer genießen können, bis wir schließlich wieder Kelheim erreichen.

Murgleiter

4., 6., 7., 10. & 11.11.2018

Die als „Premiumwanderweg" zertifizierte Murgleiter führt 110 km weit durch das Murgtal im Nordschwarzwald. Mit 4.977 m Auf- und 4.084 m Abstieg muss man auf den offiziell fünf Etappen viele Höhenmeter bewältigen. **www.murgleiter.de**

Schon am Tag nach meiner Jurasteig-Wanderung fahre ich am frühen Morgen ins Murgtal. Durch farbenfrohen Herbstwald marschiere ich bergauf und bergab. Bald nach Durchquerung der kleinen, wild romantischen Wolfsschlucht stehe ich am Gipfel des 668 m hohen Merkur. Da eine Bergbahn von Baden-Baden auf dieses beliebte Ausflugsziel fährt, tummeln sich heute sehr viele Menschen hier oben. Bei klarem Wetter blickt man von hier zu den höchsten Bergen des nördlichen Schwarzwald, hinab nach Baden-Baden und über die Rheinebene bis zu den Vogesen, doch heute schränkt starker Dunst die Fernsicht ein. Bald darauf wandere ich wieder fast alleine durch den stillen Wald. Unten im Murgtal durchquere ich die kleine Altstadt von Gernsbach. Als grandioses Finale des Tages genieße ich dann die Aussicht von der Terrasse des Schloss Rotenfels auf das herbstlich bunte Murgtal. Erst beim letzten Abendlicht erreiche ich Obertsrot.

Am Morgen steckt Obertsrot noch in dichtem Hochnebel. Doch schon nach wenigen Kilometern blicke ich hinab auf das Wolkenmeer, das die Rheinebene und das untere Murgtal bedeckt. Stundenlang marschiere ich nun meist durch Wald und komme an einigen schönen Aussichtspunkten vorbei. Dann steige ich hinab nach Forbach. Im Herbst begeistert mich hier die bunte Mischung aus farbigem Laub und dunklem Nadelwald. Ach wie schön, dass ich heute nicht im Büro sitzen muss! Man sollte solche Tage immer nutzen, um diese Jahreszeit voll und ganz in ihrer Farbenpracht genießen zu können!

Heute lacht die Sonne vom tiefblauen Himmel und verzaubert diese Etappe mit einem perfekten Farbenrausch. In Forbach gehe ich über die schöne, alte Holzbrücke. Nach einem anstrengenden Aufstieg erreiche ich die Schwarzenbach-Talsperre, wo man im Sommer mit Tretbooten fahren kann. Obwohl ich wusste, dass der Stausee nach dem ungewöhnlich trockenen Sommer recht leer ist, schockiert mich heute der extrem niedrige Wasserstand. Ein paar Kilometer danach führt die Strecke an Raumünzach vorbei, wo mich der großartige Blick auf das mit leuchtendem Rot und Orange geschmückte Murgtal fasziniert. Auch auf den nächsten Kilometern bis Schwarzenberg bewundere ich die herbstliche Farbenpracht.

Am Morgen erreiche ich den Huzenbacher See im Nationalpark Schwarzwald. Dieser einst von einem Gletscher gebildete Karsee ist für mich einer der schönsten Plätze im Nordschwarzwald. Da er weit genug vom nächsten Parkplatz entfernt ist, kommen hier nur wenige Wanderer und ein paar Mountainbiker her. Hinter dem kleinen, an manchen Stellen verlandeten See ragen steile Bergflanken auf.

Für den folgenden Aufstieg über einen steilen, von Wurzeln und Steinen bedeckten Pfad, sind gute Schuhe und etwas Trittsicherheit erforderlich. An einigen Stellen dieses traumhaften Weges durch unberührte Natur darf ich über umgestürzte Bäume klettern oder gebückt unter den Stämmen hindurch krabbeln. Dass ich hier nur extrem langsam vorankomme, liegt aber nicht an den Streckenverhältnissen, sondern daran, dass ich 45 Minuten lang unglaublich viel filme und fotografiere. Vom oberen Rand des steilen Berghanges kann ich hinab zum See blicken.

Im Tiefenbachtal zeigen viele Infotafeln und Rekonstruktionen alter Bauten, wie die Menschen früher in dieser Region lebten. Ein großer Salbeofen, in dem früher Salben und Teeröle aus dem Holz gewonnen wurden, ein Wehr, hinter dem früher Wasser aufgestaut wurde, um anschließend mit dem Wasserschwall Holz ins Tal zu schwemmen, wo es auf großen Flößen zum Rhein und bis nach Holland gebracht wurde, die Rekonstruktion eines Floßes und vieles mehr sehe ich auf dieser Strecke. Längere Zeit verweile ich am Zaun eines Wildgeheges.

Oberhalb von Baiersbronn sind heute wegen dem angenehmen Herbstwetter sehr viele Spaziergänger unterwegs. Wie üblich reden die meisten von ihnen ohne Pause, ohne die Natur um sie herum wirklich wahrzunehmen. Nach 25 Jahren, in denen ich im Außendienst sehr viel reden musste, ist mir nun das stille Wandern am liebsten. Andere Wanderautoren erzählen oft über ihre Erlebnisse mit anderen Menschen. Dass ich darüber nicht so viel schreibe, liegt daran, dass ich unterwegs nur wenig rede. Meist gehen bei meinen Begegnungen mit anderen Wanderern und abends in den Unterkünften die Gespräche kaum über das „Woher und Wohin“ hinaus.

Eine Weile wird es ruhiger. Doch schon zwei Kilometer bevor ich die Schwarzwald-Hochstraße erreiche, höre ich die lauten Motoren der Motorräder, deren Auspuff entgegen der Zulassung so manipuliert wurde, dass sie möglichst flächendeckend viele Wanderer im Schwarzwald mit Lärm plagen.

Der Schliffkopf zählt zu den beliebtesten Ausflugszielen im Nordschwarzwald. Ich liebe die besondere Vegetation dieser urigen Grindeflächen mit ihren verkrüppelten Bäumen und Sträuchern sowie den Blick auf viele Schwarzwaldberge und über die Rheinebene zu den Vogesen.

Neckarsteig

15. – 20.11.2018

Der offiziell in neun Etappen aufgeteilte Neckarsteig führt 128 km mit 4.450 Höhenmetern von Heidelberg durch das Neckartal nach Bad Wimpfen. **www.neckarsteig.de**

An einem Morgen mit tief an den Bergen hängenden Wolken steige ich von der Heidelberger Altstadt etwa 400 Treppenstufen hinauf zum Schloss, das zu den beliebtesten Zielen internationaler Touristen auf ihrer Deutschlandreise zählt. Oberhalb des Schlosses beginnt die legendäre Himmelsleiter, eine steile, ab dem Jahr 1844 erbaute Felsentreppe, auf der ich mit etwa 1.200 Stufen 270 Höhenmeter bewältige.

Für mich gibt es keine Lieblingsjahreszeit und fast kein wirklich schlechtes Wetter. Ich mag die Abwechslung. Heute Morgen steht mal wieder Nebel auf dem Programm. Einige Kilometer weit wandere ich durch den wie ein mystisches Zauberreich wirkenden Wald.

In Neckargemünd wärme ich mich in einer Bäckerei mit einer großen Tasse Kaffee auf. Die offizielle Wanderroute führt um die Altstadt von Dilsberg herum, doch wer einen Spaziergang durch diesen fotogenen Ort und hinauf zur Burgruine auslässt, verpasst etwas. Obwohl hier keine besonders spektakulären Bauwerke stehen, gefällt mir der zeitlose Charakter dieses auf einem kleinen Berg thronenden Dorfes.

Am Ende der Etappe überquere ich in Neckarsteinach bei einer großen Schleuse den Neckar.

Welch ein herrlicher Morgen! Unter wolkenlosem Himmel liegt eine sanfte Dunstschicht über dem Neckar. In der anderen

Blickrichtung stehen die vier Burgen von Neckarsteinach schon im schönsten Sonnenschein. Langsam fahren einige Frachtschiffe an mir vorbei. Ich kann mich kaum von diesem Anblick trennen. Doch dann marschiere ich hinauf zur Ruine Hinterburg, wo ich auf dem Bergfried einen wunderbaren Blick hinab zum Neckar genieße.

Heute führt der Neckarsteig meist über breite Waldwege mit wenigen Aussichtspunkten. Wenn ich mitten im Wald fern von Dörfern Kreuze oder Bildstöcke sehe, frage ich mich oft, welche persönlichen Erlebnisse die Menschen vor Jahrhunderten dazu bewogen haben, diese hier aufzustellen. Nur selten kann man in den Wanderbüchern etwas über die Hintergründe lesen. Heute informieren mich unterwegs einige Tafeln über die Geschichte. Zeugnisse der modernen Zeit sind dagegen die beiden leeren Hüllen von großen, mit Aluminium beschichteten Luftballons, die ich aus dem Wald auflese und zum nächsten Mülleimer trage. Man sollte diesen fliegenden Mist endlich verbieten, der schließlich immer irgendwo im Wald oder auf Feldern hängen bleibt und die Natur verschmutzt.

Schloss Hirschhorn zählt zu den schönsten Reisezielen am Neckar. Hier setze ich mich eine halbe Stunde lang auf eine Mauer und schaue zur Altstadt, zum Fluss und einer Schleuse hinab. Danach wandere ich heute noch bis Eberbach.

Bald nach einem kurzen Spaziergang durch die Altstadt zeigt mir ein faszinierender, geologischer Lehrpfad anschaulich mit vielen Informationstafeln, wie sich die Landschaft hier im Laufe von vielen 100.000 Jahren verändert hat. Unter anderem war der Boden, auf dem ich jetzt über einen sonnigen Hügel wandere, einst das Flussbett des Neckars. Seither hat sich der Fluss einen ganz anderen Weg gesucht und weit in den Untergrund gegraben, während gleichzeitig der Boden am alten Flusslauf in die Höhe gehoben wurde.

Nun spaziere ich in warmem Sonnenschein über Streuobstwiesen und vorbei an Trockenmauern. Zum letzten Mal in diesem Jahr lese ich von dem vielen am Boden liegenden Obst einen Apfel und eine Birne auf.

Früher wollte ich immer ein Dutzend Dinge gleichzeitig tun, hatte mehr Ideen und Träume, als in ein einziges Leben passen. Nun fühle ich mich glücklicher dabei, einfach nur Tag für Tag den Streckenmarkierungen folgen zu dürfen, ohne ein „Ich muss noch etwas Dringendes erledigen" oder „Ich will jetzt noch Dies und Das und Jenes tun". Als ich mit einem anderen Wanderer darüber rede, lacht er und meint, man könne ja Fernwandern als Therapie gegen ADHS vorschlagen.

Ein Teil der Strecke wird heute wegen einer Treibjagd umgeleitet. Auch ohne die Hinweisschilder und den Streckenposten würde ich wegen dem Lärm der bellenden Hunde und den Schüssen merken, dass hier heute vermutlich viele Eberbacher Eber in die ewigen Jagdgründe gehen.

Erneut spaziere ich bei einer Schleuse zum anderen Ufer des Neckar und hinauf zur nächsten Burgruine.

Danach kommt einer der seltenen Momente, an denen ich meine Neigung bedauere, beim Wandern manchmal den Weg von grobem Müll zu säubern. Ich hebe eine sehr große Plastikflasche auf, in der vermutlich vor langer Zeit Forstarbeiter Öl transportierten. Drei Kilometer weit trage ich diesen schmutzigen Behälter. Als ich aber selbst bei der sehenswerten Ruine Minneburg keinen Mülleimer finde, lasse ich die Flasche dort im Burghof liegen.

Bald führt mich der Neckarsteig in einer weiten Schleife erneut durch ein Tal, das einstmals das Flussbett war. Warmes Abendlicht flutet nun die Landschaft mit goldener Wärme. Kurz nach Sonnenuntergang erreiche ich Neckargerach.

Bei Nässe werden für den steilen Pfad durch die Margartenschlucht gute Schuhe und etwas Trittsicherheit empfohlen.

Nach starken Regenfällen ist der Steig manchmal unpassierbar, da er mehrfach über das Bachbett führt. An zwei, drei Stellen braucht man für den Aufstieg auch die Hände, doch hier wird der Pfad sehr gut mit Drahtseilen gesichert.

Heute erkennt man hier die Folgen der seit Monaten extremen Trockenheit. Wo normalerweise hübsche Wasserfälle die Felsen hinabströmen, plätschert nur ein kaum sichtbares Rinnsal hinab.

Weiter geht es durch eine sonnige, sanft gewellte Hügellandschaft. Ein idyllischer Weg bietet dann wieder viel schöne Aussicht zum Neckar, nur gestört vom Anblick eines Atomkraftwerks. Werden unsere Nachfahren einst die Aussicht auf das AKW Obrigheim mit ebenso verklärtem, nostalgischem Blick betrachten wie wir die alten Burgruinen?

Mosbach durchquere ich nicht auf der kürzesten Route, sondern schaue mir auch noch ein paar Gassen rechts und links der mit vielen Fachwerkhäusern geschmückten Hauptstraße an.

Ich empfehle grundsätzlich, mehr Zeit für eine Etappe einzuplanen als es anhand der reinen Streckenkilometer nötig ist. Immer wieder verzögert sich der Weitermarsch durch eine Stadt- oder Burgbesichtigung oder andere Sehenswürdigkeiten. Und das ist auch gut so!

Auch bei Burg Hornberg halte ich mich länger als eine halbe Stunde auf. Die einstige Heimat des Götz von Berlichingen, des Ritters mit der eisernen Hand, ist eine Ruine wie aus dem Bilderbuch und gefällt mir ausgesprochen gut. Als ich durch ein Fenster den Blick zum Neckar fotografieren will, übersehe ich einen niedrigen Holzbalken und schlage mir daran die Stirn blutig. „Leck mich am Arsch!“, zitiere ich den Burgherren. Nach einigen weiteren Auf- und Abstiegen sitze ich lange Zeit auf der Mauer eines kleinen Weinbergs und genieße den im warmen Abendlicht märchenhaften Blick zum Schloss Horneck.

Nach wie vor bin ich uneingeschränkt glücklich über meine Entscheidung, zwei Jahre lang durch Deutschland zu wandern. Noch weiß ich nicht, ob mein Körper es auf Dauer verkraftet, wenn ich ab Januar noch mehr Tage pro Monat wandern werde und ich so viele tausend Kilometer fast ohne Erholungspause bewältige. Und obwohl mich momentan noch fast jede Etappe begeistert, schließe ich nicht aus, dass ich irgendwann die Freude daran verliere und auf halber Strecke entscheide, dass es mir reicht. Darüber mache ich mir aber am Neckarsteig zum Glück kaum Gedanken. Ich kann zwar noch nicht ahnen, dass ich nach 10.000 Kilometern am liebsten noch einige Monate weiter wandern würde, aber ich merke schon jetzt, dass mich das Fernwandervirus inzwischen stärker als jemals zuvor gepackt hat.

Unter trübem Hochnebel marschiere ich an Burg Guttenberg vorbei. Hier erfreuen im Sommer sehenswerte Vorführungen mit unterschiedlichen Greifvögeln viele Besucher.

Manchmal begeistern mich kleine, sehr alte Kirchen ebenso sehr wie große Kathedralen; so auch jetzt die in der heutigen Form aus dem 14. Jahrhundert stammende Bergkirche in Heinsheim. Die Deckenfresken im Chorraum entstanden wohl sogar schon um 1250.

Am Ende des Neckarsteig nehme ich mir viel Zeit, um Bad Wimpfen zu erkunden. Einst war hier die größte Stauferpfalz nördlich der Alpen. Ein Spaziergang durch die Altstadt mit sehr vielen Fachwerkhäusern und schönen Gassen sowie interessanten Festungsbauwerken lohnt sich.

Westweg – Westvariante

24. – 26.11.2018

In Titisee wird der Westweg in zwei Varianten geteilt. Nachdem ich im letzten Winter von Pforzheim bis zum Feldberg wanderte, will ich nun die letzten drei Etappen über die Westvariante vom Feldberg nach Basel marschieren. **www.schwarzwald-tourismus.info**

Als ich am Feldberger Hof aus dem Bus steige, entspricht die Szenerie um mich herum dem Gegenteil zu meinem letzten Aufenthalt an Neujahr. Heute steckt der Feldberg in Wolken und die Skipiste ist völlig schneefrei. Außer mir sind nur drei Spaziergänger unterwegs, die sich aber nicht weit vom Parkplatz entfernen. Auf den ersten Kilometern begeistert mich der extrem häufige Wechsel zwischen Nebel, schnell vorbeirasenden Wolkenfetzen und einigen kleinen, blauen Flecken am Himmel. Ich komme kaum voran, weil ich ständig stehen bleibe, um diese faszinierende Stimmung zu fotografieren.

Da im Schwarzwald noch kein Schnee liegt, wurde am Nordic-Alpin-Zentrum bei Notschrei eine Loipe aus Kunstschnee angelegt. Ich finde das ebenso affig wie die Skipisten in den Alpen, die vor der Saison als hässliche, weiße Streifen am grünen Hang hinabführen.

Ein Tal mit einem Hochmoor, Wiesen mit weiter Aussicht, urige alte Bäume und das Naturschutzgebiet Wiedener Weiden gefallen mir auch ohne Sonnenschein. Zum Übernachten marschiere ich ein Stück hinab nach Wieden, wo ich in einem recht trostlos wirkenden Gästehaus als einziger Gast bei der Ankunft nur einen Zimmerschlüssel überreicht bekomme, den ich am Morgen nach einem Aufbruch ohne Frühstück in den Briefkasten werfen soll.

Nach einem kurzen Aufstieg sehe ich in der Ferne die mit flachem Bodennebel gefüllte Rheinebene, aus der wie eine Insel der Kaiserstuhl hervorragt, ein ehemaliger Vulkan.

Als ich den 1.414 m hohen Belchen erreiche, begeistert mich der klare Blick zu den Alpen. Da ich diese Aussicht in Ruhe genießen will, setze ich mich eine Weile im Belchenhaus ans Fenster, esse einen Heidelbeerkuchen und trinke Kaffee.

Der Weg führt nun oberhalb von einigen Felsen über sonnige Hänge mit nur wenigen Bäumen und Sträuchern. Mir gefällt diese bezaubernde Vegetation hervorragend.

Bei dem perfekten Wander- und Fotowetter vergeht heute die Zeit wie im Fluge. Mir kommt es so vor, als sei ich eben erst aufgebrochen, doch schon erreiche ich den 1.165 m hohen Blauen. Hier habe ich ein Zimmer im Berghotel Hochblauen gebucht, da ich wegen der großartigen Aussicht unbedingt am Gipfel übernachten will.

Heute bleibe ich bis Sonnenuntergang draußen. Der Wechsel des Lichts und die ständig steigende Nebelgrenze im Rheintal bieten spannende Ausblicke. Anfangs ragen noch viele Bergkämme des Schweizer Jura zwischen Rheintal und den Alpen aus dem Nebelmeer, doch dann werden diese immer mehr geflutet, zu kleinen Inseln und verschwinden schließlich ganz im Grau.

In der Nacht sehe ich von meinem Zimmerfenster aus die Lichter der Städte weit unter mir. Ich weiß, warum ich lieber auf Bergen statt unten übernachte. So ein Tag wie heute ist für mich viel mehr wert als irgendwelche materiellen Errungenschaften. Ein neues Auto? Eine neue Wohnzimmereinrichtung? Wozu? Dies hier ist das, wofür ich lebe. Und jedem, der mir sagt, ich solle lieber in meine Altersvorsorge investieren, dem antworte ich, dass dies für mich die beste Investition in meine Zukunft ist. Jede Art von Kapitalanlage kann man mir nehmen, aber all die Erinnerungen an das Erlebte nicht.

Schon nach wenigen Wandermonaten habe ich mich unübersehbar verändert. Ich bin deutlich ruhiger geworden. Auch mit kurzfristig auftauchenden Problemen gehe ich viel gelassener um.

Beim Abstieg bleibe ich immer wieder stehen, um die wechselnden Nebelstimmungen zu fotografieren. Danach gefallen mir erst wieder die bemoosten Felsen auf beiden Seiten des schmalen Pfades in der Wolfsschlucht und die große Burgruine Rötteln. Die letzten Kilometer empfinde ich bei dem grauen Winterwetter nur noch als notwendige Verbindungsstrecke zum Ziel in Basel. Insgesamt hat mir die Winterwanderung auf dem Westweg aber so gut gefallen, dass ich nun meine Planung auch um den Ostweg, den Mittelweg sowie die Westweg-Ostvariante ergänze.

Ostseeküste von Travemünde nach Seebad Ahlbeck (E9)

27.12.2018 – 9.1.2019

Der Europäische Fernwanderweg E9 führt von Travemünde bis zum Seebad Ahlbeck auf Usedom etwa 380 km weit entlang der Ostseeküste. Der Weg ist nur ganz selten markiert. Im Winter hat man die Strände außerhalb der Weihnachtsferien teilweise fast für sich alleine, daher empfehle ich die Tour vor allem für diese Zeit. Für den Hochsommer rate ich davon ab, da es kaum Schatten gibt und die Strände und Uferpromenaden überfüllt sind.

Am 2. Weihnachtsfeiertag fahren Annette und ich nach Travemünde. Am Abend spazieren wir zum Hafen und zum Strand. Heute sind hier sehr viele Menschen unterwegs. Zwei Weihnachtsmärkte bieten eine lobenswert hohe kulinarische Auswahl. Da wir schon nach einem Nordischen Punsch mit Rum etwas Schlagseite haben, verzichten wir dann beim Sanddorn-Punsch auf die Wodka-Zugabe. An einem Kinderkarussell läuft laute Schlagermusik, doch die Texte der Lieder sind nicht immer passende Unterhaltung für die Kleinen, denn gerade singt jemand darüber, dass er sich gestern betrunken hat.

Natürlich gehen wir auch auf die Mole und genießen den Blick auf das nächtliche Travemünde. Zufrieden schlendern wir zurück zum Hotel. Eine Besonderheit in Travemünde ist die Glocke am Kirchturm, denn sie klingt nicht wie eine normale Glocke, sondern eher so, als würde jemand beim Kochen mit dem Löffel an den Rand eines Blechtopfs stoßen.

Ab sofort steht das D-Wanderer-Projekt endlich voll und ganz im Mittelpunkt meines Lebens. Während der ersten sechs

Monate wechselte ich häufig zwischen meinem Job und dem Wandern. Nun kann ich 1,5 Jahre lang die meiste Zeit über wandern, fotografieren und schreiben.

Bereits vor Sonnenaufgang fahren wir mit der Fähre zur Halbinsel Priwall, wo wir bald darauf am ehemaligen Segelschulschiff Passat vorbeispazieren. Der E9 führt bis Boltenhagen immer sehr nahe an der Küste entlang, aber nie direkt am Meer. Meist trennen ein dichter Waldstreifen und oft auch hohe Klippen den teils asphaltierten, teils sandigen Wanderweg vom Strand. Da es aber sehr viele Übergänge zwischen Weg und Strand gibt, können wir beliebig oft zwischen beiden Varianten wechseln. Unten kommen wir mal auf sehr weichem Sand, mal auf steinigem Untergrund, viel langsamer voran, aber hier ist es viel schöner und interessanter. Wurzeln hängen von den steilen Böschungen der Klippen herab, manchmal steigen wir über am Boden liegende Baumstämme, leichte Wellen plätschern neben uns an den Strand und viele Wasservögel tummeln sich im Meer. Jetzt im Winter bietet die Ostsee ein völlig anderes Naturerlebnis als im Sommer, wenn hier viele hundert Badegäste liegen.

Zur Zeit der DDR war es verboten, hier zum Strand zu gehen. Fluchtversuche endeten mit Verhaftung oder sogar tödlich. Heute werden weite Strandabschnitte im Sommer von sehr vielen Urlaubern bevölkert. Im Winter dagegen trifft man nur ab und zu auf Spaziergänger, meist ist man aber alleine unterwegs und kann die Natur in aller Ruhe genießen. Außerdem macht das Wandern hier bei kühlem Wetter vermutlich mehr Spaß als in der Hitze des Sommers. Ich brauche nicht unbedingt blauen Himmel und kein blaues Meer. Auch die graue Stimmung des Winters hat ihre Reize.

Wenn wir oben wandern, blicken wir meist auf eine offene, landwirtschaftlich geprägte Gegend. Viele Sanddornsträucher säumen den Weg. Wir kommen an Schafen vorbei, Kanäle kreuzen unsere Strecke, kleine Sumpfgebiete und uriger Wald sorgen für Abwechslung. Dann spazieren wir wieder unterhalb steiler Sandklippen über den Strand. An vielen Stellen sieht man, dass der Hang durch die Erosion oft abrutscht. Viele große Bäume stürzten herab. Der Weg unten ist abenteuerlich, aber nicht besonders schwer.

Dieser Tag gefällt uns so gut, dass wir uns wundern, warum nicht viel mehr Leute im Winter an der Küste wandern. Nur während der Weihnachtsferien sind hier die meisten Hotels und Pensionen viele Monate voraus ausgebucht. Zum Glück habe ich unsere Unterkünfte für diese Woche schon in der ersten Planungsphase meines D-Wanderer-Projekts gebucht und damals noch ein paar nicht allzu teuere Hotels gefunden.

Zwischen Boltenhagen und Wismar gibt es fast keine Streckenmarkierungen oder Wegweiser. Anfangs geht es kurz durch das Binnenland, dann an einem langen Sandstrand entlang. Auf einer Landspitze genießen wir wieder völlige Stille. Nun marschieren wir immer auf schmalen, unbefestigten Wegen oder Pfaden direkt an der Küste entlang. Auch hier kann man manchmal wählen, ob man oberhalb der Klippen oder unten am Ufer wandern will. Später führen die Pfade ab und zu durch Schilfgebiete. Im Winter sind hier alle Restaurants und Imbissbuden geschlossen.

Allmählich wird der weite Blick auf das offene Meer von der Insel Poel eingeschränkt. In der Wismarer Bucht kommt man sich eher wie an einem See als wie am Meer vor.

Am späten Nachmittag spazieren wir durch die äußerst sehenswerte, zum Weltkulturerbe zählende Stadt Wismar. Am Abend nehmen wir an einer interessanten, zweistündigen Nachtwächterführung teil.

Normalerweise esse ich lieber in Restaurants abseits der Touristenzentren, aber es gibt Ausnahmen, die sich wirklich lohnen. Am Marktplatz in Wismar, direkt neben dem Wahrzeichen Wasserkunst, einem großen Bauwerk, mit dem einst die Wasserversorgung der Innenstadt geregelt wurde, ist in einem der ältesten Häuser Wismars das Restaurant „Alter Schwede". An der Decke hängen große Modelle von Segelschiffen, die Wände sind mit alten Schusswaffen und anderen Dingen dekoriert, aber nicht nur die Optik, sondern auch die Küche ist hier empfehlenswert. Mit Wismarer Fischplatte und einer Auswahl regionaler Biere geht es uns hier sehr gut.

Nach einigen öden Kilometern in den Außenbezirken von Wismar wandern wir viele Stunden lang durch eine sanft hügelige Gegend bis Alt-Bukow. Diese Etappe führt uns zwar weit weg vom Meer, aber die offene Agrarlandschaft mit vielen Baumgruppen wirkt sehr entspannend. Ich brauche nicht jeden Tag große Sehenswürdigkeiten und tolle Fotomotive. Je länger ich unterwegs bin, desto mehr reicht es mir, ganz einfach durch die Natur zu wandern. Keine Minute lang vermisse ich meinen gewohnten Alltag. Ich war schon immer kein besonders konsumfreudiger Mensch. Ich gab mein Leben lang das Geld lieber für Reisen aus als für Möbel, Kleidung oder teuere Autos. Wenn alle Menschen so wenig überflüssiges Zeug kaufen würden wie ich, dann müssten wohl alle Politiker und Wirtschaftswissenschaftler Not und Elend für unser auf ein stetes Wachstum des Bruttosozialprodukts angewiesenes Land prophezeien. Für mich haben Fernsehsendungen wie „Shopping Queen" noch weit weniger mit dem normalen Leben zu tun als Star Wars. Kosmetikstudios und Geschenkeläden kommen mir sogar exotischer vor als die Marvel-Superhelden.

Nach einigen Kilometern im Binnenland wandern wir am Salzhaff entlang, einer großen, fast komplett von Land umschlossenen Bucht, die vielen Vögeln einen vor den hohen Wellen der Ostsee geschützten Lebensraum bietet.

Bei Rerik verbindet ein nur etwa 120 m breiter Landstreifen das Festland mit einer Halbinsel. Am Strand schlendern bei dem wunderbaren Wetter heute unglaublich viele Spaziergänger. Es sieht fast so aus wie im Sommer.

Anfangs können wir wieder wählen, ob wir unten durch den Sand gehen oder einem herrlichen Wanderweg direkt am oberen Rand der Steilküste folgen. Wir entscheiden uns für den oberen, der viele schöne Blicke hinab auf Strand und Meer bietet.

Wolkenloser Himmel, tiefblaues Meer, starker Wellengang – ein Wandertag wie aus dem Bilderbuch!

Einige Kilometer weiter endet die Steilküste. Nun begrenzen sehr niedrige Dünen den Strand. Wir spazieren direkt neben den Wellen durch weichen Sand.

Dann gehen wir wieder hinauf zum Wander- und Fahrradweg, wo wir wie viele Dutzend andere Menschen ignorieren, dass dieser zwischendrin momentan offiziell gesperrt ist. An einer Stelle hat die Erosion eine Lücke in den Radweg gerissen. Nur noch ein schmaler Pfad führt an der Abbruchkante vorbei.

Schon bisher empfanden wir heute den Strand als überfüllt. Nun kommen wir bei Kühlungsborn fast ins Gedränge. Auf der mehrere Kilometer langen Strandpromenade geht es zu wie in der Fußgängerzone einer Großstadt am Samstagmorgen. Vor allem an den vielen Lokalen und Buden, die Glühwein oder andere alkoholische Getränke anbieten, herrscht enormer Andrang. Um als schneller Wanderer gut voranzukommen, braucht man eine Manövrierfähigkeit und Reaktionsgeschwindigkeit wie bei einem Computerspiel. Zum Glück geht es nach dem Ort allmählich wieder etwas ruhiger zu.

Der Molli genannte Dampfzug zählt zu den beliebtesten touristischen Attraktionen der Ostseeküste und fährt jeden

Tag mehrmals von Kühlungsborn über Heiligendamm nach Bad Doberan und wieder zurück. Wir freuen uns sehr darüber, als wir ihn unterwegs sehen.

Schließlich erreichen wir Heiligendamm. Größer könnte der Unterschied zu Kühlungsborn kaum sein. Einfache Hotels oder Restaurants sucht man hier vergeblich. Keine Strandbars, keine Imbissbuden, nur weiße Architektur für Reiche. Immerhin finden wir im einstigen Wartesaal des Molli-Bahnhofs ein schönes und empfehlenswertes Restaurant, in dem mir vor allem der hervorragende Grog schmeckt. Wir übernachten etwa einen halbstündigen Marsch entfernt in einem Dorf abseits der Küste.

In Heiligendamm rotten viele der einst wunderschönen, alten Villen in erbarmungswürdigem Zustand vor sich hin. Das ehemalige Herz der Stadt wirkt heute eher wie ein Museum der Vergänglichkeit. Dazwischen werden ein paar alte Gebäude mit hohem Aufwand wieder renoviert, einige stehen sogar wieder im einstigen Glanz da. Doch die Mischung zwischen Verfall und neuem Prunk wirkt beklemmend.

Bald erinnert uns wieder einmal einer der Wachtürme der ehemaligen DDR-Grenzsicherung daran, dass diese Küste einige Jahrzehnte lang ein gefährlicher Ort war.

Der Gespensterwald bei Nienhagen zählt zu den beliebtesten Ausflugszielen an der Ostsee. Knorrig verwachsene und vom Sturm gebogene Eichen, Buchen und Eschen geben ihm seinen Namen. Dieser Wald ist wirklich sehenswert, egal ob man oben zwischen den Bäumen hindurch spaziert oder ob man unterhalb der Steilküste hinaufblickt.

Um die Mittagszeit verzaubert leichter Nebel die Stimmung an dieser fantastischen Küste noch mehr ins Märchenhafte.

In Warnemünde herrscht heute auf der Promenade Massenbetrieb. Viele Imbissbuden versorgen die Gäste schon zehn

Stunden vor dem Silvesterfeuerwerk mit Alkohol. Von Fischbrötchen in allen denkbaren Varianten bis zu Pizza wird genug zu Essen angeboten. Uns ist es hier viel zu voll.

Um die Ecke ist beim Hafen neben den vielen Schiffen und den schönen alten Häusern die Atmosphäre deutlich entspannter.

Für die Silvesternacht habe ich eine preiswerte, originelle und ausgesprochen schöne Übernachtungsmöglichkeit gebucht. Im alten Fischereihafen zwischen Warnemünde und Rostock liegen am Kai zwei Wohnschiffe, in deren Kajüten man schlafen kann. Die Atmosphäre in den alten Schiffen ist außergewöhnlich. Weit genug von den Touristenzentren entfernt, bleiben wir hier vom nervtötenden Silvestertrubel verschont. Um Mitternacht stehen wir am Oberdeck unseres Schiffes und betrachten das mehrere Kilometer entfernte Feuerwerk im Rostocker Hafen, bei dem viel mehr Raketen in die Luft geballert werden, als ich es von zuhause kenne. Noch weiter entfernt ist das unvorstellbar üppige Feuerwerk bei Warnemünde. Trotz der großen Distanz sehen wir, welch unglaubliches Feuerwerks-Inferno dort abgeht. Zigtausend Menschen feiern dort ein Raketen-Armageddon. Und für morgen ist bereits das nächste Großfeuerwerk geplant. Noch ahnt niemand, dass dieses sehr kurzfristig abgesagt werden muss.

Wie seit langer Zeit gewohnt, beginnt für uns das neue Jahr mit einer Wanderung. Mit einer Fähre überqueren wir bei Warnemünde die Bucht. Wieder wechseln wir zwischen Kilometern auf dem Sandstrand und Abschnitten oben bei den Dünen. Zu unserem Glück bläst der sehr starke Wind, der sich bald zu einem richtigen Sturm entwickelt, konsequent von hinten und schiebt uns voran. In Gegenrichtung wäre dieser Tag sehr anstrengend. Nur wenige Menschen sind auf dem breiten Sandstreifen zwischen Klippen und der immer stärker tosenden Brandung unterwegs. Der Wind formt interessante Muster in den Sand. Mit Begeisterung fotografiere ich die vielen gegen den Sturm ankämpfenden Seevögel.

Im Ostseebad Graal-Müritz finden wir bei einem Imbisslokal eine windgeschützte Ecke, in der wir einen heißen Eintopf essen. Soljanka ist hier auch nach der DDR-Zeit ein typisches und beliebtes Gericht.

Inzwischen verhindert der nun orkanartige, kalte Sturm, dass wir noch länger am Strand spazieren. Meist wandern wir jetzt auf der Rückseite der Dünen entlang und nutzen nur ab und zu einige der vielen Durchgänge, um zwischendurch kurz zum Ufer zu gehen. Ich kann kaum noch fotografieren, da der Orkan keine ruhige Kamerahaltung mehr zulässt. Außerdem fühlen wir uns nun wie in einem Sandstrahlgebläse, was für ein Kameraobjektiv Gift ist.

Aber es macht uns verdammt viel Spaß, hier unterwegs zu sein. So gefällt uns der Strand viel besser als an einem sonnigen Sommertag zwischen dem Gedränge der Badegäste.

Beim letzten Tageslicht erreichen wir Wustrow. Hier erfahren wir, dass heute wegen dem Orkan das an verschiedenen Orten geplante Neujahrsschwimmen ausfällt, die Fährverbindungen zu den Inseln eingestellt wurden und in Warnemünde sogar das Turmleuchten, eine Veranstaltung mit bis zu 90.000 Besuchern, abgesagt werden musste.

Weiterhin tobt der Sturm. Der Wetterbericht hatte zwar eine Sturmflut angekündigt, doch als wir zu den Dünen kommen, überrascht es uns dennoch, dass nicht nur Teile des Strands überschwemmt wurden, sondern gar kein Strand mehr vorhanden ist. Nicht nur die Strände auf unserer heutigen Route, sondern auch alle Strandabschnitte unserer letzten Etappen werden nun vom tobenden Meer verschluckt. Die tieferen Teile der Altstädte von Wismar, Rostock und Warnemünde stehen jetzt unter Wasser. Auch einige kurze Abschnitte unserer für die nächsten Tage geplanten Etappen sind vorübergehend nicht begehbar.

Eine Sturmflut dieser Stärke kommt nur alle paar Jahre vor. Wir freuen uns darüber, dass wir so etwas nun selbst erleben dürfen! Zum Glück können wir heute den ganzen Tag bequem auf der Rückseite der Dünen spazieren und ab und zu bei den Durchgängen hinüber zu den heranbrausenden Naturgewalten schauen. Der Strand ist komplett verschwunden. Die Wellen nagen direkt an den Dünen, die Brandung gischtet mit brachialer Wucht an der Steilküste hinauf und manchmal schießt die Gischt sogar über die Wege am oberen Klippenrand. Ein unvergessliches Schauspiel!

Auf der See-Seite der Dünen tobt die Urgewalt der Sturmflut, auf der Land-Seite spazieren wir dagegen in fast friedlicher Urlaubsidylle an sehr vielen für diese Halbinsel typischen bunten Häuschen mit Reetdach vorbei. Größer könnte die unterschiedliche Stimmung kaum sein.

Die Seebrücken der Urlaubsorte wurden gesperrt, da man hier von den darüber brechenden Wogen mitgerissen werden würde. Trotz unserer guten Winterkleidung frieren wir nach einigen Stunden im Orkan bei knapp null Grad.

In Zingst spazieren wir von unserem Hotel noch kurz zum nahegelegenen Bodden-Ufer, wo sich uns bei Sonnenuntergang an dem großen Schilfgebiet und den ruhigen Wasserflächen ein völlig anderes Bild bietet als eine halbe Stunde zuvor einen Kilometer entfernt. Danach bietet uns die schöne Sauna im Hotel einen perfekten Abschluss dieses kalten Sturmtages.

Kurz vor Sonnenaufgang genießen wir bereits die schöne Stimmung am Schilfufer des Bodden. Bei nur schwachem Wind blicken wir auf schmale Wasserströme, kleine Inseln und viele Vögel. Gerade als ich die faszinierende Atmosphäre fotografiere, fährt einer der als Ausflugsschiffe dienenden Raddampfer vorbei.

Normalerweise folgt man einem Fernwanderweg immer von einem Ort zum nächsten. Da ich jedoch bei der Planung für die Strecke zwischen Barth und Stralsund keine für unsere Marschrichtung geeignete Unterkunft buchen konnte, fahren wir nun um 13 Uhr mit der Bahn nach Stralsund und wandern von dort entgegen unserer bisherigen Richtung zurück.

Wir übernachten in Klausdorf, einem Ort für Leute, die Ruhe wollen, ohne Imbissbuden und Läden, mit viel Schilf statt Badestrand. In der Abendstimmung genießen wir die Stille, ärgern uns dann aber über einen Spaziergänger, der seinen Hund nicht stoppt, als dieser ein Reh durch den Wald hetzt.

Heute wandern wir mal am Schilfufer entlang, mal abseits der Küste. Meist bläst uns ein strammer Wind entgegen, wohl der Preis dafür, dass wir auf dieser Etappe in falscher Richtung unterwegs sind. Immer wieder ziehen Vogelschwärme über uns hinweg. Auf den Feldern sehen wir Gänse, im Wasser Enten, Möwen, Schwäne und mehr. Ein über 100 Jahre altes Windschöpfrad ist ein weiterer Blickfang des Tages.

Am Abend spazieren wir durch die Fußgängerzone von Stralsund. Diese zum Weltkulturerbe zählende Stadt ist für uns eine der schönsten Städte Deutschlands.

Für die grandiosen Kirchen, viele herrliche andere Bauwerke, das Segelschiff Gorch Fock am Hafen sowie viele andere Sehenswürdigkeiten sollte man sich genügend Zeit nehmen. Wir verbringen jeweils mehrere Stunden im großartigen alten Meeresmuseum und im erst zehn Jahre alten Ozeaneum. Riesengroße Aquarien, lebensgroße Modelle von Walen, Mantas und anderen Tieren – hier kommen wir aus dem Staunen nicht heraus. Am Mittag muss Annette wieder nach Hause fahren. Ich wandere alleine noch einige Kilometer weiter.

Zwischen Stralsund und Greifswald gefallen mir nur ein paar Kilometer am Schilfufer des Bodden, aber allzu oft marschiere ich auf langweiliger Strecke fern der Küste.

In Greifswald halte ich mich am Morgen länger als geplant auf, vor allem beim interessanten Museumshafen mit vielen verschiedenen Schiffen. Danach versetzen mich die zwei Kilometer am Ryck-Ufer in eine träumerische Stimmung, denn Nebel verwandelt den kleinen Fluss mit seinem Schilfufer in eine dem Alltag scheinbar entrückte Welt. Bei Wieck komme ich an einer sehenswerten Klappbrücke vorbei.

Die Klosterruine Eldena bot schon für Caspar David Friedrich und andere Maler der Romantik ein beliebtes Motiv. Die Ziegelsteinmauern mit Tor- und Fensterbögen ragen in einer Parkanlage wie ein unvollständiges Puzzlespiel in die Höhe. Die nächsten Stunden bis Wolgast empfinde ich als sehr langweilig.

Gleich nach dem Frühstück wandere ich über die Brücke zur Insel Usedom. Heute gefällt mir die Strecke den ganzen Tag über außerordentlich gut. Zuerst marschiere ich – mal an der Peene entlang, mal etwas weiter landeinwärts – durch eine weite Graslandschaft mit Entwässerungskanälen und einem kleinen Fischerhafen.

An der Nordküste von Usedom ist der noch etwas feuchte Sand seit der letzten Flut fester als in trockenem Zustand, so dass ich hier nun recht bequem wandern kann. Nur alle paar hundert Meter begegne ich anderen Spaziergängern. Noch ist es fast windstill. Das Meer liegt sanft neben mir. Hier tummeln sich viele Möwen und andere Wasservögel. An manchen Stellen schichteten die Wellen Muscheln unterschiedlicher Form und Farbe zu großen Haufen auf. Der weite Sandstrand, die wenigen Menschen und die Stille kommen mir vor wie das Klischee aus einem Werbespot. Ich genieße es.

Innerhalb von nur wenigen Minuten endet die friedliche Stimmung und der nächste Sturm zieht auf. Mit enormer Geschwindigkeit ändert sich das Wetter. Bald schiebt mich wieder starker Wind voran. Die Wellen erobern sich so schnell den Strand zurück, dass ich dabei zuschauen kann, wie die Fußspuren der Spaziergänger überflutet werden.

Die Seebrücke von Zinnowitz ist zwischen der schon wieder meterhoch anbrandenden Gischt und bei strömendem Regen wahrhaft kein gemütlicher Ort. Fasziniert betrachte ich das sich rasant steigernde Naturschauspiel.

Nur eine schmale Parkanlage trennt die schönen alten Hotels und Villen im Seebad Zinnowitz von der Düne und dem Strand. Hier gefällt es mir trotz Regen. Am späten Nachmittag erreiche ich Koserow. Da nach den Weihnachtsferien die meisten Urlauber nach Hause fuhren und nun fast alle Restaurants geschlossen sind, wirkt der Ort jetzt wie eine Geisterstadt.

Schon ein paar hundert Meter bevor ich die Dünen erreiche, höre ich den Lärm der Brandung. Vor einigen Tagen empfand ich es als glücklichen Zufall, dass ich auf meiner Ostsee-Wanderung eine Sturmflut erleben darf. Nun rauscht sogar bereits die zweite Flut heran.

Als ich beschlossen hatte, im Winter an der Ostsee zu wandern, hoffte ich auf schöne Fotos von schneebedeckten Strandkörben. Schnee sorgt zwar schon seit Tagen in Bayern und Österreich für Chaos, aber an der Ostsee sehe ich keine einzige Flocke. Doch die Sturmfluten finde ich interessanter als gewöhnliche Wintertage. Am Morgen ist bei Koserow noch ein etwa zwei Meter breiter Streifen vom Strand übrig, bald darauf nagt das Meer erneut unmittelbar an den Dünen und der Steilküste. Auch heute schiebt mich sehr starker Rückenwind voran. So macht das Sturmwandern wieder richtig Spaß, zumal die ersten Kilometer oberhalb der Steilküste viel Aussicht auf die rauschende Naturgewalt bieten. Einer der Abgänge zum Meer wurde gesperrt, da die letzte Flut die Treppe zerstört hat. Von einer anderen Treppe aus fotografiere ich die Steilküste, muss mich dabei aber mit einer Hand gut am Geländer festhalten, damit mich der Sturm nicht wegbläst.

Ückeritz bietet mit seinen kleinen, bunten Holzhäuschen einen ganz anderen Anblick als die üblichen Seebäder.

Heute schlängelt sich der Wanderweg durch eine Hügellandschaft mit hohen, von Wald überzogenen Dünen. Die vielen Campingplätze hinter den Dünen sind im Winter alle geschlossen. Hier ist im Sommer sicherlich sehr viel los, doch jetzt bin ich wieder nahezu alleine unterwegs. Dann marschiere ich hinauf zu einem 54 m hohen Kliff, das mir einen besonders faszinierenden Blick auf die tobenden Fluten bietet.

Die letzten Kilometer bis Seebad Ahlbeck führen fast lückenlos an meist sehr schönen, alten Villen vorbei. Rechts sehe ich die kleinen Schlösschen und schmale Parkanlagen, links hinter der flachen Düne die Brandung. Nach Fotos von der wilden Gischt an den Seebrücken in Heringsdorf und Ahlbeck verabschiede ich mich von der Ostsee. Um 13:23 Uhr steige ich in den Zug und um 16 Uhr erreiche ich bereits Prenzlau, wo ich morgen früh mit der Uckermärker Landrunde beginne.

Uckermärker Landrunde

10. – 15.1.2019

Die fast ausnahmslos gut markierte Strecke führte zum Zeitpunkt meiner Wanderung 167 km weit mit nur wenigen Höhenunterschieden durch die Uckermark. Inzwischen ist der von mir zuerst gewanderte Streckenabschnitt am Unteruckersee nicht mehr offiziell Bestandteil der Landrunde. **www.tourismus-uckermark.de**

Für die Wintermonate suchte ich nach Touren, die mehr bieten als nur kahle Laubwälder. Die vielen Seen in der Uckermark und ein paar kulturelle Reize führten zu meiner Entscheidung, im Januar die Landrunde zu wandern. Außerdem muss man hier meist nicht mit ganz so tief verschneiten Wegen rechnen wie in hohen Mittelgebirgen. In diesem Januar ist das besonders wichtig, denn während manche Regionen Deutschlands gerade im Schneechaos versinken, fühle ich mich hier wie im Frühling.

Am Morgen schaue ich mir zuerst Prenzlau an. Hier stehen noch große Teile der alten Stadtmauer. Die Stadttore, Kirchen und ein ehemaliges Kloster gefallen mir. Danach folge ich lange Zeit dem Ufer des fast 7 km langen Unteruckersee. Gestern wanderte ich bei Sturmflut an der Ostsee, heute spaziere ich bei schönstem Sonnenschein entlang idyllischer Seen. Allmählich spüre ich immer intensiver, dass mein zweijähriges D-Wanderer-Projekt etwas anderes ist als ein paar normale Wandertage.

Hinter einer schönen Bank am Schilfufer stelle ich meine Kamera auf das Stativ, drücke auf den Selbstauslöser und will mich schnell auf die Bank setzen, doch nach einem Schritt rutsche ich auf der nassen Böschung aus. Ein unveröffentlichtes

Foto zeigt nun, wie ich mich fluchend und mit einer Zerrung an der Schulter vom Boden erhebe.

Bei einem Badeplatz am Oberuckersee raste ich eine Weile. Als ich in Warnitz bei der gebuchten und vorausbezahlten Unterkunft ankomme, ist dort niemand. Telefonisch erfahre ich, dass der Vermieter meine Buchung vergessen hat. Er sagt mir gleich den Türcode, damit ich zumindest schon rein kann. Drinnen haben meine Vorgänger extrem viel Müll und Unordnung hinterlassen. Bald kommt der Vermieter und putzt den ganzen Dreck weg. Ich „beseitige" inzwischen übrig gebliebenes Bier, Schokolade und Chips.

Es hat tatsächlich geschneit! Aber nicht wie im momentan von gewaltigen Schneemassen geplagten Bayern! Nur ein paar vereinzelte Flocken legten sich in der Nacht auf einige Stellen am Boden.

Wie erwartet empfinde ich die Stille dieser weitläufigen, offenen Landschaft als sehr erholsam. Außerhalb der kleinen Dörfer sehe ich heute den ganzen Tag keine Menschen.

Viele Leute fragen mich, ob es mir während der 10.000 Kilometer nicht irgendwann zu langweilig wird, nur durch Deutschland zu wandern. Doch erstens lege ich schon bei der Planung meiner Touren Wert darauf, dass die Reihenfolge möglichst abwechslungsreich bleibt, zweitens wird es schon alleine durch die großen Unterschiede der Jahreszeiten nie eintönig.

Trotz leichtem Sprühregen hole ich immer wieder die Kamera heraus und fotografiere sanft gewelltes Hügelland, weite Wiesen- und Ackerflächen, Alleen, Baumgruppen und Hecken, ab und zu kleine Dorfkirchen, eine Mühle und den idyllischen Mündesee. Angermünde erreiche ich gerade noch bei Tageslicht.

In den meisten Punkten entsprechen meine Erlebnisse als D-Wanderer dem, was ich vor Beginn der Reise erwartet hatte.

In anderen lag meine Planung völlig falsch. Ich ging davon aus, dass ich jeden Abend, wenn ich alleine in der Unterkunft sitze, stundenlang lesen und vor allem schreiben kann. Ich wollte abends nicht nur die Texte für meine D-Wanderer-Homepage notieren, sondern unterwegs auch an drei anderen Buchprojekten arbeiten, außerdem über manche Wanderungen Artikel für Zeitschriften schreiben und damit einen Teil meiner Reise finanzieren. Doch in Wahrheit bin ich nach den vielen Kilometern abends meist so müde, dass ich dusche, einen Teil meiner Klamotten wasche, etwas esse, und dann nur noch mit knappen Stichworten den Bericht zur aktuellen Etappe auf ein Stück Papier kritzeln kann. Bücher, Musik, Fernsehen? Oft schlafe ich schon vor der Tagesschau ein.

Am Morgen wandere ich auf einem herrlichen Pfad am Ufer des Wolletzsee. Plötzlich sehe ich, wie etwa 30 m über mir ein Wildschwein den Hang entlang rennt. Aus der Ferne höre ich Schüsse und Hundegebell. Vermutlich flieht dieser große Eber vor einer Treibjagd.

Ab Wolletz ist die Route der Landrunde heute wegen der Jagd gesperrt. Als ich auf einem anderen Weg weiterwandere, höre ich nach einer Weile vor mir ebenfalls Hunde und Schüsse. Daher muss ich nach Wolletz zurückgehen und einen gefahrlosen Umweg suchen. Ich will ein paar Kilometer per Autostop abkürzen und werde zum Glück gleich vom Fahrer des ersten vorbeikommenden Autos ein Stück mitgenommen.

Im hügeligen Wald des Biosphärenreservats Schorfheide-Chorin, einem landschaftlichen Relikt der letzten Eiszeit, bieten mir Kiefern- und Buchenwald, dazwischen ein paar kleine Seen, Tümpel, Sumpfgebiete und verlandete Seen Abwechslung.

Bei Poratz stehen Jäger um ihre erlegten Wildscheine herum. Erneut höre ich in der Ferne Hunde bellen. Also ist auch hier Jagdgebiet! Ich befürchte schon, dass ich einen weiteren Umweg wandern muss und mein Ziel dann nicht mehr bei Tageslicht erreiche, doch zum Glück komme ich nun ohne Probleme voran.

In Ringenwalde esse ich am Abend im urgemütlichen alten Landgasthof „Zum Grünen Baum" zum ersten Mal in meinem Leben Mufflon, dazu gibt es Rotkraut, Knödel und ein gutes Bier. So könnte jeder Tag enden!

Weiterhin führt mich die Landrunde ohne nennenswerte Höhenunterschiede meist bequem durch den Wald. Am Mittag wandere ich einige Kilometer am Ufer des Lübbesee entlang, wo ich trotz starkem Regen genug interessante Fotomotive finde.

Schon beim „66-Seen-Weg" erkannte ich, dass mich die vielen hundert Seen im Nordosten Deutschlands als Reiseziel faszinieren. Nun bin ich sicher, in den nächsten Jahren noch viele dieser Seen zu erkunden. Mittelfristig führen mich meine D-Wanderer-Erlebnisse an diesen Seen aber auch zu einer ganz anderen Entwicklung. Mir wird bewusst, dass ich nach Ende des D-Wanderer-Projekts nun auch die Altrheinarme und Baggerseen in der Rheinebene besonders intensiv erkunden will. So führen mich meine Wanderungen in der Uckermark und in Brandenburg dazu, auch meine gewohnte Heimat mit neuen Augen zu betrachten.

Am späten Nachmittag schaue ich mir die Altstadt von Templin an, die noch fast komplett von der alten Stadtmauer mit einigen der alten Stadttore umgeben wird.

Heute muss ich etwas schneller marschieren, damit ich die geplante 37 km Doppeletappe bei Tageslicht schaffe. Ich verlasse die Stadt schon kurz vor Sonnenaufgang. Als ich am Ufer eines hübschen Kanals spaziere, verziert ein Graupelschauer den Weg mit kleinen Eisklümpchen. Dann folgt eine recht abwechslungsreiche Mischung aus Wald, Feldern und Wiesen, dazu wieder einige Seen. In den Kiefernwäldern umgibt mich auch im Winter angenehmes Grün. Dazwischen kann ich in lichten Buchenwäldern Sonne tanken. Ein herrlicher Weg führt am Ufer des Großen Warthesee entlang. Im Anschluss wandere ich durch eine besonders schöne, sanft gewellte Hügellandschaft.

Als ich Schloss Boitzenberg erreiche, beleuchtet die Abendsonne gerade das prunkvolle Gebäude mit einem herrlichen, warmen Licht.

Am Morgen spaziere ich zuerst durch den großen Schlosspark in englischem Stil zur fotogenen Klostermühle und zur Ruine eines alten Klosters. Kurz vor dem Ende der Etappe warnt ein Schild: „1,5 km unwegsame Wegführung. Wir bitten um Verständnis". Hier führt die Landrunde über einen ehemaligen Bahndamm, am Anfang auf äußerst unangenehmem, groben Schotter. Zum Glück kann ich bald mit kleinen Schritten von Schwelle zu Schwelle schreiten, was eine Abwechslung zum gewohnten Wandern bietet. Eine Stunde darauf erreiche ich wieder Prenzlau.

Ostweg

Januar & Februar 2019

Der Ostweg führt in offiziell zwölf Etappen 243 km mit etwa 5.000 Höhenmetern von Pforzheim nach Schaffhausen.

www.schwarzwald-tourismus.info

Da der Ostweg wie die meisten Fernwanderwege in beide Richtungen markiert ist, wandere ich dieses Mal entgegen der Hauptrichtung. Vor meinem Start fahre ich mit dem Bus vom Bahnhof Schaffhausen zum berühmten Rheinfall und eine Weile später wieder zurück. Danach besichtige ich die sehr sehenswerte Altstadt, in der mir vor allem die vielen wie ein Bilderbuch bunt bemalten Hausfassaden gefallen.

Bald darauf marschiere ich oberhalb der Schneegrenze. Die eisige Kälte und der Hochnebel verwandelten den Wald in ein mit Millionen Eiskristallen geschmücktes Zauberreich. Begeistert wandere ich durch diese Märchenwelt, die ich heute ganz für mich alleine habe. Ich fotografiere diese Kristallwunder so oft, dass ich kaum vorankomme. Viel zu früh führt mich der Weg dann wieder unterhalb der Schneegrenze.

Bald wandere ich einige Zeit am Ufer der Wutach entlang. Dann erreiche ich die Wutachflühen, die im Sommer einer der Höhepunkte des Ostwegs sind. Auch der Schluchtensteig führt hier entlang. Ich hatte erwartet, dass ich hier auf eine leichte Alternativroute ausweichen muss, denn im Winter ist dieser Pfad normalerweise unpassierbar. Selbst für erfahrene und sehr trittsichere Wanderer wäre diese Route bei Schnee lebensgefährlich, denn der Pfad führt manchmal ungesichert an fast senkrechten Abgründen entlang. Außerdem kann man bei tiefem Schnee den oft nur fussbreiten Pfad am Steilhang wohl kaum erkennen. Doch überraschend ist diese Route heute fast völlig schnee- und eisfrei und daher ganz problemlos. Dies freut mich sehr, denn die Wutachflühen sind einer der Höhepunkte am Ostweg. Im Gegensatz zu manchen Sommerwochenenden, an denen sich die Wanderer hier fast drängen, genieße ich heute absolute Stille. Außerdem kann ich nun die Eiszapfen an den gefrorenen Wasserfällen bestaunen.

Oberhalb von Achdorf knirscht wieder fester Harschschnee unter meinen Schuhen. Wie bereits gestern begeistern mich auch hier wieder glitzernde Eiskristalle an den Bäumen. Ich bedauere die Leute, die wegen der Kälte und dem Hochnebel an solchen Tagen zuhause bleiben. Sie ahnen nicht, was sie verpassen.

Bei klarem Wetter kann man hier die fernen Alpen sehen, aber heute bleiben sie vor mir verborgen. Eine Weile wandere ich über etwas flachere Hügel und fast baumlose Felder. An einigen Stellen ist der Weg leicht vereist, an anderen komme ich nur ganz langsam voran, da ich bei jedem Schritt bis zu zehn Zentimeter tief im Schnee einsinke. Vom Etappenziel Geisingen fahre ich mit dem Bus zu meiner einige Kilometer vom Ostweg entfernten Unterkunft.

Ich frühstücke schon vor sieben Uhr und will dann um 7:20 mit dem Bus zurück nach Geisingen fahren. Doch der im Fahrplan angekündigte Bus kommt nicht. Auch der nächste taucht 20 Minuten später nicht auf. Als ich beim Busunternehmen anrufen will, höre ich nur „Zur Zeit sind alle Leitungen besetzt". Ausgerechnet heute ist der kälteste Tag des Monats. Bei einigen Grad unter Null fühlen sich meine Füße allmählich wie Eisklumpen an. Beim Wandern friere ich dank sehr guter Bekleidung nie, aber 42 Minuten in der Kälte an einer Haltestelle stehen, ist zu viel. Endlich kommt der Bus. Wegen eines Unfalls sind alle Straßen rund um Geisingen komplett blockiert. Daher dauert auch die Fahrt in die Stadt nun viel länger als normal. Erst mit mehr als einer Stunde Verspätung starte ich meine 33 km lange Etappe und bin gespannt, ob ich noch bei Tageslicht in Villingen ankommen werde. Ein paar Kilometer komme ich heute wegen Tiefschnee nur in extrem langsamem Schleichtempo voran, auf anderen Abschnitten kann ich dagegen sehr flott marschieren. Unterwegs beobachte ich eine Weile einen Fuchs, der auf einem Feld hin- und hermarschiert.

Manchmal erkenne ich die Route nur an weit entfernten Stöcken mit einer Markierung, manchmal brauche ich die Wanderkarte. Im großen Sumpfgebiet des Schwenninger Moos würde ich gerne viel länger verweilen, doch ich muss mich nun beeilen. Erst eine halbe Stunde nach Sonnenuntergang erreiche ich Villingen.

Die Altstadt von Villingen wird noch von mehreren alten Stadttoren eingerahmt. Ich empfehle auch einen Blick in das Münster. Heute will ich 34 Kilometer wandern, komme aber im verharschten Schnee manchmal nur langsam voran. Außerdem verliere ich unterwegs Zeit, da ich mehrmals in die falsche Richtung marschiere. Die vielen fehlenden Streckenmarkierungen gehen mir allmählich auf die Nerven. Doch als ich in der Abenddämmerung hinauf nach Aichhalden marschiere und die schöne Aussicht betrachte, bin ich auch mit diesem Tag sehr zufrieden.

Nach wenigen Kilometern erreiche ich Alpirsbach, wo ich das bekannte Kloster anschaue. Oberhalb des Ortes beginnt für mich eine mühsame Odyssee. Im tiefen Harschschnee komme ich nur sehr mühsam voran. Vor mir stapfte hier seit den letzten Schneefällen nur ein einziger Wander. Ich versuche zwar, in seinen Spuren zu marschieren, aber auch dies ist im tiefen Schnee sehr anstrengend. Außerdem fließt unter dem Schnee manchmal Schmelzwasser, so dass ich immer wieder durchbreche und mir Wasser in die Schuhe läuft. Aber auch solche wenig genussvollen Abenteuer gehören zum Wanderleben, wenn man das ganze Jahr über unterwegs sein will. Mit weniger als 1 km/h komme ich voran. Die Schinderei scheint kein Ende zu nehmen. An einer Wegkreuzung finde ich keinerlei Hinweis, in welcher Richtung ich weitergehen muss. Auch die Wanderkarte nutzt mir hier nichts. Ich hoffe, dass der Wanderer vor mir ebenfalls nach Schömberg wollte und folge weiter seinen Spuren.

Der Weg windet sich mal nach rechts, mal nach links, ab und zu zweigen weitere Wege ab, leider ebenfalls ohne Markierung. Schließlich erreiche ich einen breiten Weg, auf dem ich nun wieder leichter einer markierten Route nach Schömberg folgen kann. Diese Stunde hat viel Kraft und Nerven gekostet, aber es war auch ein ausgesprochen spannendes und reizvolles Abenteuer. Wer immer nur bei sonnigem Wetter auf leichten Wegen spaziert, kann wohl nicht verstehen, warum gerade solche Etappen rückblickend für mich zu den Sternstunden meiner D-Wanderer-Jahre zählen.

Eine Weile geht es zwischendurch über schneefreie Wege, doch dann folgen erneut viele verharschte und sehr mühsame Kilometer. Am späten Nachmittag spaziere ich in Freudenstadt über den größten Marktplatz Deutschlands.

Nun führt mich der Ostweg anfangs über sonnige Hügel, später durch Wald und über Wiesen und Felder nach Altensteig. Im schattigen Wald liegt vereinzelt noch Schnee, aber an sonnigen Stellen kann ich jetzt schon gut erkennen, dass sich der Frühling nähert. Früher bin ich in den Wintermonaten oft zum Wandern in den Süden geflogen. Mallorca, die

Kanarischen Inseln und Madeira lockten mich viel stärker als das trübe Deutschland. Doch inzwischen ziehe ich das ganze Jahr über Urlaub in unserer Heimat vor. Dies ist vor allem aus ökologischen Gründen besser, aber nun können mir auch Nachrichtenmeldungen über Flugausfälle durch Streiks oder internationale Reisebeschränkungen egal sein und ich muss mich nicht über Gepäck ärgern, das nicht am Zielflughafen ankommt. Da ich fast ausschließlich mit der Bahn zum Wandern fahre, ärgern mich nun auch Staus, rote Ampeln und lästige Parkplatzsuche nicht mehr.

Heute wandere ich unter anderem am Schloss Berneck vorbei, durch den Kurpark von Bad Teinach und zur interessanten Burgruine Zavelstein. In Calw rahmen besonders viele Fachwerkhäuser den Marktplatz ein. In Hirsau besichtige ich eine der schönsten Klosterruinen Deutschlands. Der abwechslungsreiche Tag endet im Kurpark von Bad Liebenzell.

Der nächtliche Neuschnee verzauberte die Mombachschlucht in eine Märchenwelt. Mehrmals überquert der Weg auf Steinen das Bachbett. Da die Schneedecke noch sehr dünn ist, kann ich mit meiner guten Trittsicherheit problemlos über diese Steine ans andere Ufer balancieren. Bei tiefem Schnee oder bei Eis wäre das nicht möglich. Bald darauf schneit es immer stärker. Dicke Flocken wirbeln vom Himmel. Welch ein schöner Wandertag! Die Winterlandschaft gefällt mir immer besser. Schließlich erreiche ich den Kupferhammer bei Pforzheim, wo Westweg, Mittelweg und Ostweg beginnen bzw. enden.

Rothaarsteig

31.1. – 6.2.2019

Der hervorragend markierte Rothaarsteig führt durch das Sauerland und das Siegerland. Die offiziell in acht Etappen aufgeteilte Hauptroute ist 154 km lang und hat etwas mehr als 3.000 Höhenmeter, dazu kommen noch Zuwege in die Übernachtungsorte. Ergänzend gibt es eine Westerwald-Variante. **www.rothaarsteig.de**

Schon wenige Minuten nachdem ich mit der Bahn den wenig fotogenen Ort Brilon erreiche, wandere ich einige Kilometer weit durch sonnigen Winterwald bis Petersborn.

Zuerst folge ich einem gut präparierten Winterwanderweg, dann stapfe ich durch tiefen Schnee bergauf. Manchmal erleichtern mir die Fahrspuren von Forstfahrzeugen das Vorankommen. Oft mühe ich mich aber auch durch die Fußspuren der wenigen Wanderer, die hier vor mir unterwegs waren.

Da es am Rothaarsteig viel mehr kleine Hütten oder überdachte Sitzplätzen gibt als auf fast allen anderen Wanderrouten, erreiche ich alle paar Kilometer eine Stelle, an der ich schneefrei und meist windgeschützt rasten kann.

Für die ersten zehn Kilometer brauche ich heute wegen dem Schnee 3,5 Stunden. Aber es macht mir ausgesprochen viel Spaß. Die restliche Etappe ist einfacher. Ich bin mal wieder sehr froh darüber, an einem so herrlichen Wintertag wandern zu dürfen. Vom Rothaarsteig führen an sehr vielen Stellen hervorragend markierte Zubringerwege zu den Orten mit Übernachtungsmöglichkeiten. Auf einem davon marschiere ich nun hinab nach Willingen, einem beliebten Wintersportort mit Skiliften, vielen Pisten, Langlaufloipen und einer Sprungschanze.

Zum Glück habe ich meine Unterkunft in einem Hotel zwei Kilometer abseits des Trubels gebucht und kann mich dort ganz alleine in der Sauna vom anstrengenden Tag erholen.

Oben im Naturschutzgebiet Hochheide hat man bei klarem Wetter eine weite Aussicht. Heute umgibt mich hier dichter Nebel. Doch auch diese Stimmung gefällt mir auf der offenen Heidefläche mit vielen vom Wind gekrümmten Bäumen und Sträuchern außerordentlich gut.

Dann folge ich viele Kilometer weit den Spuren eines einzigen Wanderers. Wenn der nicht heute schon vor mir durch den tiefen Schnee gestapft wäre, käme ich hier sogar noch langsamer voran. Unterwegs komme ich an der Quelle der Ruhr vorbei. Dann erreiche ich Winterberg, das Wintersportzentrum des Sauerlands. Wie in einem alpinen Skiort drängen sich Touristen entlang der Modeläden, Restaurants , Imbissbuden und Lokale mit den obligatorischen Après-Ski-DJ-Partys.

Als ich am Morgen an den großen Parkplätzen, den vielen Skiliften, Pisten und Langlaufloipen vorbeikomme, erkenne ich erst so recht, wie sehr der Wintersport diesen Ort prägt. Einmal muss ich sogar am Rand einer Skipiste hinabwandern. Bald danach führt der Weg über eine steile Treppe bergauf. Der Schnee wurde hier von vielen Fußgängern so festgetreten, dass nun statt normaler Stufen eine gefrorene schiefe Ebene den Aufstieg so sehr erschwert, dass ich mich 150 m weit nur am Treppengeländer hinaufhangeln kann. Ich komme an Langlaufloipen und Skipisten vorbei und muss natürlich sehr darauf achten, dass ich als Wanderer nicht die gespurten Strecken beschädige oder die Langläufer behindere.

Im Naturschutzgebiet auf dem 841 m hohen Kahlen Asten kann ich wieder die Stille und den ganz besonderen Zauber des Hochnebels genießen.

Am Mittag folgt der gefährlichste Moment meiner gesamten 10.000-Kilometer-Wanderung. In einem kleinen Weiler führt der Rothaarsteig abseits der Straße zwischen Häusern bergab. Zwischendrin wird der Weg von einem sehr hohen Wall aus Schnee blockiert, den jemand von der großen Terrasse oberhalb hier hinabgeschippt hat. Schon auf den ersten Blick erkenne ich, dass die Überquerung dieses lockeren Schneehaufens sehr problematisch wird. Wie befürchtet stecke ich nach wenigen Schritten mit dem rechten Bein fast bis zur Hüfte fest, bei der nächsten Bewegung auch mit dem linken. Was nun? Herausziehen kann ich keines der beiden Beine, denn sie stecken so gründlich fest, dass ich noch nicht einmal die Füße einen Zentimeter bewegen kann. Mir bleibt nichts anderes übrig als den Rucksack abzuwerfen und langsam und vorsichtig mit den Stöcken und den Händen vor mir allen Schnee fortzugraben, bis ich erst das eine, dann das andere Bein befreien kann. Ein Meisterwerk der Akrobatik! Schlangenmenschen hätten es hier leichter! Die restlichen drei Meter rutsche ich dann auf dem Rücken mit dem Kopf voran vom Schneehaufen hinab.

Die restlichen Kilometer zum mit Fachwerkhäusern geschmückten Dorf Latrop sind dann sehr bequem.

Morgens den Rucksack zu packen ist für mich inzwischen so alltäglich wie Zähneputzen. Der Rucksack gehört jetzt so untrennbar zu meinem Leben wie früher der CD-Player und Bücher. Irgendwann in ferner Zukunft werde ich sicherlich wieder ein ganzes Wochenende mit Lesen und Musikhören verbringen, aber im Augenblick ziehe ich mein aktuelles Nomadenleben vor.

Bei herrlichem Wetter marschiere ich abgesehen von kurzen Tiefschnee-Abschnitten meist auf bequemen Wegen durch die wunderbar verschneite Winterlandschaft. Beim Aufstieg zum Giller muss ich meine Spikes anziehen, denn der von vielen

Spaziergängern festgetrampelte Schnee ist über Nacht gefroren und recht glatt. Die Besteigung des Aussichtsturms wäre heute sogar völlig unmöglich, da eine gewölbte Eisschicht alle Stufen bedeckt.

Bald folgt ein besonders schöner Wegabschnitt im Tal der Eder, wo sich der Bach in weitem Bogen über die verschneiten Wiesen schlängelt. Am Mittag komme ich am Quellteich der Lahn vorbei. Eine Weile führen Rothaarsteig und der bald auch in meinem Programm stehende Lahnwanderweg gemeinsam weiter.

Dann steige ich auf einem Zubringerweg zu meinem Etappenziel Hainchen hinab. Zu meiner Überraschung gibt es dort weder ein geöffnetes Restaurant noch einen Laden, in dem ich Proviant kaufen kann. Doch die Vermieterin des sehr günstigen Zimmers am unteren Ende des Ortes ist das, was man auf den großen amerikanischen Fernwanderwegen Trail-Angel nennt. Sie fährt mich mit dem Auto zum Supermarkt im nächsten Ort. Außerdem bietet sie mir an, dass ich mir vom Frühstück auch Proviant für den Tag einpacken kann.

Am Morgen bringt mich meine hilfsbereite Vermieterin mit dem Auto die 2,5 km hinauf zum Rothaarsteig. Nur noch kurz wandere ich oberhalb der Schneegrenze. Dann marschiere ich oft über sonnige Wiesen, auf denen ich mich nun wie im Frühling statt im Winter fühle. Zuletzt spaziere ich lange durch die mit vielen schönen Fachwerkhäusern geschmückte Altstadt von Dillenburg.

Harzer Hexenstieg

7. – 11.2.2019

Den Harzer Hexenstieg kann man in verschiedenen Varianten wandern. Je nach Route ist die Strecke zwischen Osterode und Thale etwas mehr oder weniger als 100 km lang.

www.harzinfo.de/erlebnisse/wandern/harzer-hexen-stieg

Da der Brocken bei der Entstehung meines D-Wanderer-Projektes eine besondere Rolle spielte, ist der Harzer Hexenstieg für mich einer der wichtigsten Routen dieser zwei Wanderjahre. Jedes Jahr führt Anfang Februar ein 86 km langer Benefizlauf nonstop von Göttingen bis auf den Brocken. Auch ich erreichte bei der Brocken-Challenge schon zwei Mal das Ziel. Im letzten Jahr musste ich aber nach 42 Kilometern aufgeben. Der Grund für meine damaligen gesundheitlichen Probleme lag in den Magenschmerzen, die mich schon seit Monaten fast täglich plagten. Mit einem Auto ließ ich mich ab einer Verpflegungsstelle ein Stück weiter hinauf fahren und wanderte dann ohne Wertung die letzten Kilometer zum Gipfel. Rückblickend bin ich sicher, dass dort oben meine ersten Überlegungen, den Job zu kündigen und zukünftig durch Reisen und Fotografieren mein Geld verdienen zu wollen, zu einem festen Entschluss reiften. Daher stand dann bei der Geburt des D-Wanderer-Projekts sofort fest, dass ich meine Wanderung auf dem Hexenstieg so lege, dass ich dort während der nächsten Brocken-Challenge am Gipfel die Sieger fotografieren kann.

Nach meiner Ankunft in Osterode schaue ich mir zuerst die bunte Mischung aus Fachwerk- und Schindelhäusern in der Altstadt an. Bald verlasse ich den Ort und marschiere bergauf. Vor einem Haus verkündet ein Schild: „Täglich frische Eier to go". Bei so einem haarsträubenden Sprachmix sollte man mit Eiern werfen!

Am Hexenstieg komme ich an geschnitzten Hexenfiguren und anderen Verzierungen vorbei. Manchmal wird Wissenswertes vermittelt. An einer Stelle wird anschaulich gezeigt, welch Lasten früher die Frauen bei jedem Wetter und in jeder Jahreszeit täglich über den Berg schleppten. Normalerweise kann man hier sogar probieren, selbst einen 40 kg schweren Korb zu heben, doch heute ist dieser am Boden festgefroren.

Da der Weg heute an manchen Stellen vereist ist, ziehe ich meine Spikes an. Nach zehn Kilometern zweige ich vom Hexenstieg ab und spaziere hinab nach Buntenbock. Als ich dort an der Tür eines Hotels klingle, erfahre ich, dass meine Zimmerbuchung schon vor Weihnachten storniert wurde, da hier in diesem Winter keine Zimmer vermietet werden. Damals habe ich wohl die Stornierungsmail in der Flut der Absagen von anderen Übernachtungsanfragen versehentlich übersehen und gelöscht. Zum Glück bekomme ich einen Tipp, wo ich in dem wie eine Geisterstadt wirkenden Ort doch noch nach einem Zimmer fragen kann. Und genau solche Erlebnisse wie nun bei Familie Schmidt sind das Salz in der Suppe des Reisens. Herr Schmidt bezieht für mich gleich ein Bett, schaltet die Heizung im vermutlich seit Wochen kalten Zimmer an und bringt mir Kaffee, Tee und Bier. Er sagt mir, dass ich ab acht Uhr in einem kleinen Café in der Nähe frühstücken kann. Da habe ich mehr als nur viel Glück gehabt!

Als ich am Morgen aufbrechen will, gibt mir Frau Schmidt einen Apfel und eine Banane als Proviant und lädt mich überraschend auch zum Frühstück in die Küche ein. Gut versorgt und nach netten Gesprächen marschiere ich dann gegen neun Uhr los.

Diese Etappe steht ganz im Zeichen des zum UNESCO-Welterbe zählenden Oberharzer Wasserregal. Vor Jahrhunderten wurden hier 110 Teiche, 500 km Gräben und 30 km unterirdische Wasserläufe angelegt, um aus möglichst vielen Regionen Wasser zum Betrieb der zahlreichen Bergwerke zu sammeln. Schon bald komme ich an kleinen Stauseen vorbei. Mehrfach führt der Weg über Staudämme. Meist folgt die Route den aufwändig angelegten Kanälen. Manchmal wurden die Kanäle mühsam an steile Hänge gemauert, Aquädukte überspannen Senken, Tunnels führen durch die Berge. An einem langen Kanal konnte das Wasser je nach Bedarf sogar in beide Richtungen fließen, was man durch unterschiedliche Wasserhöhen an den Enden erreichte. Ich nehme mir Zeit, jede der zahlreichen Informationstafeln zu lesen und finde es außerordentlich faszinierend, welch komplexes System der Wasserversorgung hier im Laufe der Zeit entstand.

Ohne meine Spikes könnte ich diese Etappe kaum bewältigen. Der Schnee auf dem Weg ist tagsüber getaut und nachts wieder gefroren, sodass ich heute viele Kilometer auf höllisch glattem Untergrund zurücklegen muss. Zum Glück kann ich mit meinen Yak Trax auch auf solch einem vereisten Boden bequem wie auf einem normalen Sommerweg wandern.

Je höher ich komme, desto stärker wird das Eis durch bequemen Schnee ersetzt. Nun sehen die Bäume neben mir richtig winterlich aus. In der Jugendherberge Torfhaus hängen vor meinem Zimmerfenster lange Eiszapfen.

Hinauf zum Gipfel folgt der Hexenstieg einer Route, welche Goethe bei seiner Brockenbesteigung genommen hatte und die ihn wohl dazu bewog, die in der Walpurgisnacht auf dem Brocken tanzenden Hexen in seinem „Faust“ auf der ganzen Welt bekannt zu machen. Der Aufstieg ist eine stark frequentierte Touristenroute. Schon nach zwei Kilometern stehen mitten im

Wald vor mir etwa ein Dutzend junge Männer auf dem Weg, die mit einem Ghettoblaster lautstark Musik hören. Einige rauchen, andere trinken aus Bierdosen, die meisten schenken sich gerade Wodka aus einer großen Flasche in ihre Becher. Und das morgens um neun Uhr!

Nach einigen Kilometern erreiche ich den oberen Bereich des Brocken, den Sturm und Schnee im Winter immer in eine extrem bizarr geformte Märchenwelt verwandeln.

Zu einer Brockenwanderung zählt natürlich unbedingt auch ein Foto von dem schönen Dampfzug, der mehrmals täglich auf den Gipfel fährt. Doch heute lohnt sich das Warten auf den Zug nicht. Seit er vor wenigen Wochen gleich zwei Mal im tiefen Schnee stecken blieb und die Passagiere evakuiert werden mussten, fährt der Zug bei ungünstigem Wetter nicht mehr bis zum Brocken, so auch heute.

Der Brocken ist der kälteste und windigste Ort Norddeutschlands. Schon drei Mal war ich im Februar auf dem Gipfel, doch jedes Mal konnte ich oben wegen Nebels nur wenige Meter weit sehen.

Als ich heute hinaufkomme, weht mir der Sturm kleine, spitze Eiskörnchen direkt ins Gesicht. Bei Orkanwindstärke kann ich kaum aufrecht gehen. Wegen Nebel mit nur zwanzig Meter Sichtweite sehe ich den Eingang zum Brockenhaus erst im letzten Moment. Doch eine halbe Stunde später scheint die Sonne und in alle Richtungen habe ich eine weite Aussicht.

Auf dem letzten Wegstück zum Gipfel wurde der Boden zwar gestreut, aber jetzt ist er dennoch verdammt glatt. Kaum ein Wanderer kann bei den heftigen Orkanböen geradeaus gehen, die meisten werden zur Seite abgetrieben. Zwei Stunden lang schaue ich begeistert dem „Brockenballett" zu, den vielen hundert Spaziergängern, die hin- und herrutschen, zu Boden purzeln, sich mühsam aufrichten und wieder umgeblasen werden. Ich genieße die einzigartige Atmosphäre auf dem Gipfel so lange, bis die ersten Läufer das Ziel erreichen. In diesem Jahr bin ich froh darüber, auch einmal als normaler Wanderer hier heraufgekommen zu sein.

Dann wandere ich hinab nach „Drei Annen Hohne", wo ich am Abend am Bahnhof doch noch einen der Dampfzüge sehe.

Heute plagt mich das übelste Wetter meiner zwei Wanderjahre. Wäre es nur zwei oder drei Grad kälter, dann könnte ich zwischen dichten Schneeflocken durch eine Winterlandschaft spazieren. Stattdessen platscht den ganzen Tag über pausenlos eiskalter Regen auf mich herab. Am Anfang brauche ich auf einigen verdammt glatten Streckenabschnitten wieder meine Spikes. Doch nach wenigen Kilometern unterschreite ich die aktuelle Schnee- und Eisgrenze.

Zwischen Königshütte und Altenbrak stehen zwei Strecken zur Wahl. Ich wähle die Nordvariante, wandere bei strömendem Regen an einem Stausee entlang und folge eine Weile einem kleinen Fluss. In Rübeland würde ich gerne eine der beiden Tropfsteinhöhlen besichtigen, doch beim heutigen Mistwetter kamen wohl alle anderen Harz-Urlauber auf die selbe Idee. Ich verzichte darauf, in die lange Schlange an der Kasse zu stehen, denn die nächste Führung, für die es noch Tickets gibt, findet erst in 80 Minuten statt. So lange kann ich heute nicht warten, wenn ich mein Ziel noch bei Tageslicht erreichen will. Ich marschiere weiter entlang der Bode und an zwei Stauseen vorbei.

Nach diesem klatschnassen, eiskalten Tag bin ich froh, dass ich schon kurz nach meiner Ankunft im Waldhotel Altenbrak in der schönen Sauna sitzen kann. Und als ich danach im Restaurant Forelle aus der Bode esse, erscheint mir dieser Wandertag trotz dem miesen Wetter rückblickend ganz nett.

Einige Menschen glauben, es sei ungesund, den ganzen Winter über bei jedem Wetter zu wandern. Doch trotz Regen, Schnee und Kälte ist dies der erste Winter in meinem Leben, an dem ich keinen einzigen Tag mit Erkältung im Bett liege. Selbst von Husten oder Schnupfen bleibe ich auf meinen Wanderungen verschont.

Zuerst wandere ich noch einige Kilometer entlang der Bode nach Tresenburg, wo einige schöne alte Hotels und Villen stehen. Da während der Wintermonate der Weg durch das untere Bodetal wegen Steinschlaggefahr gesperrt ist, teilt sich hier der Hexenstieg erneut in zwei Varianten. Sicherlich wäre es auch sehr schön, durch das mit hohen Felswänden umrahmte Tal zu wandern, doch ich will ohnehin lieber hinauf zum Hexentanzplatz.

Da ich schon viele Fotos mit der Aussicht vom Hexentanzplatz auf die Felsen gesehen habe, erwarte ich hier einen romantischen Fleck mitten in der Wildnis. Doch dann erreiche ich einen riesigen Parkplatz, hinter dem sich Souvenirläden, Imbissbuden, Restaurants und ein Hotel drängen. Sogar eine Seilbahn führt hier herauf. Dennoch fasziniert mich dieser Ort, denn der Blick hinab ins Bodetal ist wirklich super. Dann marschiere ich hinab nach Thale, wo der Hexenstieg endet.

Bodensee-Rundweg

22. – 27.2.2019

Der meist gut markierte Weg führt rund um den Bodensee. Ich wandere aber nur von Stein am Rhein über Konstanz und Friedrichshafen nach Bregenz, also abgesehen vom Start- und Zielort nur am deutschen Teil des Ufers. Mehr als die Hälfte der Strecke ist asphaltiert, aber der Weg gefällt mir trotzdem, denn die Route ist landschaftlich und kulturell sehr attraktiv. Ich empfehle für diese Wanderung Schuhe, mit denen man vor allem bequem auf Asphalt wandern kann, die aber auch zwischendurch steinige Wege oder feuchte Wiesen vertragen. Für diesen Weg sollte man auf jeden Fall die Wintermonate wählen. Zwar liegt dann manchmal der See unter Hochnebel, an den anderen Tagen ist der Blick hinüber zu den Alpen aber im Winter meist viel klarer als im dunstigen Sommer. Außerdem ist es hier im Winter sehr viel ruhiger, wenn die Campingplätze, Strandbäder und viele Restaurants geschlossen und die sommerlichen Touristenmassen noch fern sind.

www.radolfzell-tourismus.de/touren

Die Altstadt von Stein am Rhein wirkt wie ein Bilderbuch. Großformatige Gemälde schmücken viele Häuser in der Fußgängerzone. Hier kann ich mich kaum entscheiden, welche der vielen wunderschönen Kunstwerke ich fotografieren soll.

Am Anfang führt der Wanderweg heute über zu viel Asphalt und zu selten direkt ans Ufer. Doch ab der Halbinsel Höri gefällt mir die Strecke, denn nun komme ich an einem großen Schilfgebiet vorbei. Da es heute für Mitte Februar ungewöhnlich warm ist, kann ich in Moos bis lange nach Sonnenuntergang auf dem Balkon vor meinem Zimmer im Gasthof sitzen.

Um acht Uhr wandere ich nach Radolfzell, wo Annette mit dem Zug ankommt. Von Höhenwegen mit weiter Aussicht blicken wir am Morgen immer wieder zum See hinab, den wir aber nur aus großer Entfernung sehen. Am Nachmittag führt uns die Strecke ohne besondere Reize nach Konstanz. Dort besichtigen wir das Münster, das mit vielen unterschiedlichen Bereichen, den Nebenkapellen, der Krypta und vor allem wegen der vielen großartigen Fenster äußerst sehenswert ist. In Konstanz sollte man genügend Zeit für den Besuch einplanen, denn es gibt viel zu entdecken.

Im Winter ist an nebelfreien Tagen die Luft über dem See viel klarer als im dunstigen Sommer. Als wir am Hafen stehen, scheinen heute vor uns die schneebedeckten Alpen zum Greifen nah.

Schon beim Sonnenaufgang verspricht der Blick aus dem Fenster der Jugendherberge einen wunderbaren Tag. Mal direkt am Ufer, mal etwas oberhalb, spazieren wir an der Insel Mainau vorbei.

Wir wussten, dass man die berühmte Marienschlucht seit einem tödlichen Erdrutsch vor ein paar Jahren nicht mehr betreten darf, aber dass nun auch der Weg am Ufer unterhalb der Steilküste wegen Lebensgefahr gesperrt ist, enttäuscht uns. Auf diesen Streckenabschnitt hatten wir uns gefreut. Die Umleitung entschädigt uns mit einigen Aussichtspunkten, von denen wir schöne Blicke hinab auf den See genießen.

Dann wandern wir hinab nach Bodman und durch ein Schilf- und Auengebiet nach Ludwigshafen. Schließlich fährt Annette mit dem Zug nach Hause, da sie morgen wieder arbeiten muss.

Die Strecke von Sipplingen bis Überlingen ist der landschaftlich schönste Abschnitt des Rundwegs. Über Wiesen, vorbei an einzelnen Baum- und Strauchgruppen und durch Wald marschiere ich auf einer sehr reizvollen Route hinauf zum oberen Rand der steil zum Ufer abfallenden Hänge. Oft sehe ich den heute in kräftigem Blau leuchtenden See unter mir.

In Überlingen schaue ich mir die Altstadt und das schöne Münster an. Nachdem ich vor einer Woche noch zeitweise auf Schnee und Eis wanderte, erwecken nun die vielen Krokusblüten in den Grünanlagen meine Frühlingsgefühle.

Ich besichtige die Wallfahrtskirche von Birnau, die mit ihrem sehr üppigen, verspielt kitschigen Barock zu den wichtigsten Sehenswürdigkeiten am Bodensee zählt. Bald darauf spaziere ich durch ein großes Schilfgebiet mit schönem Auwald.

Leider sind die berühmten Pfahlbauten im Winter geschlossen. Von außen kann man kaum etwas von dem Freilichtmuseum mit Rekonstruktionen von Häusern aus der Stein- und Bronzezeit erkennen. Für die Besichtigung der Altstadt von Meersburg nehme ich mir sehr viel Zeit. Dieses mittelalterliche Ambiente gefällt mir jedes Mal, wenn ich am Bodensee bin.

Die nächsten Kilometer führen meist über Weinberge weit oberhalb des Sees. Säntis und andere Alpengipfel scheinen nur wenige Kilometer entfernt zu sein.

Auch am Morgen sehe ich oft die Alpen. Wegen dem herrlichen Wetter verzichte ich in Friedrichshafen auf die Besichtigung des sicherlich interessanten Zeppelin-Museums und wandere lieber gleich weiter. Einige Kilometer weit erfreut mich das herrliche Naturschutzgebiet des Eriskircher Ried. In Langenargen ist es an einer windgeschützten Stelle so warm, dass ich eine Weile auf der Mole sitzen und mit kurzen Ärmeln Sonne tanken kann.

Während ich ein Vierteljahrhundert lang für ein Veranstaltungsmagazin gearbeitet hatte, waren meine sehr häufigen Konzertbesuche ein scheinbar unverzichtbarer Teil meines Lebens. Als ich mit dem D-Wanderer-Projekt begann, wollte ich zwar lieber mehr in der Natur anstatt bei Veranstaltungen sein, doch ich erwartete, dass mir das Kulturleben sehr fehlen würde. Je länger ich nun unterwegs bin, desto weniger vermisse ich die Konzerte. Eine Stunde an einem schönen Aussichtspunkt oder an einem stillen See ist mir nun lieber als die beste Live-Band.

Heute ist die Luft sogar noch klarer als an den letzten Tagen. In Wasserburg lasse ich mir viel Zeit, die schönen Ausblicke auf die Alpen zu genießen. Bis Lindau führt die Route nun oft direkt am Ufer entlang. Bevor ich die Insel mit der Altstadt erreiche, spaziere ich durch schöne Parkanlagen mit alten Villen und Hotels. Als ich direkt am Hafen auf einer Terrasse sitze und mit einer Pizza und einem regionalen Bier die Sonne und den Blick auf die Mole und das rege Leben um mich herum genieße, komme ich mir mal wieder wie ein normaler Tourist vor.

Fast durchgehend folge ich nun bis Bregenz dem Ufer, anfangs über schöne Wege, zuletzt auf dem Asphaltweg zwischen Straße, Bahnlinie und See.

Lahnwanderweg

28.2.–11.3.2019

Der meist gut markierte, in offiziell 19 Etappen eingeteilte Weg führt 295 km weit mit etwa 6.000 Höhenmetern über die Berge rechts und links des Lahntals und natürlich auch oft hinab zum Fluss und in die sehenswerten Städte. **www.lahnwanderweg.de**

Am Morgen fahre ich mit der Bahn vom Bodensee nach Feudingen. Am Nachmittag komme ich mit der Bahn dort an. Zuerst wandere ich die 7 km von hier hinauf zur Lahnquelle, dem offiziellen Beginn des Lahnwanderweges, dann wieder zurück. Danach marschiere ich noch drei Stunden lang bergauf und bergab.

Auf leichter Strecke wandere ich vorbei an einigen Aussichtspunkten. Immer wieder umgibt mich eine zauberhafte Nebelstimmung. Obwohl dies nach November aussieht, beweisen die vielen zwitschernden Vögel, dass der Frühling naht.

Am Perfstausee setze ich mich eine halbe Stunde lang auf eine Bank und schaue den vielen Gänsen am Ufer zu. Am Mittag komme ich unter anderem an der ehemaligen Burg Hohenfels vorbei. „Stark verfallen" wäre eine maßlose Untertreibung für diese kaum noch erkennbaren Mauerreste. Doch gerade dadurch ist dies ein faszinierendes Zeugnis der Vergänglichkeit menschlichen Strebens. Einst waren die Erbauer sicherlich davon überzeugt, ein wehrhaftes Monument für die Ewigkeit gebaut zu haben. Doch schon wenige Jahrhunderte später blieben nur Erdwälle mit ein paar Steinen und Löchern übrig. Nach einigen recht angenehmen Stunden empfinde ich die letzten vier Kilometer auf einem kerzengeraden Radweg über eine monotone Ebene nach Sterzhausen als ziemlich gruselig.

Nach einer nicht besonders interessanten Wanderstrecke gefällt mir die Altstadt von Marburg außerordentlich gut. Ich nehme mir viel Zeit, durch die Straßen mit vielen prunkvoll verzierten Fachwerkhäusern zu spazieren. Dann folge ich noch ein paar Kilometer dem Wanderweg. Normalerweise sind Rosengärten im Winter ein langweiliger Ort. Doch in diesem hier gibt es auch heute viel zu sehen. Entlang des Wanderwegs blüht hier im Sommer eine große Sammlung natürlicher Rosensorten. Neben jedem Stock zeigt eine aufklappbare Tafel dazu passende Zeichnungen des französischen Naturmalers Redouté. Nachdem ich mehr als 30 dieser wunderschönen Bilder bestaunt habe, weiß ich, dass ich meinen Schwiegereltern einen Bildband mit Werken von Redouté schenken werde.

Welch ein Glück, dass ich schon gestern die Altstadt besichtigte, denn heute Mittag ist ein Teil der Stadt wegen Rosenmontagsumzug gesperrt. Petrus feiert diesen Tag mit besonders schnell wechselndem Aprilwetter. Mal ist es trocken, mal prasseln starke Regenschauer nieder, mal scheint die Sonne vom blauen Himmel, zweimal hagelt es und mittags gibt es sogar ein kurzes Gewitter. Die einzige Konstante ist heute der stürmische Gegenwind.

Auf dieser Etappe bescheren mir einige Lücken in der Streckenmarkierung ein paar zusätzliche Kilometer. Gerne würde ich unterwegs irgendwo zum Essen einkehren, aber heute komme ich nur an geschlossenen Restaurants vorbei.

Mein heutiges Tagesziel Lollar ist etwa vier Kilometer vom Wanderweg entfernt. Diese Strecke ist ebenso wenig ansprechend wie der Ort, daher empfehle ich allen Wanderern eine andere Etappeneinteilung.

Nach einigen sehr verregneten Stunden erreiche ich die Ruine von Burg Gleiberg, die mir gut gefällt. Von hier blicke ich hinüber zur Burg Vetzberg. Beide Burgen stehen auf Basaltkegeln, die einst als Ausläufer des Vogelsberg-Vulkanismus entstanden sind.

Am späten Nachmittag spaziere ich mal wieder ein Stück weit am Ufer der Lahn entlang, bis mich der Weg wieder in die Höhe führt.

In Wetzlar hätte ich sehr gerne den Dom besichtigt, doch leider wird er um 17 Uhr geschlossen und ich komme erst 17:05 an. Kaum eine andere Kirche wirkt so asymmetrisch. Das liegt daran, dass der Dom nie fertiggebaut wurde. Eigentlich hätten vorne zwei Türme stehen sollen und das Kirchenschiff wäre dann noch größer geworden.

Auf eine Besichtigung der Altstadt mit ihren vielen Fachwerkhäusern verzichte ich, da hier gerade der Faschingsumzug endete und noch an allen Ecken die Narren feiern. Aber den Blick auf die im 13. Jahrhundert erbaute Brücke, die sich in sieben sehr harmonischen Kreisbögen über die Lahn spannt, genieße ich lange.

Der Vormittag erfreut mich wieder mit viel Sonne, Aussicht und einer bequemen Strecke. Unterwegs sehe ich an einigen Sträuchern die ersten grünen Blätter aus den Zweigen sprießen. Der Winter nähert sich seinem Ende.

Ich komme am außerordentlich fotogenen Schloss Braunfels und an einem großen Tierpark vorbei, verzichte aber in beiden Fällen auf eine Besichtigung. Ich übernachte in Weilburg, wo oberhalb einer Lahnschleife ein sehr großes Schloss steht.

Heute breche ich ausnahmsweise nicht sofort nach dem Frühstück auf, da ich um zehn Uhr an einer Schlossführung teilnehmen will. Diese lohnt sich wirklich sehr, denn das Schloss ist noch mit vielen Original-Möbelstücken, Tapeten etc. ausgestattet. Vor allem aber bietet es stilistisch viel Abwechslung, da die einzelnen Räume nicht nur Barock, sondern auch viele andere unterschiedliche Geschmäcker adliger Wohnkultur im Laufe der Zeit zeigen.

Wenn man in einigen Jahrzehnten auf die 10er-Jahre zurück blickt, sollte ein typischer Aspekt dabei unvergessen bleiben: die Hundekotbeutel. Im Prinzip finde ich es gut, dass Hundebesitzer die Hinterlassenschaft ihrer Vierbeiner einpacken und zu speziellen Müllbehältern tragen sollen. Doch früher fand man im Wald nur Haufen, die mit der Zeit auf natürliche Weise verwitterten. Heute dagegen sehe ich in manchen Regionen mehrmals täglich auf den Waldwegen in braune oder schwarze Tüten verpackte Hundehaufen, die hier nun wohl jahrzehntelang an die Dummheit mancher Menschen erinnern.

Die Lahn windet sich in vielen Schleifen durch ein schmales Tal mit steilen Hängen. Ich mache einen kurzen Abstecher zum Naturdenkmal Unica. In diesem ehemaligen Steinbruch wurde einst Marmor abgebaut, den man unter anderem in der Würzburger Residenz, für die Kaisertreppe im Berliner Dom, für den Marmorsaal im Schloss Bruchsal und weitere Bauten verwendet hatte. Der Marmor stammt aus einem ehemaligen Korallenriff und entstand in einem Meer, das hier vor 380 Millionen Jahren das Land bedeckte. An einer glatt geschliffenen Wand kann man unterschiedliche Strömungen und einige Fossilien erkennen. Obwohl ich das vor Rutschgefahr warnende Schild sehe, passe ich beim Fotografieren nicht auf und stürze bei einem Schritt nach hinten. Zum Glück prelle ich mir nur einen Ellbogen.

Bald komme ich nach Runkel, wo sich neben einer schönen Lahnbrücke eine gewaltige Burg über dem Fluss erhebt. Gegen Abend erreiche ich Limburg. Der riesige Limburger Dom ist eine der beeindruckendsten Kirchen Deutschlands. Selbst Leute, die sich normalerweise nicht für Kirchen interessieren, sollten in diese unbedingt hineinschauen. Auch in der verwinkelten Altstadt mit ihren Fachwerkhäusern und vielen kleinen Läden, Cafés und Restaurants lohnt sich ein längerer Besuch.

Einer der größten Vorteile vieler Flusswanderwege ist es, dass man oft an Bahnhöfen vorbeikommt und daher zwischendurch auch gepäckfreie Tage einplanen kann. Mit kurzen Bahnfahrten kann man auch mal zwei Tage am selben Ort übernachten. Diese Möglichkeit nutze ich im Lahntal intensiv.

Die letzten Etappen gefallen mir hier am besten, aber die vielen Auf- und Abstiege zwischen Fluss und Oberkante der Steilhänge sind deutlich anstrengender. Heute komme ich an vielen schönen Aussichtspunkten vorbei, sehe Ruine Balduinstein sowie in der Ferne Schloss Schaumburg und Kloster Arnstein.

Dann führt mich auf einem schmalen, rechts und links steil abfallenden Berggrat ein manchmal mit Drahtseil gesicherter und mit einigen Metallstufen versehener Pfad 300 m weit durch die wilde Natur bergab. Wem dies zu abenteuerlich ist, der kann diesen Steig auf bequemer Route umgehen.

Am Morgen marschiere ich wieder zu einigen Aussichtspunkten hinauf und ins Tal hinab. Am Mittag brausen die stärksten Windböen heran, die ich jemals im Wald erlebt habe. Im dichten Laubwald ist dies kein Spaß mehr. Ich bin sehr froh, dass mich meine Route nun gleich aus dem Wald heraus führt und mehr über Wiesen hinab zum Fluss und zum von einer alten Stadtmauer umringten Städtchen Dausenau bringt. Im Windschatten eines Berges wandere ich dann recht problemlos bergauf. Oben beim Concordia-Turm trifft mich der Orkan dann mit voller Kraft. Ich muss bei manchen Böen sogar meine Brille festhalten. Wegen dem starken Sturm muss ich beim Fotografieren meine Kamera an einer Mauer aufstützen.

Bad Ems wirkt wie eine Zeitreise in die Epoche der Kaiser und Zaren. Hier sieht man bei jedem Schritt, dass dies einst ein international sehr bedeutender Kurort war. Ich bestelle im noblen Kurhaus Kaffee und Kuchen, fühle mich aber zwischen all den offensichtlich reichen Gästen nicht wohl.

Ich bin sehr froh, dass ich nun nicht mehr durch Wald wandern muss. Am Abend überrascht es mich nicht, als ich in den Nachrichten erfahre, dass wegen starker Sturmschäden großräumig der Bahnverkehr eingestellt wurde.

Während der Nacht schneite es im Lahntal. Mir gefällt es, zur Abwechslung mal wieder eine Weile durch einen weißen Wald zu spazieren.

Zum Glück ist später in der Ruppertsklamm der Schnee schon wieder fast komplett geschmolzen und der Boden eisfrei. Bei vereisten Felsen sollte man besser nicht durch die steile Schlucht mit einigen drahtseilgesicherten Passagen absteigen. Aber ohne nasse Füße kommt nach den vielen Niederschlägen der letzten Tage heute niemand durch die Klamm.

Gegenüber Burg Lahneck blühen bereits die ersten Bäume. Und in der Parkanlage vor der Lahnmündung leuchten viele gelbe Osterglocken. Der Frühling nähert sich!

Dann stehe ich am Ufer des Rheins und sehe auf der anderen Seite Schloss Stolzenfels, an dem ich in wenigen Tagen auch vorbeiwandern werde.

RheinBurgenWeg

11.–17.3.2019

Der als „Qualitätsweg Wanderbares Deutschland" zertifizierte Weg führt zwischen dem Rolandsbogen und Bingen in offiziell 13 Etappen etwa 200 km weit häufig vom Rhein auf die Berge hinauf und wieder hinab. **www.rheinburgenweg.com**

Zwei Stunden nach Ende meiner Lahnwanderung erreiche ich mit der Bahn Rolandseck. Oben bei der Burgruine beginnt der RheinBurgenWeg. Die erste Etappe führt vor allem durch recht abwechslungsreichen Wald. Ab und zu blicke ich über das Rheintal hinüber zum Drachenfels und anderen Bergen. Bald erreiche ich die wunderbare Apollinariskirche in Remagen. Diese Kirche sieht nicht nur von außen sehr schön aus. Innen wurden die Wände mit großformatigen, sehr farbenfrohen Bildern bemalt, wie ich es in der Art eher von süditalienischen Kirchen kenne.

In Remagen esse ich in einer Hausbrauerei am Ufer die regionale Spezialität Himmel und Äd (Blutwurst mit Kartoffeln), während draußen vor dem Fenster die Schiffe vorbeifahren.

Bald blicke ich über den Rhein zu Schloss Arenfels, komme an Burg Rheineck und am hübschen Schloss Augustaburg vorbei und steige auf felsigem Weg einen steilen Grat hinauf.

Diese Region des Rheintals liegt im Bereich des Eifel-Vulkanismus. An einem Streckenabschnitt zeigen viele schön gestaltete Informationstafeln auf Basaltsäulen sehr anschaulich, wie es hier aussah, als an dieser Stelle ein Vulkan ausbrach. Damals entstand hier ein Kratersee, dessen Lava schließlich hinab in den Rhein floss. Den ehemaligen Lavastrom kann man heute noch im Gelände gut erkennen. Wohl schon in vorgeschichtlicher Zeit wurde hier Basalt abgebaut, vom römischen Abbau und aus dem Mittelalter gibt es Nachweise. Geologisch gesehen ist es durchaus möglich, dass hier irgendwann wieder ein neuer Vulkan ausbricht.

Da auf meinem Rucksack ein großes Schild mit dem D-Wanderer-Logo hängt, werde ich unterwegs sehr oft von anderen Wanderern angesprochen. Nahezu jeder will vor allem wissen, wie ich diese Reise finanziere. Das scheint viel wichtiger zu sein als meine Erlebnisse. Doch wenn sich jemand einen Porsche oder eine Luxuswohnung kauft, interessiert niemanden, wie er dies finanziert. Sind also materielle Werte für die meisten Menschen vernünftiger als zwei Jahre Freiheit und Naturgenuss? Natürlich stellt sich Problematik der Finanzen auch für mich, da ich nicht weiß, ob meine Ersparnisse bis zum Ende der 10.000 Kilometer reichen. Doch im Herzen fühle ich, dass meine Erlebnisse auf dieser Wanderung unbezahlbar sind.

Vorbei an Schloss Namedy wandere ich bergauf. Oben führt der Weg einige Kilometer weit über relativ flaches Ackerland. An schönen Wintertagen bietet diese Strecke viel Gelegenheit zum Sonne tanken, heute dagegen bläst mir meist ein starker, kalter Wind entgegen. Im Hochsommer ist diese schattenlose Gegend sicherlich zu heiß zum Wandern.

Weit reicht der Blick bis zu den Bergen der Eifel und über das Neuwieder Becken. Der RheinBurgenWeg umgeht die stark besiedelten Ballungsräume Andernach und Koblenz in großem Bogen. Da hier an einigen Kreuzungen und Abzweigungen Wegmarkierungen fehlen, brauche ich für diesen Marsch über öde Feldwege durch die Suche nach der richtigen Route länger als geplant.

Erst am Mittag gefällt mir die Strecke wieder besser. Nach dem recht netten Abstieg durch das Langenbachtal folgt ein brutal steiler Aufstieg. Unter mir sehe ich nun ab und zu die Mosel statt dem gewohnten Rhein. Hier ist die Route des RheinBurgenWeg einige Kilometer weit mit dem Moselsteig identisch. Von verschiedenen Aussichtspunkten blicke ich zur Moseltalbrücke und hinab in das von steilen Felshängen und ebenso steilen Weinbergen umrahmte Tal.

Am Ende dieser Doppeletappe sitze ich lange oberhalb von meinem Tagesziel Winningen vor einer Hütte und genieße in aller Ruhe die Aussicht auf die Weinberge und zur Mosel.

Trotz des regnerischen Wetters gefällt mir meine Wanderung über die großen Weinberge sehr gut. Es muss sehr mühsam sein, an so extrem steilen Hängen Wein anzubauen!

Dann verlasse ich die Mosel wieder und wandere hinüber zum Rheintal. Bald komme ich an einem der sehenswertesten Bauwerke am Mittelrhein vorbei, dem Schloss Stolzenfels. In Rhens faszinieren mich die ungewöhnlichen, sehr bildhaften Verzierungen an einigen Fachwerkhäusern. Ich spaziere eine Weile am Ufer entlang und schaue hinüber zur Marksburg. Beim Abendessen teste ich mal wieder regionale Spezialitäten. Zuerst esse ich eine Rheinische Zwiebelsuppe, dann Döbbekuche. Davon hatte ich noch nie zuvor gehört, aber das Gericht aus Kartoffeln, Zwiebeln, Eiern, Dörrfleisch und Salami, das man bevorzugt mit Apfelkompott isst, schmeckt mir.

Am Morgen erreiche ich den Aussichtspunkt „Vier-Seen-Blick". Einen See gibt es hier nicht. Aber die durch Berge in vier einzelne Abschnitte getrennte Aussicht auf den Rhein lässt ihn wie eine Seenkette wirken. Gleich darauf stehe ich am Gedeonseck, das wegen dem weiten Blick auf einen Rheinbogen zum Pflichtprogramm für jeden Rheinurlauber zählt. Da ich mich kaum von dieser Aussicht trennen kann, bleibe ich länger als eine halbe Stunde hier oben.

Ein sehr steiler Pfad führt nun über einen Felsgrat hinab nach Boppard. Am Mittag komme ich noch an vielen herrlichen Aussichtspunkten vorbei und sehe unter anderem gegenüber die beiden „Die feindlichen Brüder" genannten Burgen Sterrenberg und Liebenstein.

Am Morgen passiere ich die wuchtige Burg Rheinfels bei St. Goar. Dann hole ich Annette am Bahnhof ab. Ein paar Tage lang werden wir nun wieder zusammen wandern.

Bald sehen wir unter uns St. Goar und St. Goarshausen, gegenüber schöne Burgen und das tief eingeschnittene Rheintal bei der Loreley. Wir erreichen einen als Klettersteig bezeichneten Streckenabschnitt. Klettern muss man hier zwar nicht, aber Trittsicherheit, gute Schuhsohlen und etwas Schwindelfreiheit braucht man bei dem teils steilen und felsigen Abstieg auf jeden Fall. An manchen Stellen wird der Weg mit Drahtseilen gesichert, manchmal steigen wir über Metallbügel an Felsstufen hinab. Schließlich erreichen wir Oberwesel, wo noch viele alte Türme und ein Rest der Stadtmauer stehen. Über einen felsigen Grat steigen wir hinauf zur Burg Schönburg, sehen Burg Gutenfels und die auf einer winzigen Rheininsel stehende Burg Pfalzgrafenstein und wandern dann hinab nach Bacharach. Der Blick auf die Stadt, den Rhein und hinüber zur Burg Stahleck ist aus jeder Perspektive großartig.

Natürlich ist das Rheintal im Sommer mit einem blauen Fluss zwischen grünen Hängen viel schöner als bei der monochromen Mischung aus Grau- und Brautönen heute. Doch wegen der vielen Burgen und der faszinierenden Landschaft ist dieser Weg dennoch eine der besten Wanderrouten, die man im Winter wählen kann. Und ganz ehrlich – auch wenn wir jetzt manchmal bei leichtem Regen und starkem Wind etwas frieren, ist mir das tausend Mal lieber als die 40,2 Grad, die ich in einigen Monaten gegenüber am Rheinsteig haben werde.

Burg Stahleck oberhalb von Baccharach beherbergt eine der schönsten und besten Jugendherbergen Deutschlands. Die Atmosphäre in dem großen Gemäuer ist grandios, die Aussicht nicht nur von der Terrasse, sondern auch vom Speisesaal unbezahlbar und auch das Essen ist hier wirklich gut.

Bei leichtem Sprühregen wandern wir mal an der Oberkante des Hanges entlang, mal weit hinein in Seitentäler, kommen an Burg Fürstenberg und Burg Hohneck vorbei und sehen gegenüber Burg Nollig bei Lorch. Der Aufstieg zum Aussichtsturm „7-Burgen-Blick" führt durch einen wunderbar mit Moos bewachsenen Wald. Beim Turm setzen wir uns nur ganz kurz hin und essen etwas, doch wegen dem sehr ungemütlich kalten Wind müssen wir schnell weiter.

Wegen einer vorübergehenden Umleitung kommen wir heute nicht an Burg Reichenstein und Burg Rheinstein vorbei. Die Steckeschlääferklamm ist ein nettes Tal mit ein paar kleinen Felsen und vielen Brücken über einem harmlosen Bächlein. Dieser Weg ist bei Familien mit kleinen Kindern sehr beliebt, denn in viele Bäume entlang der Strecke wurden Gesichter geschnitzt, mal lachende, mal grimmige, mal nette Gnome, mal Zwerge mit langem, grauen Bart. Die Suche nach diesen versteckten Waldgeistern macht uns richtig Spaß.

Auf den letzten Kilometern sehen wir unterwegs in der Ferne Burg Reichenstein und Burg Rheinstein, gegenüber Burg Ehrenfels. Dann endet unsere Burgensammlung am Mäuseturm in Bingen.

Frankenweg

23.3. – 8.4.2019

Der als „Qualitätsweg Wanderbares Deutschland" zertifizierte Weg führt 520 km weit mit etwa 8.300 Höhenmetern durch Bayern.

www.frankenweg.de

In Blankenstein beginnen bzw. enden der Frankenweg, der Fränkische Gebirgsweg, der Frankenwaldsteig, der Kammweg Erzgebirge-Vogtland und der berühmte Rennsteig. Für die heutige Generation ist es selbstverständlich, hier über die Brücke ans andere Ufer zu wandern. Doch während der deutschen Teilung war hier die Grenze, mit Mauer, Wachtürmen und dem ganzen anderen Mist. Welch ein Glück, dass ich heute von Thüringen nach Bayern spazieren darf, ohne dabei meine Freiheit oder sogar mein Leben zu riskieren.

Nach einigen Kilometern wandere ich durch das wunderschöne und von vielen Basaltfelsen eingerahmte Höllental, in dem ich sehr vielen Wanderern begegne. Bei herrlichem Frühlingswetter schimmert der Fluss im Gegenlicht, als würde er Silber und Gold transportieren.

Der Rest des Tages vergeht wie im Fluge. Eine abwechslungsreiche Strecke führt mich ohne allzu steile Auf- und Abstiege durch Wald und über Felder nach Schwarzenbach.

Auf dem Döbraberg, dem höchsten Berg im Frankenwald, kann ich mir wegen Nebel die Besteigung des Aussichtsturms sparen. Auch heute führt die Strecke meist recht angenehm durch Wald und über Wiesen.

Auf den Grundmauern einer schon 1930 aufgegebenen Siedlung lege ich eine Mittagsrast ein. Auf einer Infotafel lese ich, wie weit man von hier damals zur Kirche, zur Schule und zum Markt marschieren musste. Einesteils klingt das nach harten Zeiten, aber andererseits: was ist schlimmer – jeden Tag ein paar Kilometer durch den Wald marschieren zu müssen oder so wie viele Menschen heute auf dem Weg zur Arbeit immer eine Stunde im Stau zu stehen und die ganze Nacht in einer Fabrik am Fließband zu arbeiten?

Auch der Radspitzturm bietet wegen starkem Dunst heute nicht viel Aussicht. Am Rastplatz vor dem Turm plaudere ich mit zwei Wanderern über mein Projekt und bekomme von ihnen einige Orangenstücke.

Als ich in Zeyern aufbreche, fallen manchmal so dicke Schneeflocken, dass es mir wie Weihnachten vorkommt. Kaum zu glauben, dass ich vorgestern mit kurzen Ärmeln wanderte!

In Kronach würde ich in der riesengroßen Festung Rosenberg gerne das Fränkische Museum mit vielen Werken von Lucas Cranach, der hier lebte, und anderen Künstlern besichtigen, doch dieses ist montags geschlossen, ebenso gibt es heute keine Führungen durch die Festung. Aber unten in der Altstadt finde ich viele nette Fotomotive.

Am Mittag beginnt ein ausgesprochen faszinierendes Aprilwetter. Mal scheint die Sonne, mal regnet es, mal fallen kleine Hagelkörner, zwischendurch donnert es ab und zu. Dann bieten heftige, in unregelmäßigen Schleiern fallende Graupelschauer einen so grandiosen Anblick, dass ich dies gerne fotografieren würde. Doch ich bleibe vernünftig und lasse die Kamera im trockenen Rucksack. Zwischendurch schneit es eine Weile sehr heftig, mit großen, flauschigen Flocken.

Am Abend wandere ich etwas außerhalb von Kulmbach ein Stück am Weißen Main entlang und übernachte im Ortsteil Burghaig. In diesem billigen Hotel gibt es kein Personal. Der Türcode wird per SMS und Mail übermittelt. Leider finde ich hier weit und breit kein Restaurant oder einen Laden. Daher muss ich mich beim Abendessen mit der Butterbrezel begnügen, die ich noch im Rucksack habe.

Nach einem Rundgang durch die sehenswerte Altstadt von Kulmbach gehe ich hinauf zur Plassenburg. Einst standen hier eine mächtige, uneinnehmbare Festung und die markgräfliche Residenz, doch von den Befestigungsanlagen wurden große Teile längst abgerissen und die einst fürstlichen Räume müssen seit der Zwischennutzung u.a. als Gefängnis auf ihre Originalausstattung verzichten. Dennoch lohnt sich ein Besuch der Plassenburg sehr. Der großartige Renaissancehof zählt zu den schönsten in Deutschland. Einst waren die detailreichen Verzierungen der Arkaden bunt bemalt und die Wände verputzt. Kaum vorstellbar, wie prunkvoll das damals ausgesehen hat! Aber auch so ist es ein Anblick zum Träumen.

Eigentlich wollte ich mir hier nur den Innenhof anschauen und danach hinunter zum Bayrischen Biermuseum gehen, doch es gefällt mir hier so gut, dass ich an einer Schlossführung teilnehme. Die Führung ist interessant. Und mein rechtes Bein bekommt mal zur Abwechslung eine ganz andere Aufgabe als immer nur Wandern: Es darf den Blasebalg für die Orgel in der Kirche betätigen.

Ich könnte den ganzen Vormittag in der Plassenburg und in ihren verschiedenen Museen verbringen, doch nach 90 Minuten zieht es mich weiter zum Wandern.

Bald erreiche ich den Punkt, an dem sich Weißer Main und Roter Main zum Main vereinigen. Als ich bald darauf die Fränkische Schweiz erreiche, ändert sich das Landschaftsbild komplett. Die Jura-Hochfläche beim Görauer Anger wird von bis zu 12 m hohen Kalkfelsen begrenzt – Reste eines ehemaligen Meeresriffs. Eine traumhaft schöne Landschaft mit enorm weiter Fernsicht!

Von Weismain führt mich der Frankenweg zum Felsplateau des Großen Kordigast. Auch dieser Riffkalkfelsen bietet mir wieder eine weite Fernsicht.

Am Mittag filme und fotografiere ich zwanzig Minuten lang in der Basilika Vierzehnheiligen. Höhenpunkt in diesem vom berühmten Baumeister Balthasar Neumann erschaffenen Meisterwerk ist der genau in der Mitte der Kirche stehende große Gnadenaltar mit Figuren der vierzehn Nothelfer. Am besten gefällt mir der geköpfte Dionysus. Da dieses barocke Juwel sehr viele Besucher anlockt, verdient der große Souvenirladen direkt neben der Kirche sicherlich viel Geld.

Eine Stunde später stehe ich auf dem Staffelberg. Von diesem in drei Richtungen durch hohe Felswände begrenzten Kalkplateau kann ich bis zur Rhön und zum Fichtelgebirge blicken. Hier oben warten Birgit und Alex auf mich, die ich schon seit vielen Jahren kenne. Ich freue mich darauf, nun gemeinsam mit den beiden zu wandern. Vorbei an einem weiteren Karstfelsen marschieren wir hinab nach Scheßlitz.

Nach Besichtigung einer Burgruine erreichen wir die Wallfahrtskirche Gügel, deren Turm auf einem alten Bergfried basiert und ein entsprechend wehrhaftes Fundament hat. Die Besonderheit der Kirche ist der Felsenstollen, durch den man den Kirchenraum vom unteren Eingang her betreten kann.

Birgit und Alex kennen sich botanisch viel besser aus als ich und zeigen mir immer wieder Pflanzen und ihre Besonderheiten.

Landschaftlicher Höhepunkt des Tages ist ein Trockental, das im oberen Bereich nur an wenigen Tagen im Jahr bei der Schneeschmelze oder nach starken Regenfällen aus zwei Springquellen geflutet wird. Vor wenigen Tagen floss hier so viel Wasser, dass man nicht durch das Tal wandern konnte, heute sind beide Quellen trocken. Alex erzählt mir, dass man hier viele Versteinerungen findet. Tatsächlich entdecken wir gleich einen Belemniten. Ein Stück weiter unten sorgt eine dauerhaft ergiebige Quelle für einen ganzjährigen Wasserfluss. Wieder kommen wir an vielen Felsen vorbei.

Nach einigen unterhaltsamen Stunden erreichen wir Veilbronn. Das unglaublich vielseitige Abendbuffet im Hotel Sponsel-Regus ist das beste meines gesamten Lebens. Nach einer sehr langen Schlemmerei setze ich mich noch eine Weile in die Sauna und bin mal wieder restlos glücklich.

Nachdem ich beim ebenfalls außergewöhnlich guten Frühstücksbuffet viel mehr gegessen habe als eigentlich in meinen Magen passt, wandere ich träge, aber hervorragend gelaunt weiter, leider nun wieder alleine. Bald führt mich der Weg durch ein idyllisches, mit vielen Felsen gesäumtes Tal. Der Winter ist vorbei. Beim heutigen Traumwetter führen die Vögel ihr Frühlingskonzert in voller Besetzung auf. Wieder führt mich der Frankenweg über Felsen mit Aussicht.

Ich komme an der Binghöhle vorbei, doch diese Tropfsteinhöhle ist heute noch wegen Winterpause geschlossen. In der Nähe plätschert ein Bach über schöne, vom Kalktuff gebildete Sinterterrassen.

Mehrmals führt der Weg heute durch hohe Felsspalten, die so eng sind, dass mein Rucksack die Wände streift. Dann wandere ich sogar durch eine Höhle hindurch. In der Mitte der etwa 60 m langen Oswaldhöhle muss ich mich bücken, da sie dort nur 1,5 m hoch ist. Der dunkelste Teil wird von einigen Kerzen erhellt. Einige Kilometer weiter wird es noch spektakulärer. Die Riesenburg ist der Rest einer einstmals gewaltig großen Höhle, deren Decke teilweise eingestürzt ist. In eine der Höhlenkammern kann man ein Stück weit hineingehen. Auf einer Treppe steige ich in dieser faszinierenden Umgebung unter gewaltigen Felsbögen hindurch.

Diese Etappe zählt zu den Touren, die man in Deutschland auf jeden Fall wandern sollte, egal ob in Verbindung mit einer Fernwanderung oder nur als Tagesausflug.

Jetzt beginnen die Blumen im Wald ein Wettrüsten. Vor wenigen Tagen blühte kaum etwas, nun entdecke ich jeden Tag ein paar Blumenarten, sie sich zuvor noch versteckt hatten. Die für mich stärkste Motivation bei der Planung meines D-Wanderer-Projekts war es neben der Erkundung Deutschlands vor allem der Wille, den Wechsel der Jahreszeiten so lückenlos wie möglich zu erleben. Im normalen Alltag komme ich zwar auch oft hinaus in die Natur, aber es ist ein wesentlich intensiveres Erlebnis, fast täglich stundenlang den Wandel zu spüren, das langsame Färben des Herbstlaubs, das Fallen der letzten Blätter, die ersten Schneeflocken, das Tauen der letzten Altschnee-Reste, das frühe Sprießen der Knospen an den Sträuchern, die ersten Blumen und das Ergrünen des Waldes.

In Gößweinstein fotografiere ich die Burg und die prunkvolle Basilika, kaufe in einem Einkaufszentrum Proviant für Abendessen und Frühstück, dann marschiere ich schnell nach Tüchersfeld, wo ich in einer der schlechtesten Unterkünfte meiner zwei Wanderjahre übernachte. Zuerst stehe ich vor einem Haus, das deutlich schon bessere Zeiten erlebt hatte, vor einer verschlossenen Tür. Niemand öffnet auf mein Klingeln. Ich will beim Wirt anrufen, doch Tüchersfeld liegt in einer Region, die von unseren Politikern im Stich gelassen wird. Hier gibt es kein Funknetz. Kein Handyempfang, kein Telefonat! Nach längerer Wartezeit kommt dann doch jemand und öffnet mir die Tür. Zimmer, Bad und das gesamte Ambiente sind recht heruntergekommen. Welch ein Kontrast zu gestern! Aber egal, dafür war es gestern eine der teuersten und heute eine der billigsten Übernachtungen meiner gesamten Reise. Auch die große Abwechslung bei meinen Unterkünften zählt für mich untrennbar zum Leben als D-Wanderer und bleibt mir danach ebenso intensiv in Erinnerung wie die unterschiedlichen Landschaften.

Das mit herrlichen Felsen dekorierte Städtchen Tüchersfeld ist einer der schönsten Orte der Fränkischen Schweiz. Auf dem Weg nach Pottenstein komme ich an sehr vielen großen Felsen vorbei, die für Kletterer aus ganz Deutschland ein beliebtes Reiseziel sind. An vielen Stellen zeigen Tafeln die Kletterrouten und die Naturschutzregeln an, aber ich sehe auch Gedenktafeln für verstorbene Kletterfreunde.

Zu meiner großen Freude ist die Teufelshöhle seit heute nach der Winterpause wieder geöffnet. Bei der 40-minütigen Führung spaziere ich 1,5 km weit durch die meiner Meinung nach schönste Höhle Deutschlands. Sie bietet alles, was Besucher erwarten: viele herrliche Tropfsteine, hohe Hallen, Höhlenmalerei und Bärenknochen. Bald darauf komme ich wieder an bizarren Felsen vorbei und wandere noch mehrere Stunden lang auf ansprechender, relativ leichter Strecke weiter.

In Franken gibt es mehr kleine Brauereien als in jeder anderen Region Deutschlands. In Weißenohe spazieren die Gottesdienstbesucher im ehemaligen Klosterhof zwischen Brauerei und Brauereigaststätte hindurch.

Im paradiesisch schönen Lillachtal plätschert der Bach über viele Kalktuffterrassen. Eine halbe Stunde lang fotografiere ich die mal hohen, mal kleinen Sinterstufen. Einige wurden vom Wasser poliert, auf anderen wächst dichtes Moos.

Am Nachmittag komme ich unter anderem an der großen Festung Rothenberg und am Felsenlabyrinth beim Glatzenstein vorbei.

In Hersbruck esse ich die die fränkische Spezialität Krustenschäufele mit Klößen und lerne mal wieder eine Biersorte kennen: Dampfsud.

Nach der Besichtigung der Altstadt von Hersbruck bietet mir die bequeme Wanderstrecke heute keine spektakulären Höhepunkte. Von Woche zu Woche kommt mir nun mein Rucksack schwerer vor. Obwohl ich nach mehreren Jahrzehnten Fernwandererfahrung das Gewicht meines Gepäcks in fast allen Bereichen minimalisiert habe, schleppe ich aus kommerziellen Gründen zu viel Ballast mit. Da ich während der ersten Monate noch erwartete, dass ich zumindest einen kleinen Teil meiner Reisekosten durch Werbung auf meiner Homepage und durch den Verkauf von Fotos finanzieren kann, hielt ich es bisher für zwingend erforderlich, jeden Abend viele Fotos und den Bericht zur aktuellen Etappe online zu stellen. Da ich auf der winzigen Tastatur eines Smartphone nicht gut schreiben kann und ich Fotos lieber mit einem guten Bildschirm auswähle und bearbeite, schleppe ich ein viel zu schweres Notebook mit mir. Nun nehme ich mir vor, dieses ab dem nächsten Fernwanderweg durch ein halb so schweres iPad zu ersetzen. Für Fotos auf der Homepage würde die kleine Lumix genügen, mit der ich bei vielen Dutzend Laufveranstaltungen für Reportagen fotografierte, inzwischen reicht sogar ein Smartphone. Doch ich will nach dieser Reise mit einer Multimedia-Show vielen tausend Menschen die Schönheit der deutschen Fernwanderwege zeigen. Für eine 10-Meter-Leinwand muss ich natürlich mit einer guten und entsprechend schweren Kamera fotografieren.

Beim Schreiben dieser Zeilen, einige Monate nach Ende der Wanderung, würde ich mit einer Zeitmaschine weder das Projekt noch die Auswahl der Wege rückwirkend ändern. Aber da meine geplante Vortragstournee wegen der Corona-Pandemie wohl langfristig unmöglich sein wird und ich mit meiner Homepage überhaupt kein Geld verdiene, würde ich nun auf Notebook und Kamera verzichten. Außerdem würde ich nun nicht mehr jeden Abend ein bis zwei Stunden mit dem Bearbeiten der Fotos und dem Schreiben des Textes verschwenden und stattdessen nach dem Abendessen mehr Zeit in der Natur verbringen.

Heute spaziere ich am Nachmittag noch eine Weile durch die Altstadt von Altdorf.

Bei Gnadenberg steht etwa 200 m abseits vom Frankenweg die Ruine einer im 15. Jahrhundert erbauten und 1635 zerstörten Klosterkirche. Für mich ist das märchenhafte Gebäude der Höhepunkt dieser Etappe. Danach muss ich leider einige Kilometer weit über eine Hochfläche mit großen, baumlosen Feldern marschieren. Hier zählt nur noch das reine Vorankommen. Eine Weile kann man solche Strecken durch das Fehlen äußerer Reize als „meditatives Wandern" bezeichnen, aber irgendwann wird mir das zu öde. Auf solchen Strecken hole ich manchmal meinen MP3-Player aus dem Rucksack. Besonders Musik, die sich nicht als Hintergrundmusik im Alltag eignet, weil sie ihre Reize erst beim guten Zuhören erschließt, mag ich dann sehr. „Brian Eno – Finding Shore" und „Agnes Obel – Philharmonics" bringen mich heute hier gut voran.

Erst beim Aufstieg zur Burgruine Wolfstein wird die Strecke wieder schöner.

Fast den ganzen Tag führt der Weg über sehr sonnige Felder und Wiesen, nur selten durch Wald. Zufällig kommen mir heute die beiden Streckenmarkierer dieses Frankenweg-Abschnitts bei ihrem halbjährlichen Kontrollgang entgegen. Ich gratuliere ihnen zur hervorragenden Arbeit. Seit Tagen habe ich kein einziges Mal überlegen müssen, wo es weitergeht.

Am Mittag spaziere ich über eine Stunde lang durch die fast autofreie Altstadt von Berching und um die noch komplett erhaltene Stadtmauer mit vielen unterschiedlich gestalteten

Toren und Türmen. Einen Teil der im 15. Jahrhundert erbauten Wehrmauer kann man heute noch begehen. Hier gefällt es mir sehr gut.

Heute ist einer der seltenen Tage, an denen ich nur durch das Fortschreiten meiner Kilometerzählung Befriedigung empfinde. Bis Thalmässing marschiere ich zwar manchmal auch auf einigermaßen ansprechenden Streckenabschnitten, aber meistens geht es nur um das Vorankommen. Auch solche Etappen zählen untrennbar zum Fernwanderleben.

Nach ein paar abwechslungsreicheren Stunden langweilen mich am Mittag erneut viele Kilometer entlang monotoner Felder. Oberhalb von Weißenburg schaue ich mir den gigantischen Festungskomplex der Wülzburg an. Die wuchtigen Mauern der Befestigung beeindrucken mich sehr. Dann muss ich mich beeilen, da ich heute noch ein paar Kilometer bis nach Dettenheim wandern und von dort mit dem Bus zum Übernachten nach Weißenburg fahren will. Sowohl im Internet als auch auf dem Fahrplan an der Haltestelle in Dettenheim steht, dass heute der letzte Bus hier um 17:20 Uhr fährt. Ich warte dort von 17:10 bis 17:50, dann gebe ich die Hoffnung auf, dass doch noch ein Bus kommt. Als ich es per Anhalter versuche, werde ich zum Glück trotz sehr wenig Autoverkehr von jemandem nach Weißenburg mitgenommen. Mehr als eine Stunde lang spaziere ich dort am Abend durch die fotogene und sehr angenehme Altstadt.

Am Vormittag gefällt mir die Strecke ausgesprochen gut. Eines der faszinierendsten Naturwunder am Frankenweg ist die Steinerne Rinne bei Wolfsbronn. Normalerweise gräbt sich ein Bach sein Bett in den Untergrund. Doch hier haben die Kalkabscheidungen im Wasser einen etwa 130 m langen Tuffdamm geschaffen, über den der Bach nun fließt.

Um die Mittagszeit raste ich auf dem fast baumlosen Gipfel des Gelben Berges, einer Jurahöhe mit schöner Aussicht. Dann erreiche ich das Schloss Spielberg, in dem sich eine Kunstgalerie befindet. Ich schaue mir rund um das Schloss und im Innenhof viele unterschiedliche Skulpturen an.

Beim Buchen meiner Unterkunft hatte ich wegen dem niedrigen Preis ein kleines, einfaches Zimmer erwartet. Stattdessen erweist sich das Gästehaus Sticht als nettes Paradies. Die Ausstattung, die Lage, die Herzlichkeit, der hübsche Gartenpavillon mit weiter Aussicht, in dem ich am Abend eine leckere, sehr reichhaltige Fränkische Vesperplatte bekomme und dazu ein hervorragendes Kellerbier trinke, sorgen dafür, dass ich diesen Ort nicht mehr vergessen werde.

Das vielseitige und sehr leckere Frühstück im Gartenpavillon ist ein perfekter Start in den Tag.

An einem Stausee, dessen nördlicher Teil nach der Trockenheit der letzten Wochen fast verlandet ist, lege ich eine längere Mittagspause ein. Bei einem Blick auf meine Uhr erschrecke ich, denn es scheint überraschend schon später Nachmittag zu sein. Daher marschiere ich nun zwei Stunden lang im maximalen Tempo, um noch bei Tageslicht Wemding zu erreichen. Doch dann merke ich, dass mir das Display nicht die Uhrzeit, sondern die Stoppuhr zeigt. Die letzten Kilometer kann ich daher wieder ganz entspannt wandern. In aller Ruhe schaue ich mir die wunderschöne Wallfahrtskirche Maria Brünnlein an und übernachte dann in der Altstadt von Wemding.

Nach wenigen Kilometern erreiche ich die Berge am Rand des Nördlinger Ries. Das Nördlinger Ries ist der riesige Rest eines Kraters, der vor 14,5 Millionen Jahren entstand, als hier ein

Meteorit mit der Kraft von etwa 100.000 Hiroshima-Atombomben einschlug. Dabei wurden innerhalb von Sekunden gewaltige Erdmassen viele Kilometer weit verschoben. Ein faszinierender Geo-Lehrpfad bei Gosheim zeigt mir Gestein, das vor dem Einschlag an ganz anderer Stelle lag.

Schließlich erreiche ich Harburg, wo die sehr interessante, einstündige Führung durch das Schloss einer der Höhepunkte meiner Frankenweg-Wanderung ist. Dies ist eine der am besten erhaltenen Burganlagen Süddeutschlands und sie gefällt mir ausgesprochen gut.

Dann wandere ich hinab zum Bahnhof, den man eigentlich auch als Sehenswürdigkeit bezeichnen könnte. Umzingelt von gigantischen Silos wirkt der kleine Bahnsteig mit zwei Gleisen, einem Fahrkartenautomat und dem leer stehenden Bahnhofsgebäude zwischen den Anlagen eines Zementwerks eher wie eine Fabrikgarage.

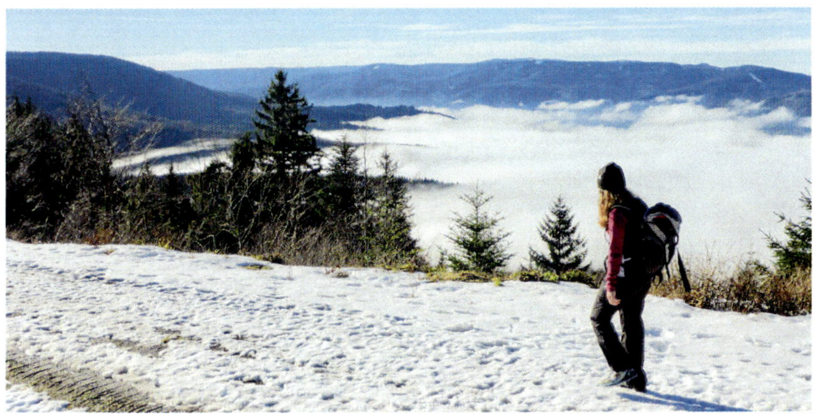

Westweg

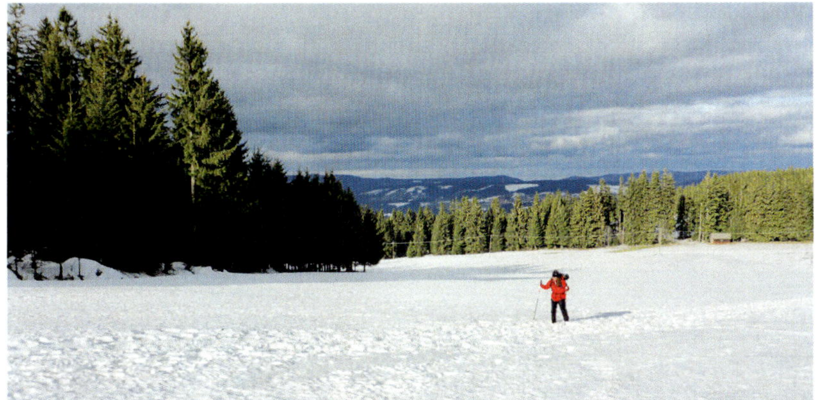

Westweg

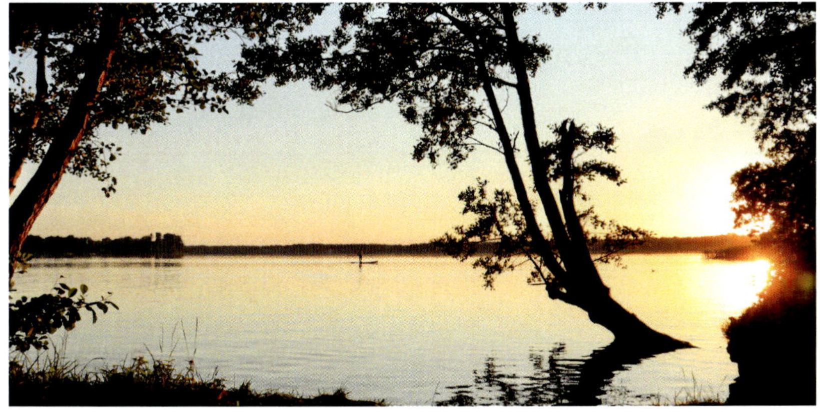

66-Seen-Weg

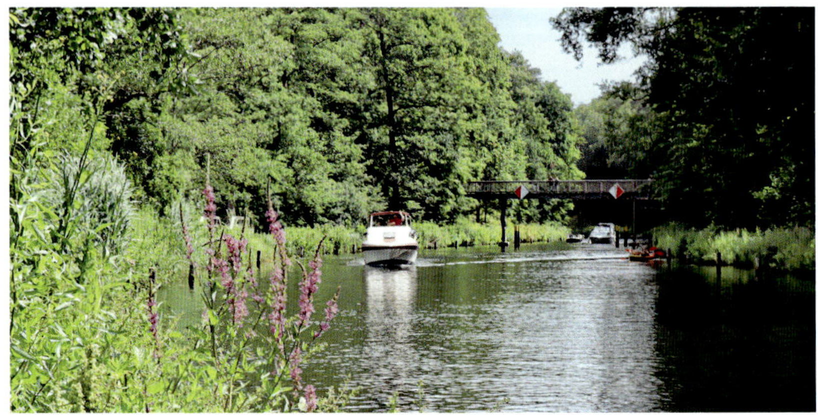

66-Seen-Weg

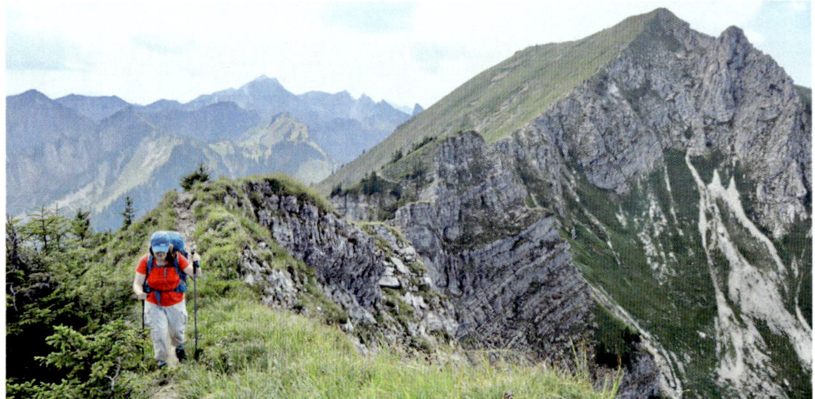

Maximiliansweg

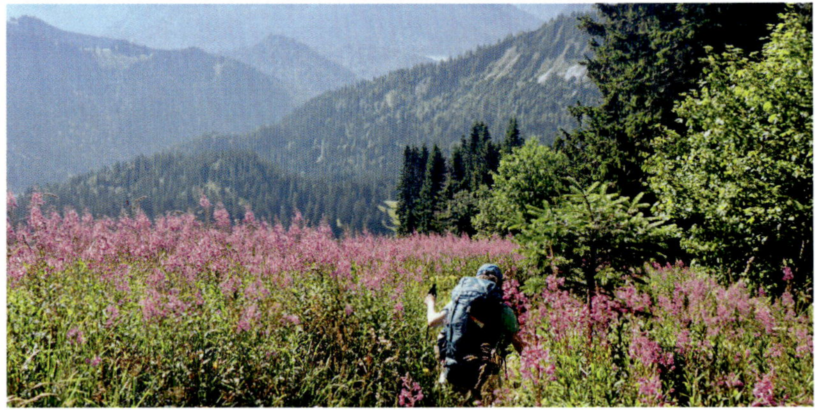

Maximiliansweg

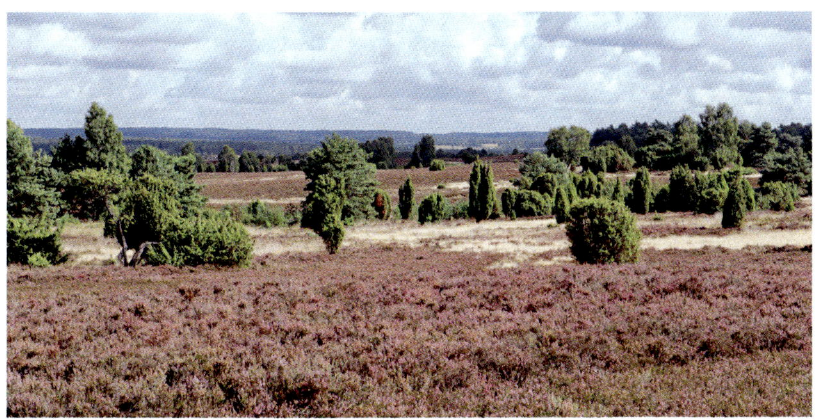
Heidschnuckenweg

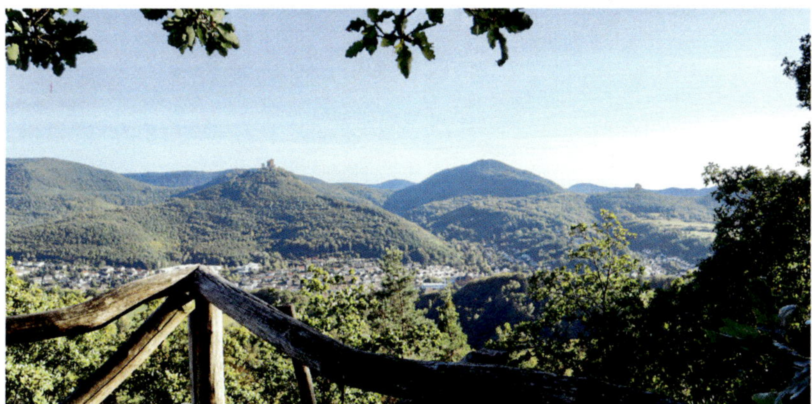
Pfälzer Weinsteig

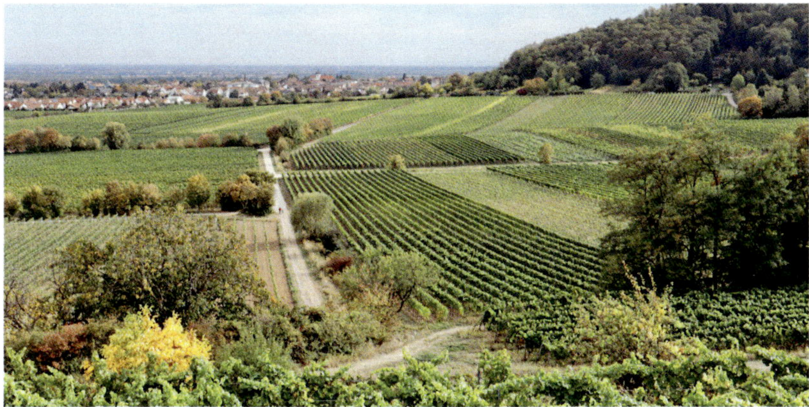
Pfälzer Weinsteig

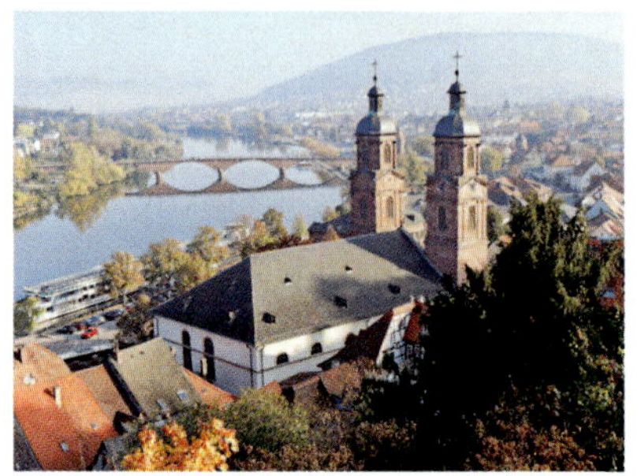
Nibelungensteig

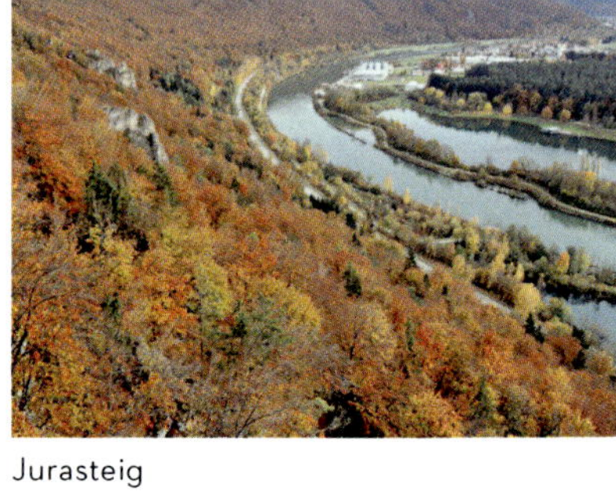
Jurasteig

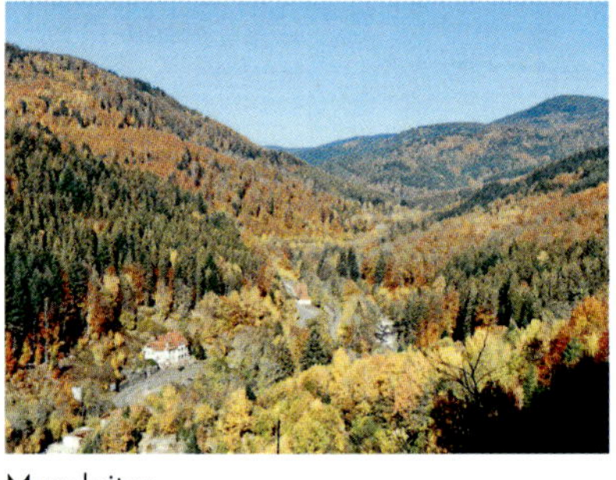
Murgleiter

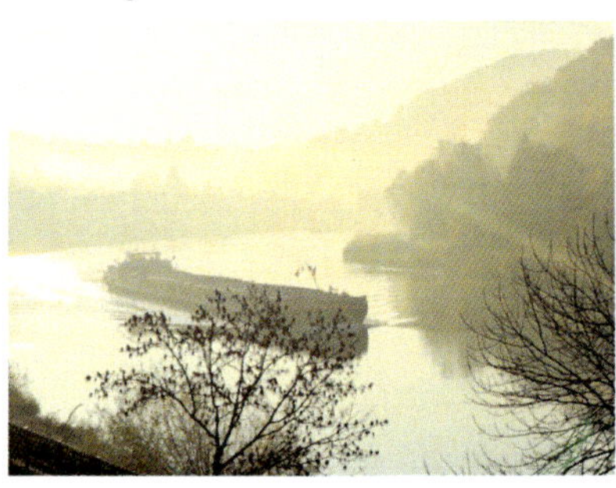
Neckarsteig

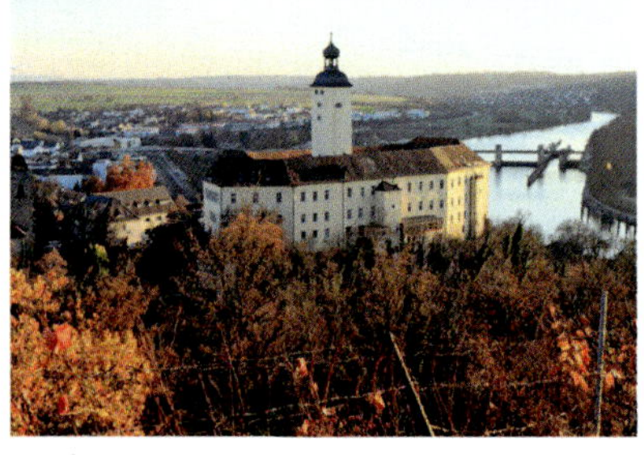
Neckarsteig

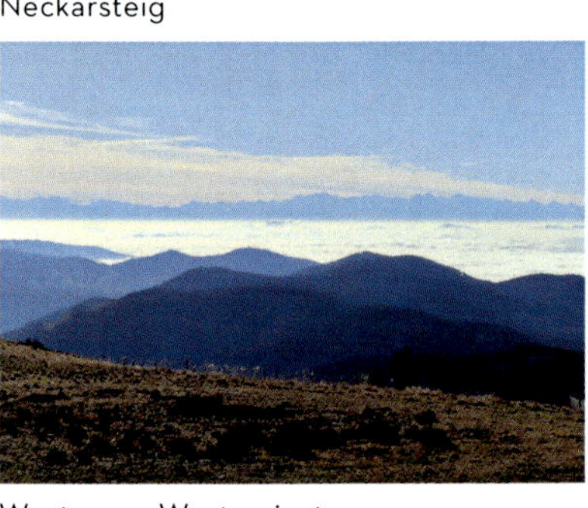
Westweg – Westvariante

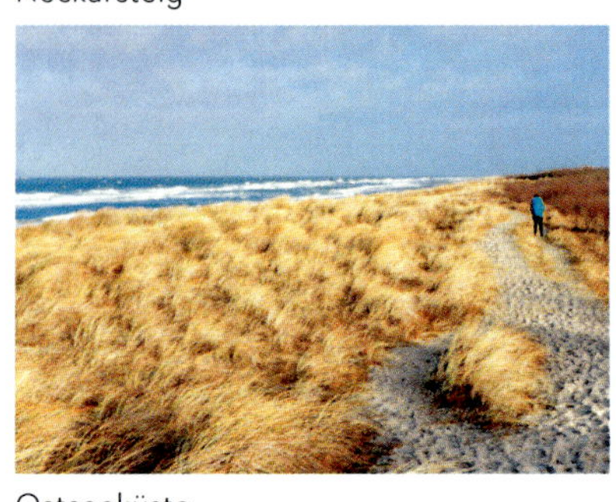
Ostseeküste

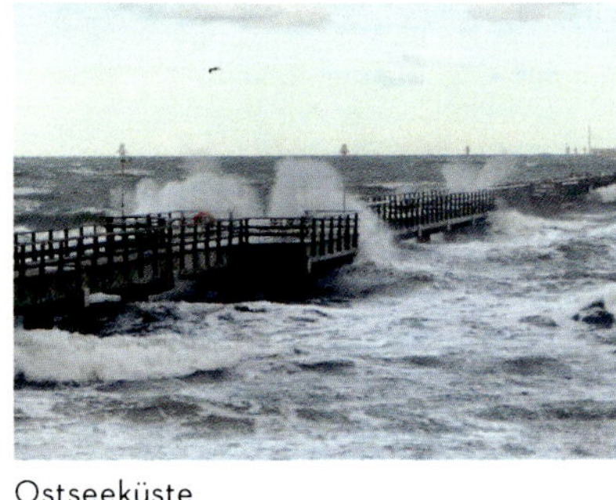
Ostseeküste

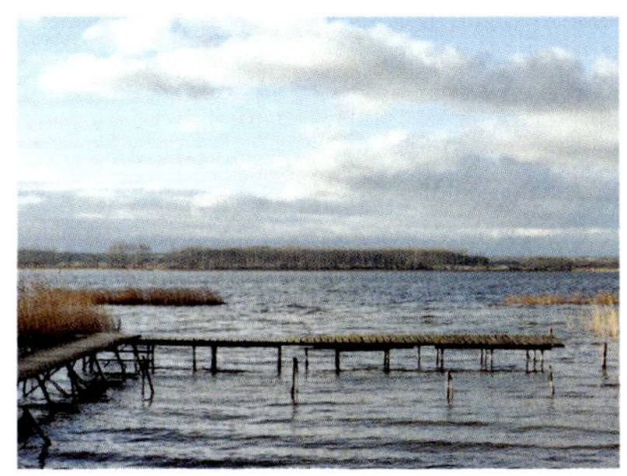
Uckermärker Landrunde

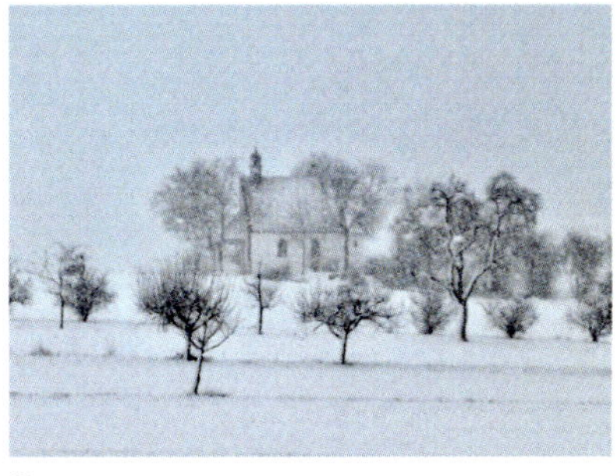
Ostweg

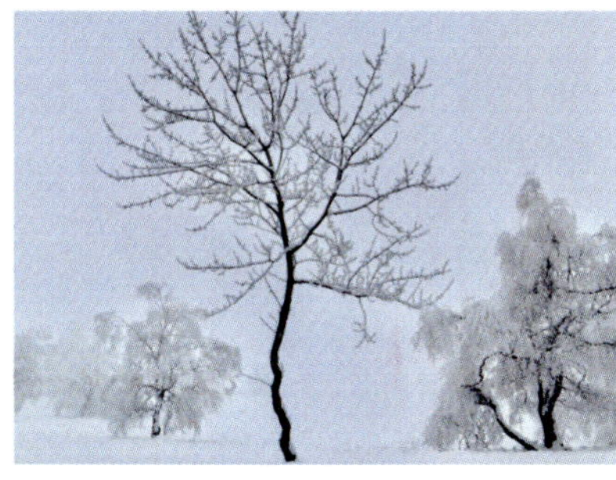
Rothaarsteig

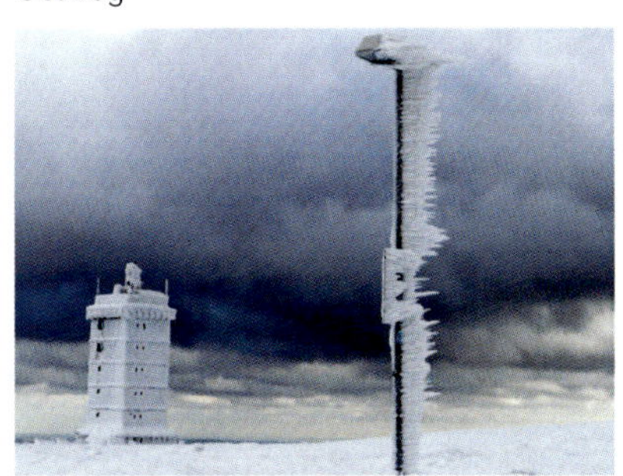
Harzer Hexenstieg

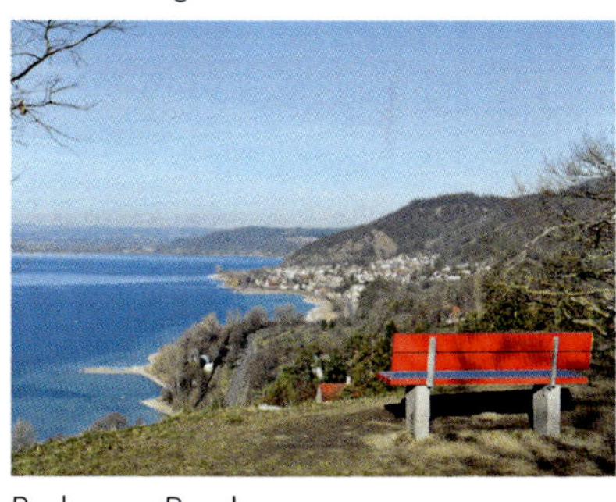
Bodensee-Rundweg

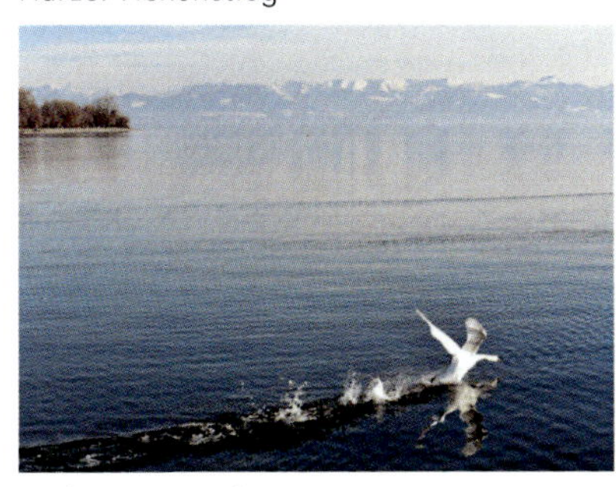
Bodensee-Rundweg

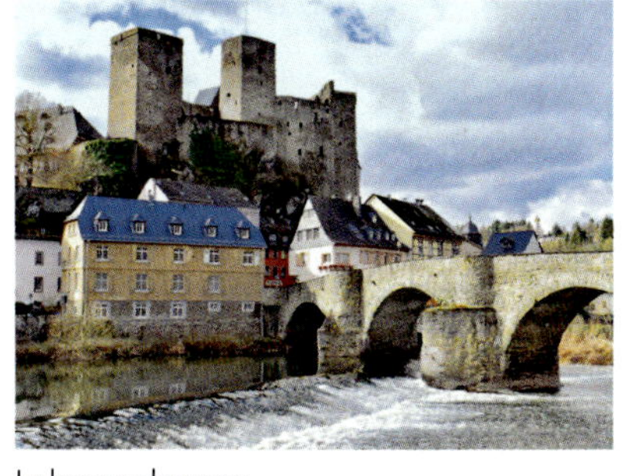
Lahnwanderweg

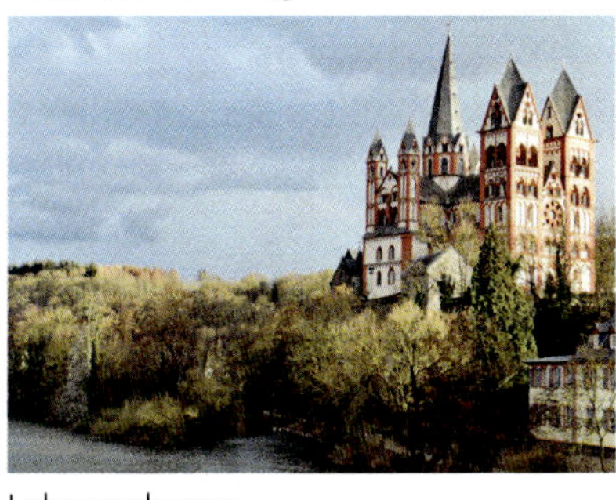
Lahnwanderweg

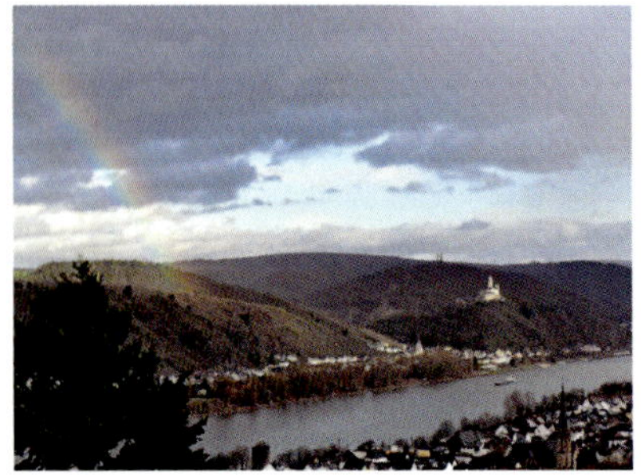
RheinBurgenWeg

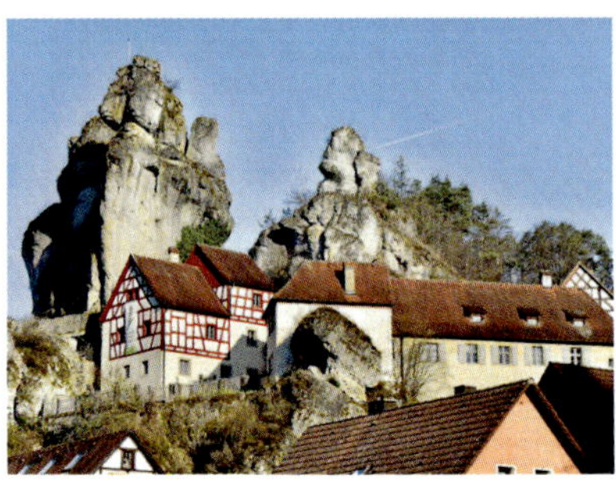
Frankenweg

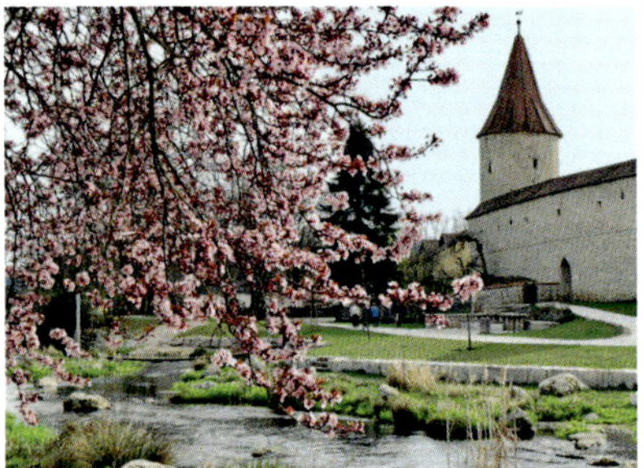
Frankenweg

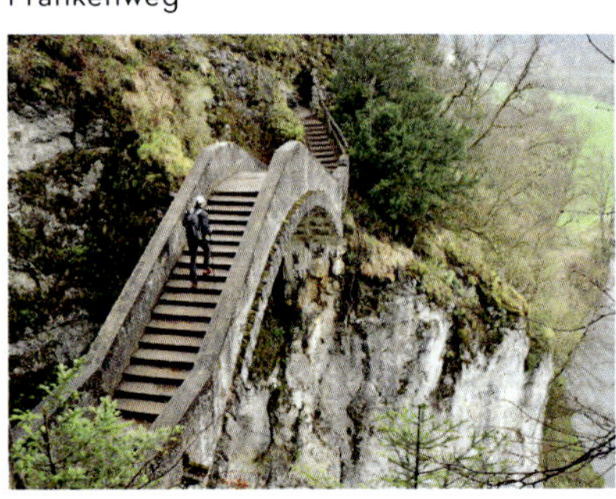
Schwäbische Alb Südrandweg

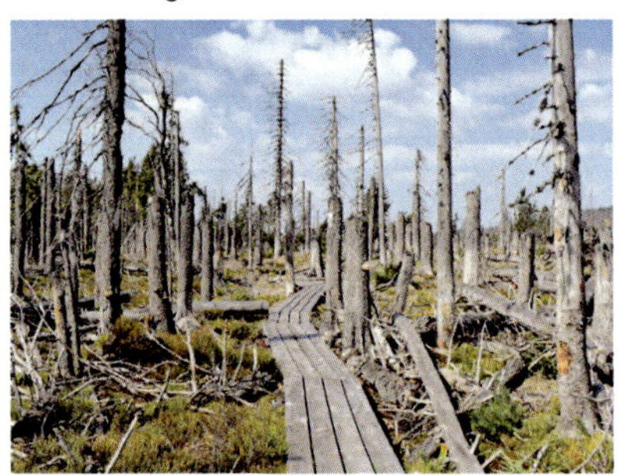
Goldsteig

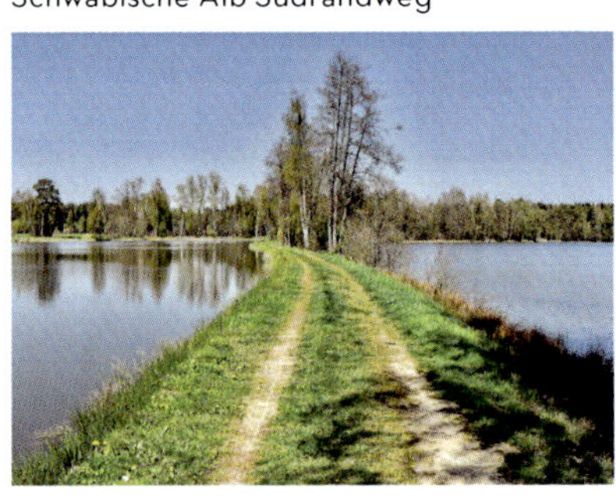
Goldsteig

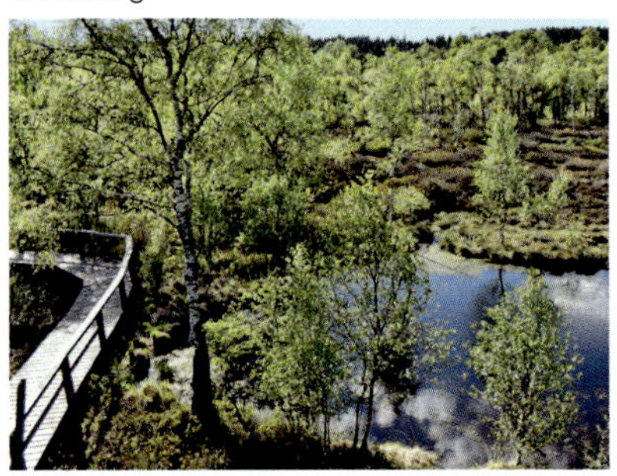
Weserbergland-Weg

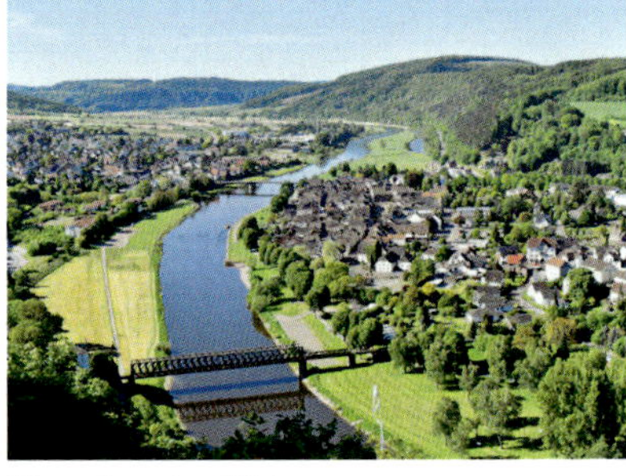
Weserbergland-Weg

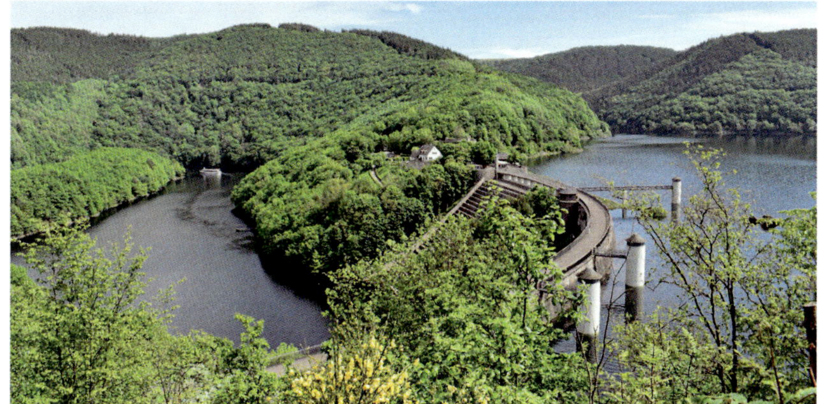
Eifelsteig

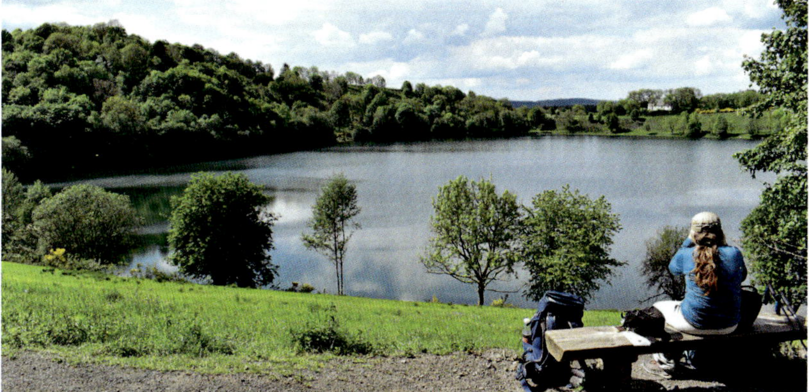
Eifelsteig

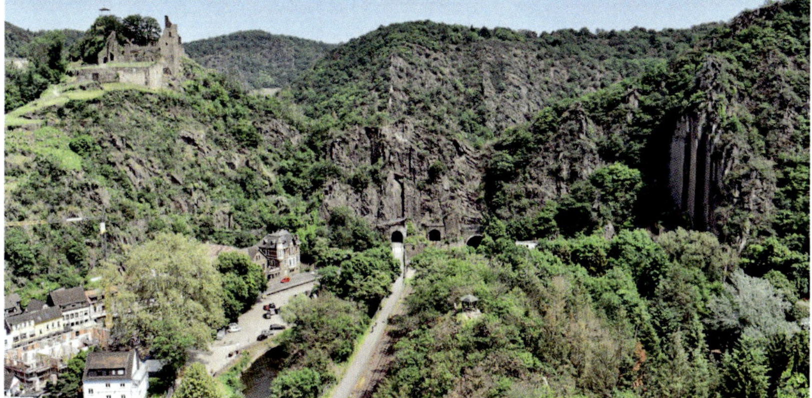
AhrSteig

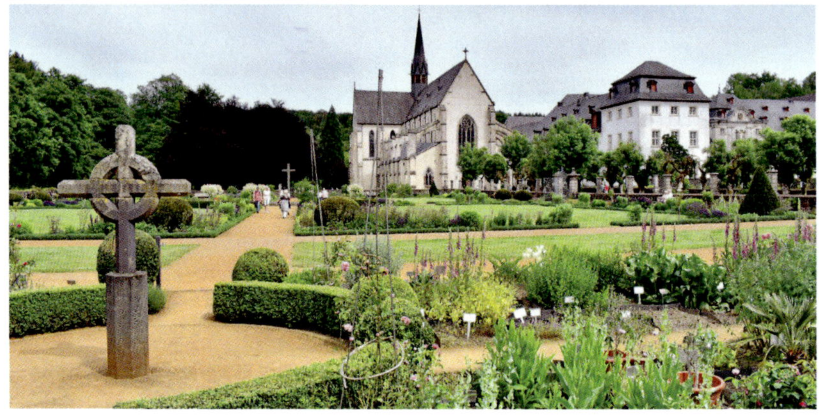

WesterwaldSteig

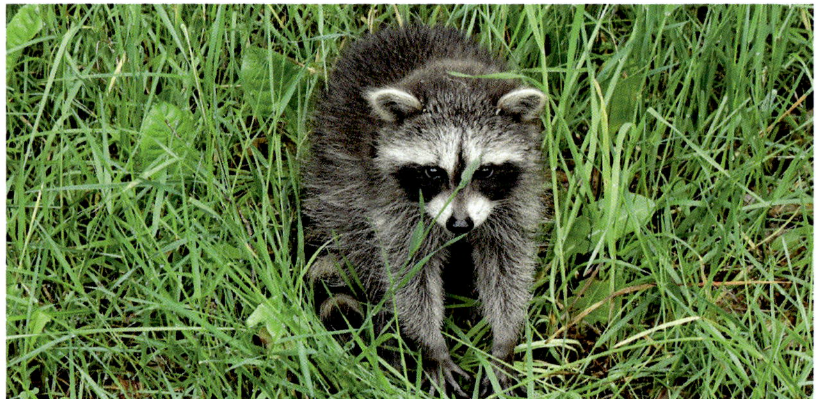

Hochrhöner

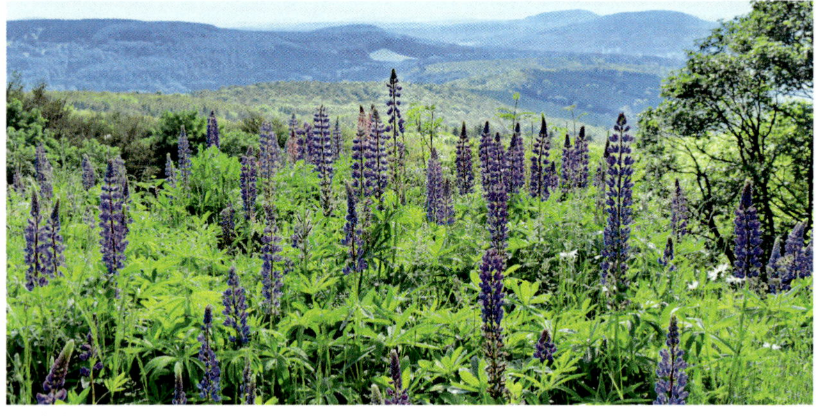

Hochrhöner

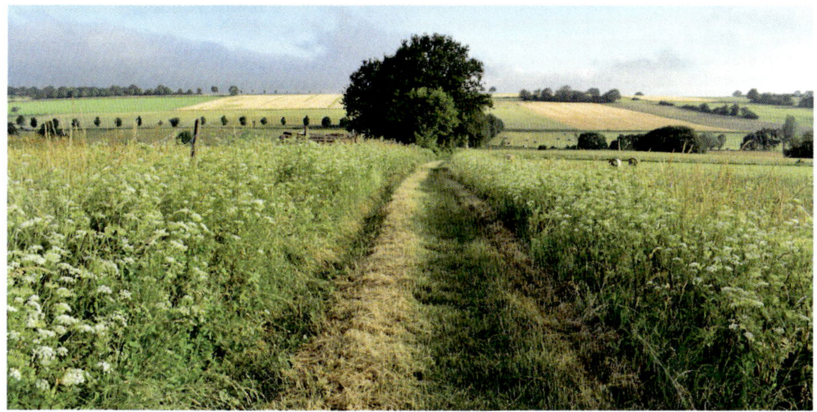

Vulkanring Vogelsberg

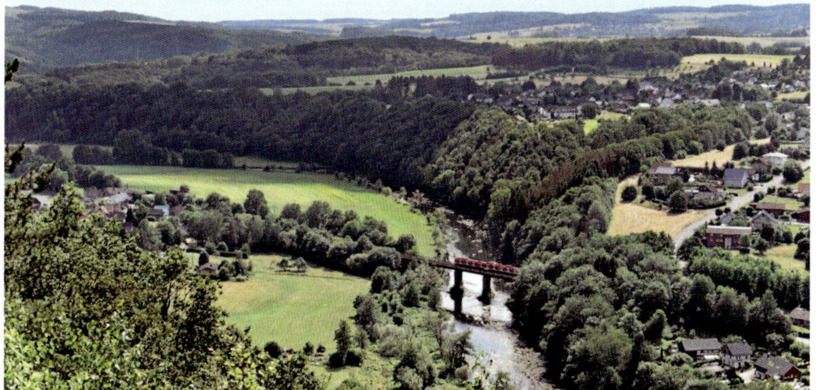

Natursteig Sieg

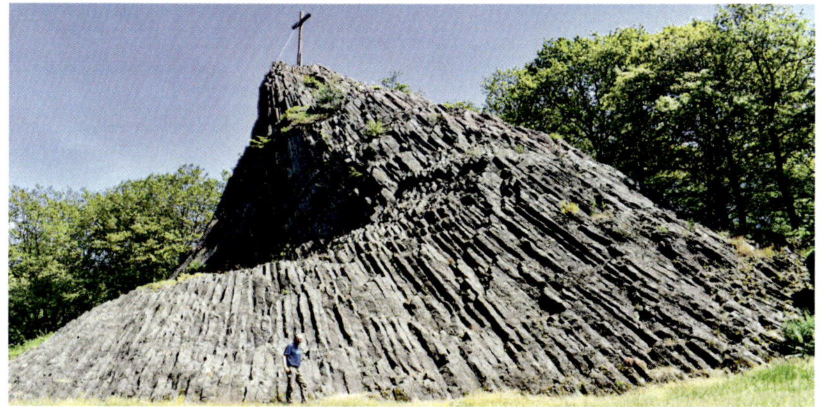

Natursteig Sieg

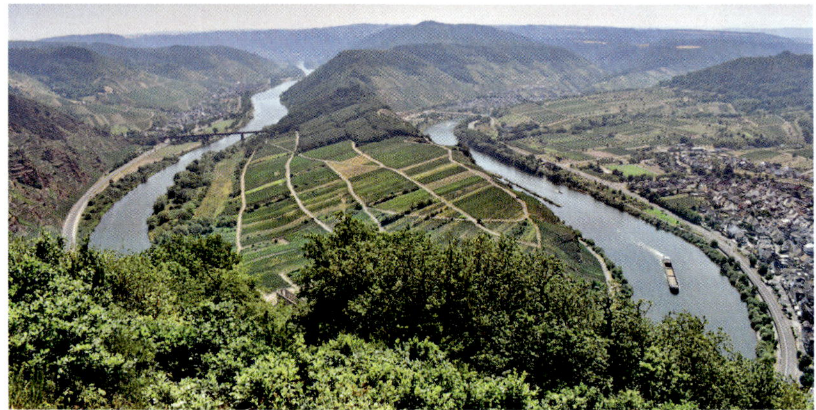

Moselsteig

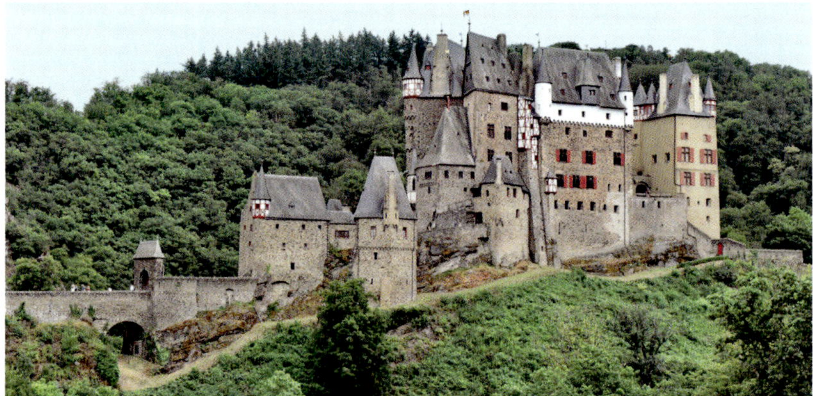

Moselsteig

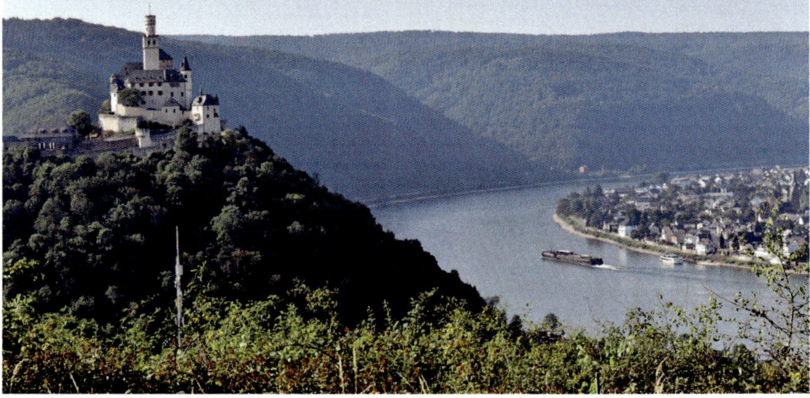

Rheinsteig

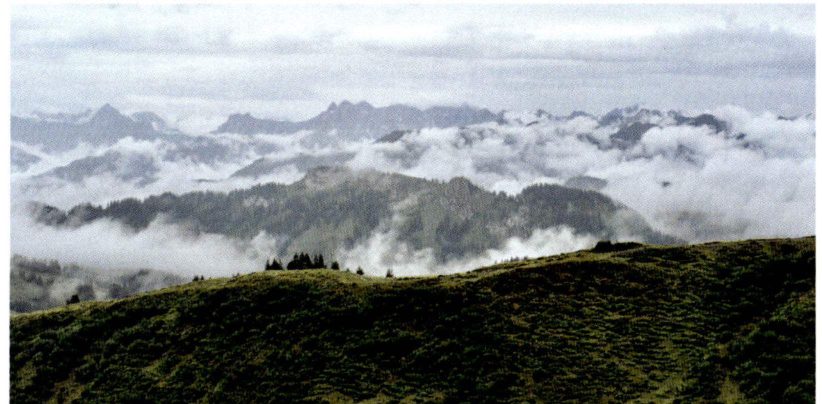

Himmelsstürmer-Route der Wandertrilogie Allgäu

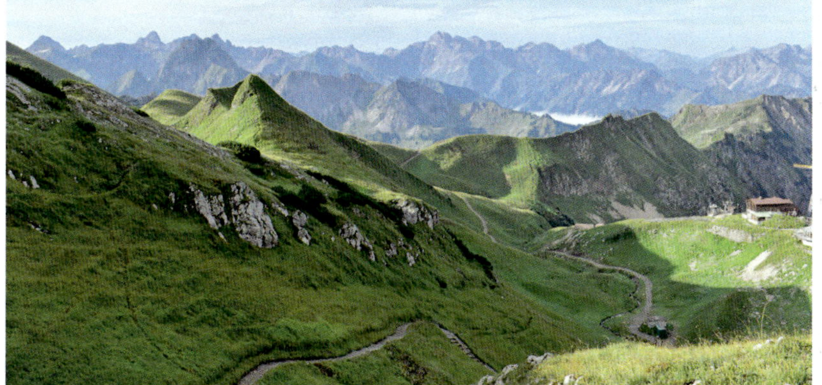

Himmelsstürmer-Route der Wandertrilogie Allgäu

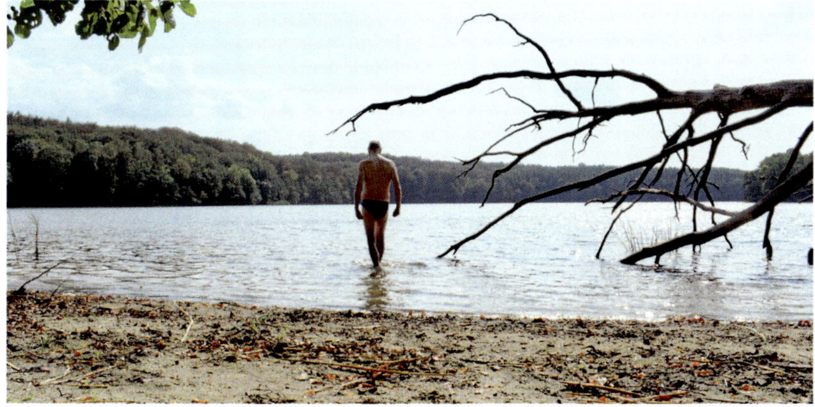

Märkischer Landweg

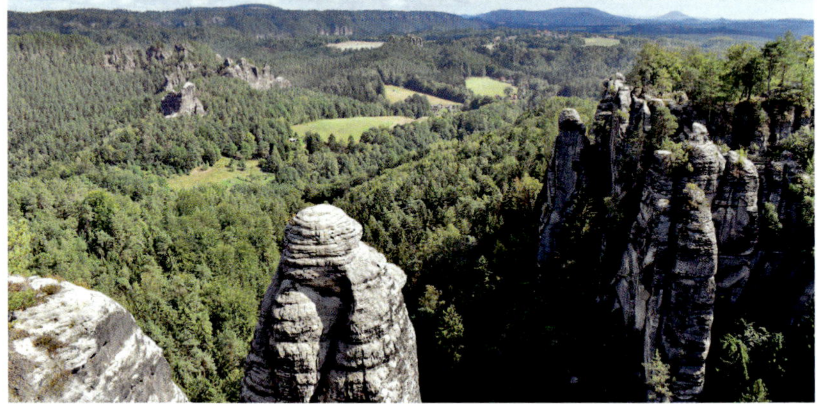
Malerweg

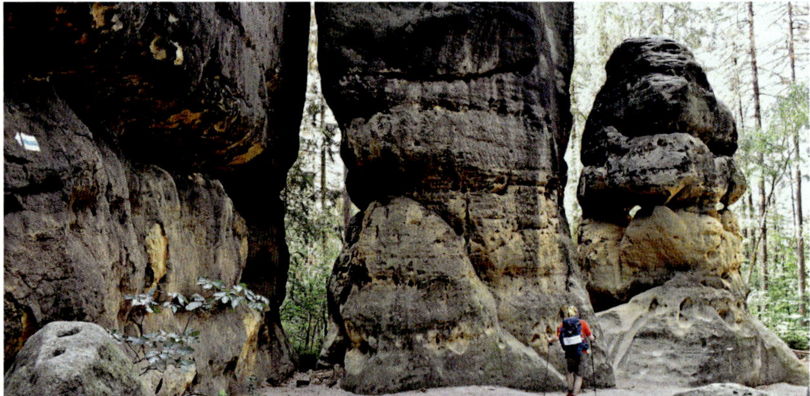
Malerweg

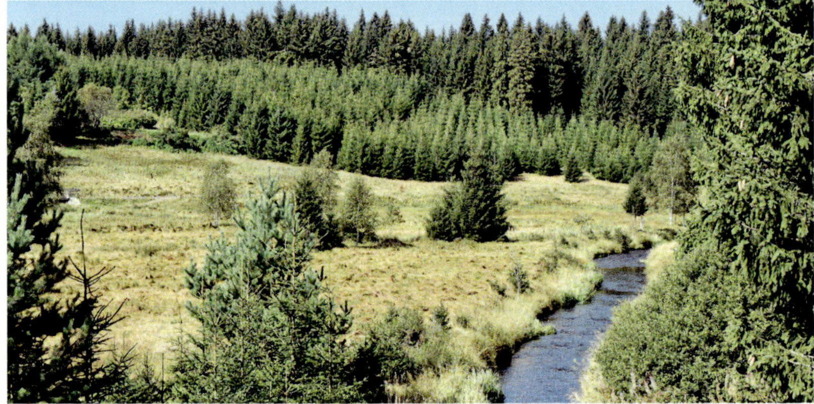
Kammweg Erzgebirge-Vogtland

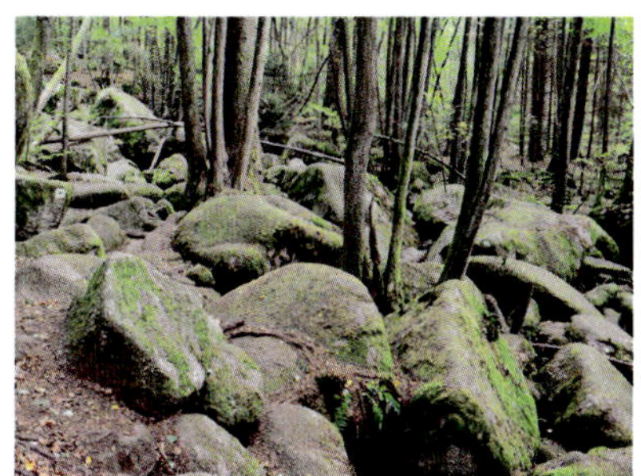
Goldsteig (Südroute)

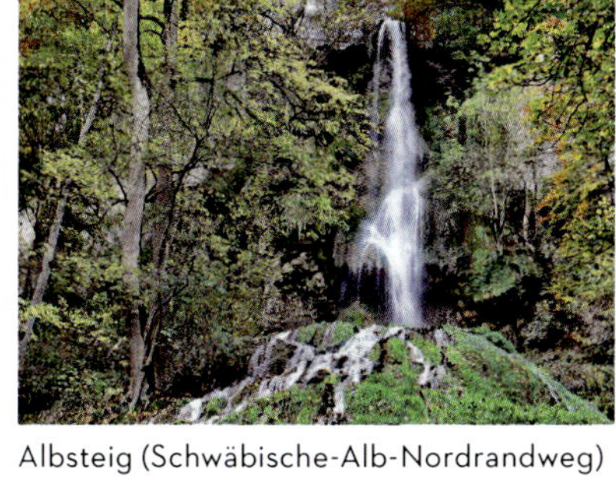
Albsteig (Schwäbische-Alb-Nordrandweg)

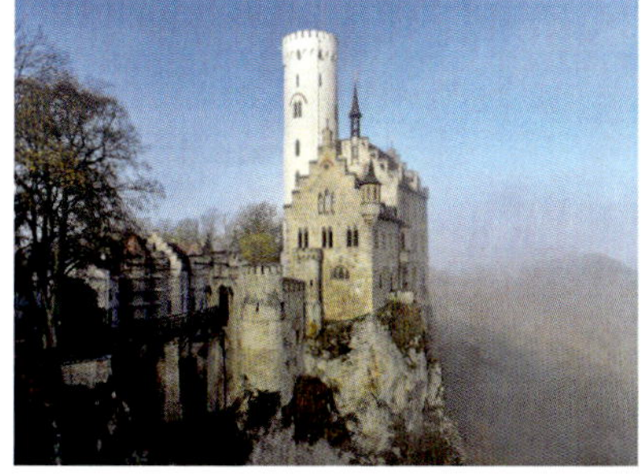
Albsteig (Schwäbische-Alb-Nordrandweg)

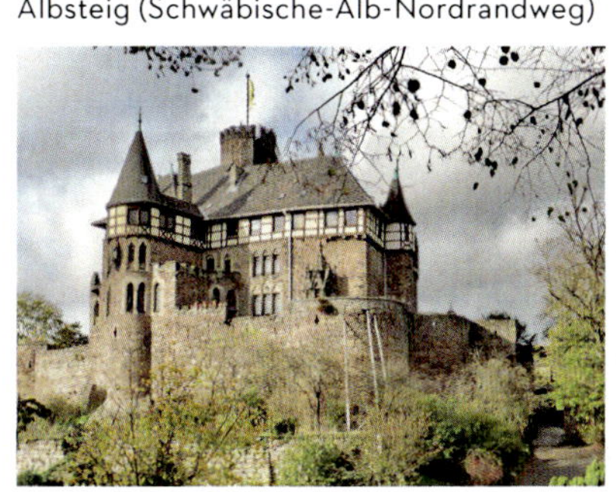
Werra-Burgen-Steig Hessen

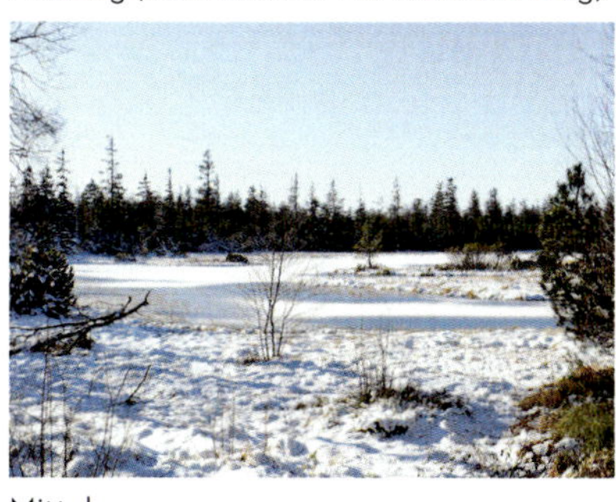
Mittelweg

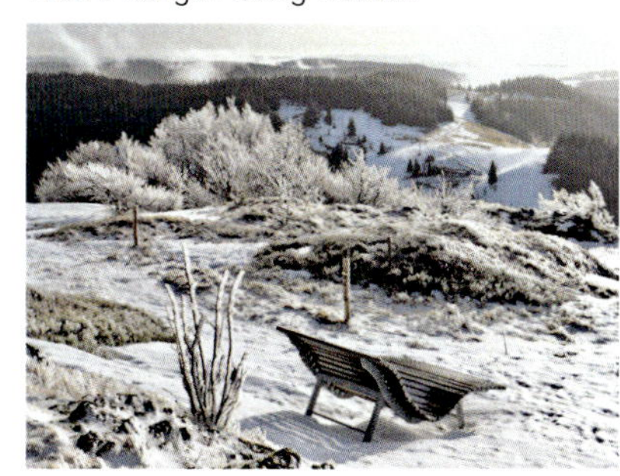
Westweg (Abschnitt Titisee – Degerfelden)

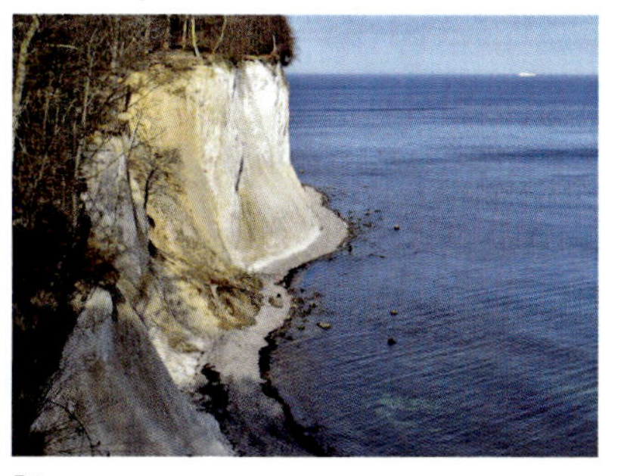
Rügen

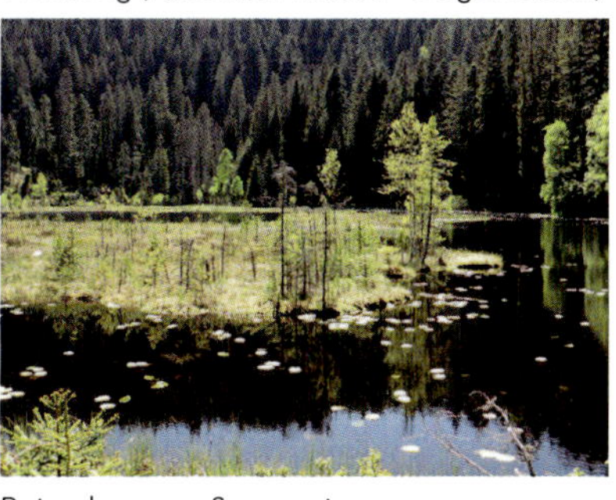
Baiersbronner Seensteig

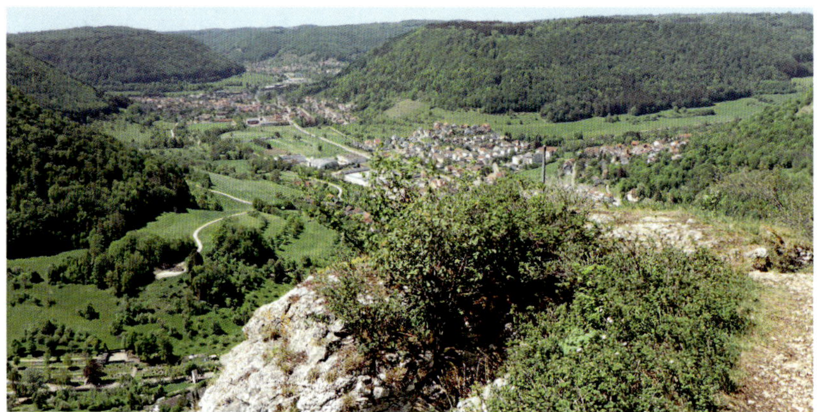

Albtraufgänger

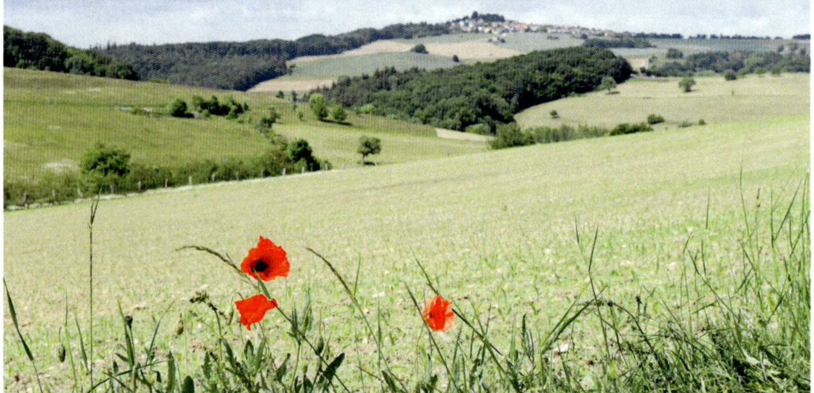

Pfälzer Höhenweg

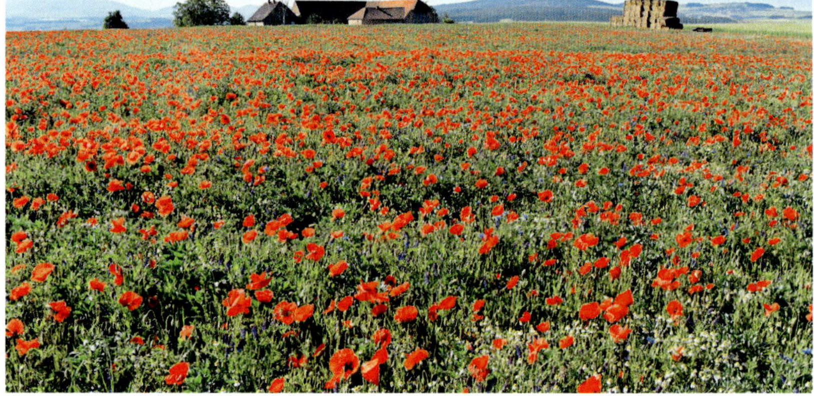

Pfälzer Höhenweg

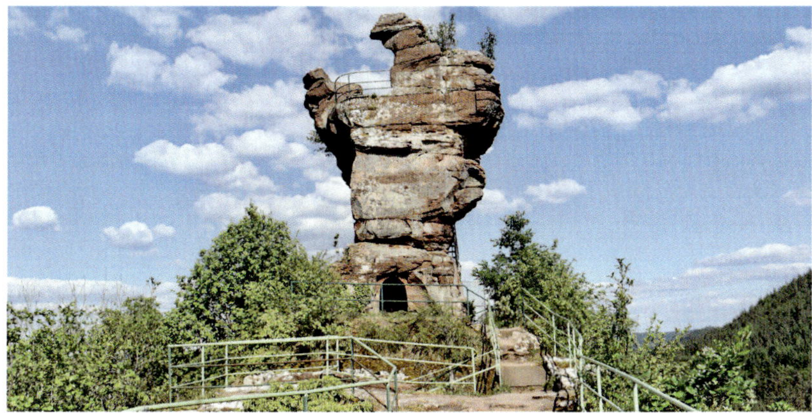

Pfälzer Waldpfad

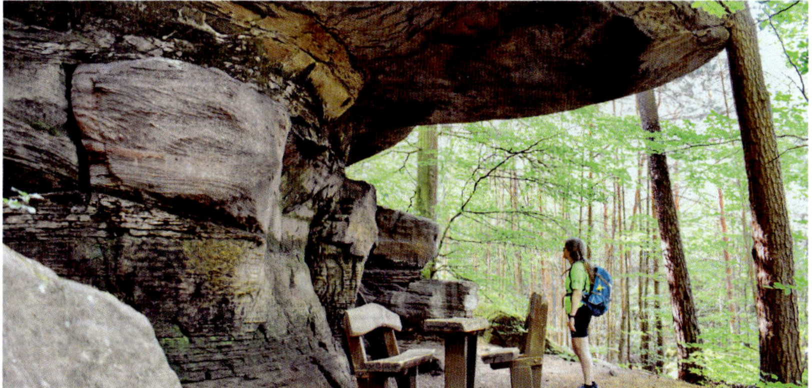

Pfälzer Waldpfad

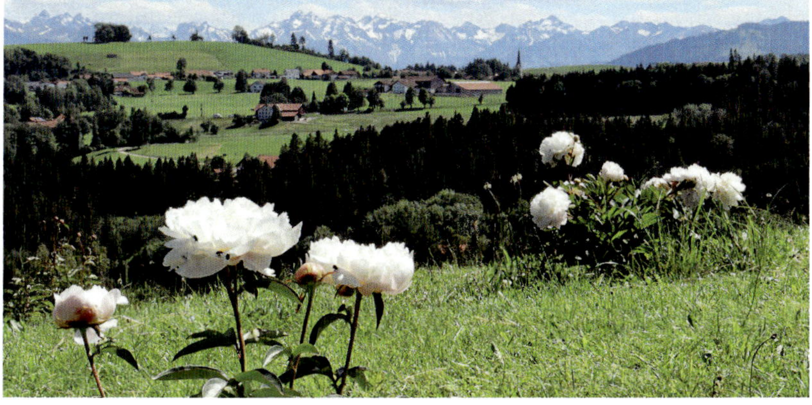

Wiesengänger-Route (Südliche Hälfte)

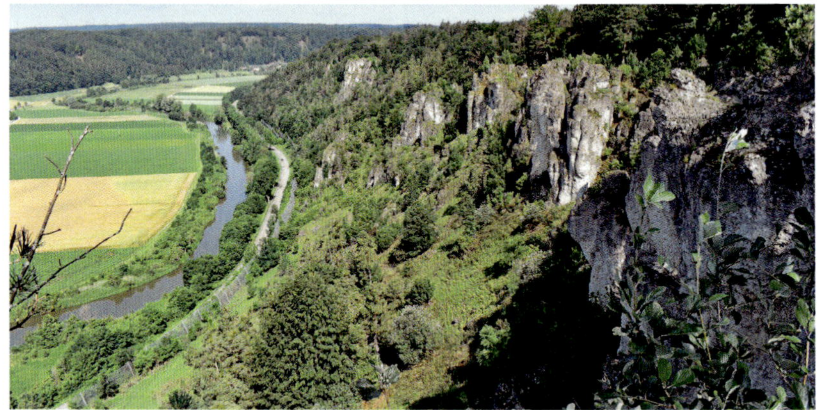
Altmühltal-Panoramaweg

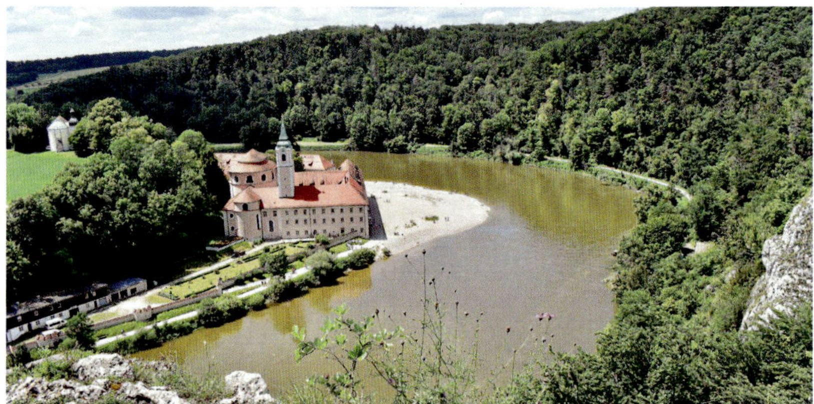
Altmühltal-Panoramaweg

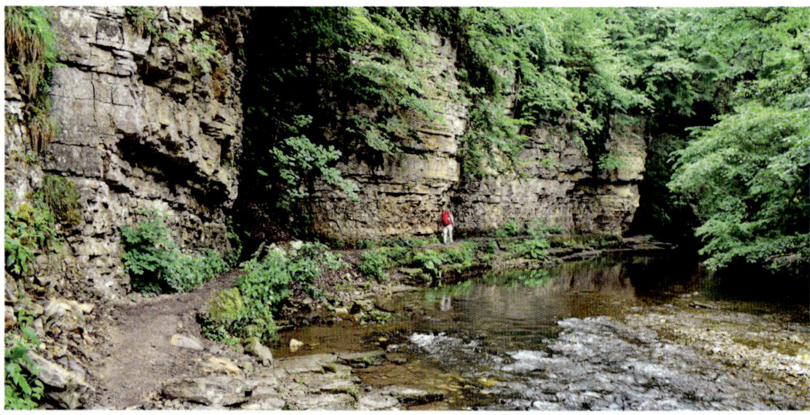
Schluchtensteig

Schwäbische Alb Südrandweg

12. – 18.4.2019

Der Schwäbische Alb Südrandweg (HW2) führt knapp 290 km weit von Donauwörth nach Tuttlingen.

https://wege.albverein.net/hauptwanderwege/hw2/

Leider habe ich nicht den aktuellen Track von der Seite des Schwäbischen Albvereins, sondern einen anderen auf mein GPS-Gerät geladen. Dieser führt mich lange Zeit entlang öder Straßen durch die Stadt und einen Vorort. Ich wundere mich darüber, dass ich keine Wegmarkierungen sehe. Inzwischen weiß ich, dass eine neue und bessere Route am Stadtrand entlang führt.

Die meiste Zeit über marschiere ich heute über Schotterwege durch forstwirtschaftlich geprägten Wald oder auf Feldwegen über offene Flächen. Zu viel Asphalt, zu viele fehlende Wegmarkierungen – da bin ich inzwischen Besseres gewohnt.

Als ich den Gasthof erreiche, in dem ich ein Zimmer gebucht hatte, findet dieser nervtötende Wandertag einen passenden Abschluss. Die Tür ist verschlossen. Ich rufe die am Eingang stehende Handynummer an und muss dann eine halbe Stunde warten, bis der Wirt kommt. Er hatte meine Buchung völlig vergessen, findet sie nun aber abgeheftet in seinem Ordner. Da er heute kein freies Zimmer im Gasthof hat, lässt er ein anderes Zimmer im Haus seiner Oma für mich richten.

Gerne würde ich am Morgen die prunkvollen Innenräume und den herrlichen Kreuzgang im Schloss Taxis besichtigen, doch dies ist nur im Rahmen einer Führung möglich. Insgesamt ist die Strecke heute angenehmer als gestern.

Abgesehen vom Thema Finanzierung lautet die zweithäufigste Frage, die mir unterwegs gestellt wird: „Was denkst du die ganze Zeit über, wenn du den ganzen Tag alleine wanderst?" Ich mag diese Frage inzwischen überhaupt nicht mehr. Je länger ich unterwegs bin, desto weniger denke ich über alltägliche Probleme nach. Das, was rechts und links, vor und hinter mir am Weg liegt, reicht mir voll und ganz aus. Inzwischen wandere ich hundert Mal lieber alleine oder zu zweit mit Annette statt in einer Gruppe. Wenn mir unterwegs andere Leute begegnen, quasseln diese meist ohne Pause über berufliche oder familiäre Probleme, Politik oder über Banalitäten aus Fernsehen und Sport. Ich glaube nicht, dass sie dabei noch viel von ihrer Umgebung bemerken.

Kurz bevor ich Giengen an der Brenz erreiche, komme ich an sehr schönen Wacholderwäldchen vorbei, ein für die Schwäbische Alb typisches Landschaftsbild.

Überall in Deutschland treffe ich auf Jakobswege. Bei Hürben gibt es sogar ein „Jakobswegle". Dieser 2,5 km lange Rundweg zeigt im Maßstab 1:1.000 den Jakobsweg von Giengen nach Santiago, mit vielen Informationstafeln über Geschichte und Sehenswürdigkeiten dieser Pilgerroute.

Zur Besichtigung von Charlottenhöhle und Höhlenmuseum müsste ich eine Stunde lang bis zur Öffnung warten, daher verzichte ich darauf.

Für heute habe ich mal wieder eine besonders sportliche Doppel-Etappe eingeplant. Doch ich wusste nichts von der Streckenänderung auf einem Abschnitt. Insgesamt muss ich nun statt den erwarteten 45 Kilometern sogar 50 marschieren.

Auf dem Weg hinein in die Stadt Ulm ärgert mich dann erneut das große Durcheinander unterschiedlicher Streckenversionen. Ich kann gut verstehen, dass man Routen ändert, doch hier wurde, zumindest bis zum Zeitpunkt meiner Wanderung, an vielen Stellen vergessen, die alten Markierungen zu beseitigen und die neue Strecke durchgehend zu markieren.

Für die Besichtigung des Münsters lasse ich mir trotz starker Erschöpfung eine halbe Stunde lang Zeit. Nicht nur der höchste Kirchturm der Welt, auch die Innenausstattung und die interessanten Portale gefallen mir sehr gut.

Nach Sonnenaufgang genieße ich oberhalb des Donautals die wärmenden Sonnenstrahlen. In Blaubeuren verlängere ich meine Wanderroute um den Abstecher zum Blautopf, einem der schönsten Touristenziele der Schwäbischen Alb. Der große Quellteich leuchtet heute bei strahlendem Sonnenschein in seinem berühmten Blau.

Von der kaum noch als Ruine erkennbaren Ginzelburg gefällt mir der Blick auf das Ur-Tal der Donau. Dieses wurde einst von der Donau geschaffen, bevor der Fluss seinen Lauf änderte und nun auf einem anderen Weg nach Ulm fließt. Nach weiteren Orientierungsproblemen wandere ich durch eine Schleife der Ur-Donau zum ehemaligen Kloster Urspring. An diesem zauberhaften Ort setze ich mich lange auf eine Bank. Danach marschiere ich noch bis zur Abenddämmerung weiter.

Heute wird das Streckenchaos noch drolliger. Während der ersten Stunden sehe ich nur an wenigen Stellen Markierungen des HW2, an anderen fehlen sie, zwischendurch zeigen Wegweiser aber auch eine völlig andere Streckenführung an. Da mir „meine" Route gefällt, ist es mir aber inzwischen fast egal, ob ich auf der „richtigen" oder „falschen" Route wandere.

Zuerst folge ich einem Tal, in dem im Sommer sonntags eine Ausflugsbahn fährt. Noch ist es sehr kalt. An schattigen Stellen bedeckt Raureif den Boden. Erst ein Aufstieg durch Wald bringt mich auf sonnige Höhen.

Vom Bergfried der Ruine Wartstein genieße ich den Blick auf das idyllische Lautertal, durch das mich kurz darauf ein bequemer Weg vorbei an vielen Felsen und einem schönen Wasserfall führt. Bald wandere ich an einer schönen Wacholderheide vorbei, dann komme ich im paradiesischen Glastal zu einigen kleinen Wasserfällen mit Sinterterrassen. In die Friedrichshöhle fahre ich bei einer kurzen Führung mit einem Ruderboot 70 m hinein.

Bald erreiche ich Zwiefalten, wo ich mich lange in einer der schönsten Klosterkirchen Deutschlands aufhalte. Die besonders lebendig wirkenden Figuren, mit denen sie ausgestattet wurde, hebt diese Kirche von vielen anderen Meisterwerken des Barock ab.

Aus organisatorischen Gründen muss ich jetzt 33 Kilometer überspringen. Diesen Streckenabschnitt hole ich später einmal nach.

Ich freue mich sehr darüber, dass mich mein Freund Harald von Sigmaringen bis Tuttlingen begleitet. Der Donaudurchbruch ist eine der schönsten Regionen unseres Landes und zählt zu den Zielen, die jeder Wanderer einmal besuchen sollte.

Zuerst marschieren wir hinauf zum ehemaligen Kloster Inzigkofen, wo wir uns auch den schönen Klostergarten anschauen. Am Morgen sorgen Dunst und Wolkenfetzen für eine mystische Stimmung. Die filigran über eine kleine Schlucht gebaute Teufelsbrücke ist ein ganz besonderes Schmankerl.

Zwei Tage lang wandern wir an vielen hohen Felsen vorbei, steigen immer wieder steil ins Tal hinab und marschieren anstrengend erneut hinauf. Oft führt der Weg an faszinierenden Felsgebilden vorbei. Auch überhängende Felsen, Felsentore und ein paar kleine Höhlen begeistern uns.

Am späten Nachmittag weichen wir von der Route des Südrandwegs ab und folgen dem Donauradweg zwei Kilometer zum Kloster Beuron. Nachdem wir im Kloster unsere Zimmer bezogen haben, gehen wir zum Gottesdienst in die Kirche. Normale Gottesdienste interessieren mich nicht, da ich kein religiöser Mensch bin. Aber hier ist es etwas anderes. Hier hält kein Priester eine langweilige Predigt und hier müssen die Besucher nicht selbst singen. Hier stehen die Mönche im Altarraum, einer singt einen lateinischen Satz, die anderen singen im Chor die Erwiderung. Dies erzeugt eine ganz besondere Stimmung.

Während meiner ersten Monate als D-Wanderer bin ich bei fast jeder Etappe zwischendurch auch ein paar Kilometer gelaufen statt gewandert. Seit dem Winter lief ich aber nur noch ab und zu ein paar hundert Meter weit. Mit Harald wechsle ich heute häufig zwischen schnellem Nordic Walking und Trailrunning. Nach der langen Laufpause macht es mir heute umso mehr Spaß, diese herrlichen Pfade mal wieder in höherem Tempo hinabzurennen. So ganz habe ich meine alte Trailrunning-Leidenschaft noch nicht verloren, auch wenn ich inzwischen wieder mit Herz und Seele zum Wanderer wurde.

Heute kommen wir an der Jugendherberge Burg Wildenstein und am Schloss Bronnen vorbei, erreichen im Tal wieder das Kloster Beuron, dann laufen wir über viele schöne Trails mit einigen Auf- und Abstiegen zu weiteren Aussichtspunkten und zwischendurch am Ufer entlang.

Ab dem letzten Aufstieg des Tages erhöhen wir unser heute ohnehin sehr schnelles Tempo sogar noch, denn wir müssen uns sehr beeilen, um unseren für die Heimfahrt geplanten Zug noch zu erreichen.

Als ich in Tuttlingen am Ufer der Donau entlanglaufe, komme ich mir vor wie bei einem meiner vielen Wettkämpfe. Fast in letzter Minute erreichen wir den Zug. Diese beiden Tage haben uns sehr viel Spaß gemacht.

Goldsteig

24.4. – 5.5.2019

Der hervorragend markierte Goldsteig ist der längste unter den zertifizierten Qualitätswanderwegen Deutschlands. Nach den ersten Etappen im Oberpfälzer Wald wird er in eine Nordroute und eine Südroute geteilt. Alle drei Routen zusammen sind 660 km lang. In diesem Frühjahr will ich die offiziell 23 Etappen über die Nordroute nach Passau wandern. **www.goldsteig.info**

Die schöne und angenehme Streckenführung gefällt mir von Anfang an. Bald erreiche ich die auf großen Granitfelsen thronende Ruine Weißenstein. Um die Mittagszeit wandere ich unter anderem an vielen herrlichen Seen der Kornthaner Seenlandschaft vorbei, wo ich mir viel Zeit zum Fotografieren nehme und auch mehrmals auf Bänken am Ufer den Tag genieße. Zwischendurch telefoniere ich mit einer Mitarbeiterin des SWR-Fernsehens, um Details für meinen demnächst geplanten ersten Auftritts als Wanderexperte in der Sendung „Kaffee oder Tee" zu besprechen. Am späten Mittag erreiche ich das romantische Waldnaabtal. Schon der allererste Tag verwandelt mich in einen Goldsteig-Fan.

Nach dem Frühstück marschiere ich wieder hinab ins Waldnaabtal, wo der Weg so idyllisch wie gestern weiter geht. Dieses traumhafte Tal bietet mir unglaublich viele herrliche Fotomotive. Von der Strömung rund geschliffene Steine im Wasser, stark bemooste Baumstämme, wilde Vegetation, sonnige Wiesen, Felsen und vieles mehr zeigen mir hier mal wieder, dass es in Deutschland noch viel zu entdecken gibt. Ich bin sicher, dass ich ohne mein D-Wanderer-Projekt niemals hierhergekommen wäre, doch dann hätte ich etwas versäumt. Bei Neustadt a. d. Waldnaab setze ich mich in einen Biergarten und bestelle passend zur Region Zoiglkäs (Weichkäse mit Zwiebeln und Kümmel, Kartoffelsalat und Brot). Lecker! Ich stelle mal wieder fest, wie klein die Welt ist. Der Wirt dieses Biergartens hat früher in meiner Heimatstadt in einem Club gearbeitet, den auch ich kenne. Als ich danach am Marktplatz ein Eis esse, erlebe ich kurze Sommergefühle. Doch in wenigen Tagen wird mich der Winter noch einmal richtig packen.

Auf abwechslungsreicher Strecke wandere ich weiter und nehme mir zwischendurch Zeit für die Besichtigung einer Burgruine. Danach führt mich der Goldsteig einige Kilometer weit abseits der Zivilisation durch das idyllische Pfreindtal.

Da ich meist sehr viele Kilometer pro Tag wandere, meinen manche Leser meiner Homepage, ich würde immer nur durch die Natur eilen, ohne viel von meiner Umgebung zu sehen. Doch für mich fühlt sich mein aktuelles Tempo sehr wie entschleunigtes Wandern an. Mir bleibt unterwegs noch mehr als genug Zeit für das, was momentan unter dem Schlagwort „Waldbaden" fast schon zur neuen Mode wird. Ich kann voll und ganz vom Alltag abschalten und nehme meine unmittelbare Umgebung mit allen Sinnen wahr.

Ich übernachte in der Jugendherberge Trausnitz, die sich in einer alten Burg befindet und mir ausgesprochen gut gefällt.

Zuerst marschiere ich hinab zu einem Stausee. Dann fasziniert mich ein hervorragend ausgestatteter Geologischer Lehrpfad, bei dem ich viele unterschiedliche Gesteinsarten bestaune.

Am Nachmittag komme ich an der kleinen Wallfahrtskirche St. Jakobi vorbei. Hier zeigen zwei ungewöhnliche Gemälde an der Empore nicht die üblichen religiösen Motive, sondern Szenen einer Schlacht.

Je länger ich unterwegs bin, desto stärker fällt mir auf, wie häufig sich die Vegetation um mich herum ändert. Auf den ersten Blick wandert man mal durch Wald, mal über Felder oder Wiesen. Doch im Detail gibt es unglaublich viele Unterschiede. Dass sich der Anblick des Waldes oft alle paar hundert Meter ändert, habe ich bereits beschrieben. Aber die restliche Pflanzenwelt bietet sogar noch mehr Vielfalt. Sonnige oder schattige Standorte, feuchte oder trockene Flächen, saurer oder basischer Boden, lockere Humusschicht oder felsiger Untergrund, die unterschiedliche mineralische Zusammensetzung des Gesteins – all dies sorgt für extrem unterschiedliche Lebensbedingungen mit entsprechenden Pflanzengemeinschaften.

Zu einer Wanderung durch Bayern gehört für mich D-Wanderer natürlich auch ein Frühstück mit Weißwurst, Brezeln und süßem Senf. Gut gestärkt breche ich danach auf. Bald nachdem ich am Prackendorfer Moos vorbeiwandere, sehe ich mitten im Wald eine große Informationstafel, die auf die Streckenteilung des Goldsteig an dieser Stelle hinweist und die Nord- und Südroute jeweils kurz vorstellt.

Ich habe meine Unterkünfte bereits für die Nordroute gebucht und will an den nächsten Tagen als sportliche Herausforderung besonders lange Doppeletappen wandern. Doch rückblickend empfehle ich nun dringend, diese Strecke erst ab Mitte Mai zu wandern.

Erstes Schmankerl auf der Nordroute ist die Steinerne Wand, ein etwa 300 m langer Felsgrat, über den ein gut gesicherter Steig führt. Bald darauf komme ich an Burg Schwarzenberg vorbei.

An einem kleinen Wasserfall unterhalb des Eixendorfer Stausee mache ich Mittagsrast und wandere dann am Stausee entlang. Am Mittag gefallen mir ein paar idyllische Stellen am Ufer der Schwarzach recht gut.

Ab Herzogau ändert der Goldsteig seinen Charakter. Nach den bisher meist recht leichten Etappen sind die Wege nun deutlich steiler und anspruchsvoller. Ich marschiere hinauf zur Grenze zwischen Deutschland und Tschechien, die man nur an einem Schild und einem Pfosten mitten im Wald erkennt. Drei in den Fels gemeisselte Wappen zeigen an, dass hier einst Bayern, Böhmen und die Oberpfalz aneinander grenzten. Nach all den Übeln der Geschichte freut es mich, dass man auch hier inzwischen ganz normal ins Nachbarland wandern kann.

Bei ausgesprochenem Mistwetter wandere ich nach Furth im Wald. Inzwischen verhüllen tiefe Wolken die Berge fast komplett.

Der Regen platscht in Strömen auf mich herab. So schnell ich kann marschiere ich die steilen Wege auf den Burgstall und wieder hinab und will einfach nur so bald wie möglich aus dem Nebel heraus. Meist macht mir schlechtes Wetter nicht viel aus, aber heute bin ich sehr froh, als ich endlich meine Unterkunft in Grafenwiesen erreiche.

Da ich heute sogar drei „offizielle" Etappen wandern will, breche ich bereits um 5:30 Uhr auf. Bald steige ich wieder im Nebel über einen steinigen, steilen Pfad an vielen Felsen vorbei bergauf. Am Gipfel des 1.032 m hohen Kaitersberg muss ich mich mit dem Blick auf die beeindruckenden Felsformationen unmittelbar neben mir begnügen, denn in der Ferne sehe ich heute nur Grau.

Bei den Rauchröhren genannten Felsen brauche ich an einigen leichten Kletterstellen auch die Hände zum Vorankommen. Nach ein wenig Kraxelei führt der Weg durch einen schmalen, sehr tiefen Spalt zwischen Felswänden hindurch bergab.

Stundenlang marschiere ich über mehrere Gipfel. Der Nebel löst sich nicht auf. Nach dem ungewöhnlich schneereichen Januar gab es im Bayerischen Wald viel Schneebruch. Heute kosten mich die Folgen dieses Winters zunehmend Kraft und Zeit, denn immer wieder muss ich über Baumstämme klettern oder sie auf anstrengenden Pfaden umgehen. In der Höhe bedecken einige Schneereste den Weg. Normalerweise liegt Ende April hier oben nicht mehr so viel Schnee.

Der Weg wird immer mühsamer. Unterhalb des Kleinen Arber liegt vor mir ein Gewirr aus umgestürzten Bäumen. Irgendwo gab es hier früher sicherlich mal eine Wegmarkierung, doch jetzt weiß ich nicht, ob ich diese unpassierbare Stelle rechts oder links umgehen soll. Auf allen Seiten liegt Schnee. Ich folge weglos einer Fußspur und steige steil zwischen Bäumen und Gestrüpp bergauf. Immer wieder breche ich knietief im Schnee ein. Dann sehe ich vor mir endlich wieder ein Goldsteig-Zeichen. Die letzten Meter zum Gipfel kann ich wieder normal aufsteigen.

Auch auf dem Großen Arber, dem mit 1.456 m höchsten Gipfel im Bayerischen Wald, umgibt mich Nebel. Beim Abstieg breche ich immer wieder im unterspülten Schnee ein und stehe mit den Füßen im tiefen Wasser. Das Schmelzwasser plätschert munter den Weg hinab und verwandelt ihn in ein Bachbett. Als ich den Großen Arbersee erreiche, scheint endlich die Sonne. Auf der Terrasse des Restaurants esse ich ein Stück Kuchen und fühle mich zwischen all den mit dem Auto angereisten Gästen für ein paar Minuten wieder mal wie ein normaler Tourist.

In Bayerisch Eisenstein will ich mir Proviant für das Abendessen und für die nächste Etappe besorgen, doch an diesem Dienstagmittag scheint es im ganzen Ort keine Einkaufsmöglichkeit zu geben. Auch Handyempfang gibt es in diesem einstmals wichtigen Urlaubsort keinen. Wie ich später erfahre, muss man nur kurz über die tschechische Grenze fahren, dort findet man genügend Supermärkte und kommt auch hervorragend ins Telefonnetz und ins Internet.

Am sonnigen Morgen wandere ich wieder durch den Nationalpark. Hier überlässt man die Natur sich selbst. Nachdem der ehemalige Fichtenwald vor Jahren durch Borkenkäfer stark geschädigt wurde, wächst nun zwischen den alten, am Boden liegenden Fichtenstämmen ein natürlicher Buchenwald heran. Deutlich kann man inzwischen erkennen, wie die ortsfremde, durch die Forstwirtschaft eingeführte Vegetation durch echte Natur wieder ersetzt wird.

Nun wandere ich hinauf zum Ruckowitzschachten. Schachten nennt man hier die ehemaligen Weideflächen auf den Bergen, die heute nicht mehr zur Viehzucht genutzt werden und nun wegen ihrer landschaftlichen Schönheit zu den Höhepunkten im Nationalpark zählen.

Vor und im Schutzhaus am Großen Falkenstein drängeln sich heute, am 1. Mai, sehr viele Wanderer. Zuerst scheint es so, als könnte ich im völlig überfüllten Restaurant heute nichts essen, doch dann wird zum Glück noch ein Stuhl frei.

Zufrieden wandere ich danach an weiteren Schachten vorbei.

Die nächsten Kilometer zählen für mich zu den faszinierendsten Wanderwegen Deutschlands. Beim Zwieselter Filz führt ein sehr langer Bohlensteg durch ein Hochmoor. Hier oben sieht man besonders stark, wie die Stämme der vom Borkenkäfer zerstörten Fichten kahl in den Himmel ragen, während sich unten verstärkt eine der Umgebung besser angepasste Vegetation ausbreitet. Ich kann zwar verstehen, dass manche Wanderer diese Gegend als bedrückendes Zeichen des Waldsterbens empfinden, doch mich begeistert der Zauber dieser einzigartigen Landschaft als kraftvolles Symbol für Werden und Vergehen.

Der Weg führt mich zu einigen wunderschönen Teichen und zum Latschensee sowie an weiteren Schachten und Mooren vorbei.

Dann wird es heftig! Ich bin von meinen Wanderungen und von äußerst anspruchsvollen Trailrunning-Wettkämpfen viel gewohnt, aber sogar ich bezeichne den Aufstieg zum Rachel bei den aktuellen Verhältnissen als grenzwertig. Unter normalen Umständen bereitet dieser großartige Weg den Wanderern sicherlich viel Freude, doch das Schneechaos vom Januar 2019 hat jetzt hier besonders krasse Folgen hinterlassen. Oft finde ich wegen dem Schnee und vieler umgestürzter Bäume die Route des hier mehr über Pfad-Spuren statt über einen erkennbaren Weg führenden Goldsteigs nicht.

Manchmal habe ich keine Ahnung, in welche Richtung ich als Nächstes gehen soll. Immer wieder blockieren Bäume den Pfad, so dass ich mühsam ein Stück am Steilhang bergauf oder hinab klettern muss.

Besonders gefährlich sind die Abschnitte, auf denen die Route alle paar Meter zwischen normalem Untergrund und Schneefeldern wechselt. Da der Schnee vom Schmelzwasser unterspült wird, breche ich mehrmals bis fast zu den Hüften im Schnee ein. Selbst für mich überschreitet dieses Mini-Abenteuer den Punkt, an dem es noch Spaß macht. Wenn ich mich hier oben viele Kilometer von den nächsten Menschen entfernt verletze, kann das üble Folgen haben.

Ich bin erleichtert, als ich oben eine Weile über eine stabile Schneedecke wandern kann. Der letzte Streckenabschnitt zum Waldschmidt-Haus ist sogar fast schneefrei. Vor dem Haus blicke ich hinab zum Rachelsee. Dann führt mich ein problemloser Aufstieg zum Gipfel des Großen Rachel (1.452 m).

So schwer der Aufstieg von Norden her war, so leicht ist der Abstieg nach Süden. Als idealen Ausgleich zu den letzten, recht stressigen Kilometern lasse ich nun wieder mal meine alte Leidenschaft für Trailrunning aufleben. Zuerst renne ich über ein angenehmes Schneefeld hinab, danach folgen ein paar Kilometer auf für Trailrunner perfekten Pfaden. Nur an einer Stelle mit schönem Blick auf den Rachelsee sowie unten am Seeufer setze ich mich jeweils eine Weile auf eine Bank.

Für heute hatte ich die sportlichste Etappe meines gesamten D-Wanderer-Projekts geplant und wollte eigentlich mit einer Mischung aus schnellem Wandern und Laufen 48 km zurücklegen. Bei normalen Streckenverhältnissen könnte ich dies problemlos schaffen, doch nicht, wenn es wie bisher mit Wassertreten, Rutschen auf Schneeresten und Klettern über Baumstämme weitergeht. Daher entscheide ich mich nun dafür, einen Streckenabschnitt zu „opfern". Erstens ist dies sicherer, zweitens kann ich dadurch unterwegs die herrliche Natur in Ruhe genießen.

Über die sehr steile Himmelsleiter, eine gut ausgebaute und zum Glück heute schneefreie Felsentreppe, steige ich hinauf auf den Lusen. Ein Meer aus großen Granitfelsblöcken bedeckt komplett den 1.373 m hohen Gipfel. Auf Aussicht muss ich wieder mal verzichten, aber die Nebelstimmung fasziniert mich.

Ein kurzer Abstieg bringt mich nun zum Lusenschutzhaus, wo ich in der vergeblichen Hoffnung, dass sich der Nebel bald auflöst, eine Weile Kaffee trinke.

Weiter geht es über einen schönen, aber teilweise überfluteten Pfad. Da meine Socken längst klatschnass sind, macht es inzwischen keinen Unterschied mehr, wie oft ich bis über die Knöchel im Wasser stehe. Die vielen über den Weg liegenden Baumstämme betrachte ich heute als sportliche Hindernisse. Insgesamt klettere, unterkrieche oder umgehe ich am Goldsteig innerhalb von vier Tagen mehr umgestürzte Bäume als in den letzten zehn Jahren zusammen.

Nach ein paar bequemen Kilometern erreiche ich wieder einen faszinierenden Urwald. Von der Steinbachklause, einem besonders schönen, für die Holztrift aufgestauten See, wandere ich durch paradiesische Natur entlang des Baches abwärts.

Dann folgen einige wenig fotogene Stunden. Heute Morgen hatte ich beschlossen, die Strecke von Philippsreut nach Haidmühle mit dem Bus abzukürzen. Auf den letzten Kilometern beeile ich mich, um die Bushaltestelle rechtzeitig zu der Zeit zu erreichen, auf der laut Online-Fahrplan ein Bus abfahren soll. Doch als ich die Haltestelle erreiche, zeigt mir der dort hängende Fahrplan, dass der nächste Bus erst in 2,5 Stunden kommt. Mist! Da gerade ein sehr heftiger Regenschauer beginnt, setze ich mich in das trockene Wartehäuschen und esse etwas. Nach wenigen Minuten hört der Regen auf, ich gehe hinaus ... und da kommt nun doch gerade der Bus an!

Der Wetterbericht hatte schon für gestern Schneefall bis weit unter 1.000 m angekündigt. Ich glaube, dass mein für heute geplanter Marsch zum Steinernen Meer mit zusätzlichem Neuschnee gefährlicher Unsinn wäre, falls oben die Wegverhältnissen so mies wie am Arber und Rachel sind. Aber nachdem es jetzt doch erst ab dem Nachmittag schneien soll, starte ich am frühen Morgen den Aufstieg zum Dreifürstenstein. Oben umgibt mich wieder das gewohnte Grau.

Manche Bereiche des Pfades zum Steinernen Meer sind erneut heftige Wassertretstellen, aber das ist mir längst egal. Das Steinerne Meer sieht eigentlich eher aus wie mehrere Steinerne Flüsse. Der Weg führt über breite Streifen aus groben Blocksteinen.

Beim Abstieg beeile ich mich, um möglichst weit hinab zu kommen, bevor der Schneefall beginnt. Inzwischen platschen immer wieder heftige Regenschauer herab, manchmal mit Graupel durchsetzt.

Erst am Ende des Abstiegs blicke ich zurück und sehe, dass die Schneefallgrenze nun weit unterhalb des Steinernen Meeres liegt. Wäre ich heute zwei Stunden später aufgebrochen, dann müsste ich jetzt oben durch den Schnee balancieren.

Am Abend erreiche ich nass und etwas ausgekühlt mein Tagesziel Sonnen, wo ich mich über die Sauna im Hotel freue.

Beim Aussichtsturm Oberfrauenwald liegen noch Reste vom nächtlichen Schneefall. An klaren Tagen sieht man von hier die Alpen, heute aber nicht. Den Rest des Tages komme ich problemlos weiter. Insgesamt hat mir der gesamte Goldsteig hervorragend gefallen, aber die letzten Kilometer sind nicht mehr besonders interessant.

In Passau wandere ich hinauf zur Veste Oberhaus und genieße von oben die berühmte Aussicht auf die Drei-Flüsse-Stadt. Am nächsten Morgen schaue ich mir die Altstadt an und besichtige auch den wunderschönen Dom mit der größten Kirchenorgel der Welt. Schon jetzt steht für mich fest, dass ich im Herbst auch die Südroute des Goldsteig wandern will.

Weserbergland-Weg

10. – 17.5.2019

Der offiziell in 13 Etappen eingeteilte Weg führt 225 km weit mit etwa 6.300 Höhenmetern von Hann. Münden nach Porta Westfalica. **www.weserberglandweg.de**

Zuerst schaue ich mir eine Stunde lang die hübsche Altstadt von Hann. Münden an. Ich liebe die verspielten Dekorationen des Weserrenaissance genannten Baustil. In Hann. Münden wurde unter anderem das Rathaus in diesem Stil gestaltet. Viele herrliche Fachwerkhäuser zieren die Straßen der Altstadt. Dann marschiere ich bei kaltem Dauerregen zuerst lange Zeit durch Wald, dann über Wiesen oder am Waldrand entlang. In Reinhardshagen übernachte ich in einem Hotel direkt am Ufer der Weser. Am Abend genieße ich stundenlang den Blick aus dem Fenster auf den Fluss und die ländliche Idylle. Wie so oft sind es diese stillen Momente, an die ich mich nach den Wanderjahren am intensivsten erinnere.

Am Morgen wandere ich zur Sababurg, die auch als Dornröschenschloss bezeichnet wird. Dann komme ich an einem großen Tierpark vorbei. Die vielen Dutzend Autos auf dem Parkplatz davor zeigen, dass dies wohl ein sehr beliebtes Ausflugsziel ist, doch ich bleibe lieber in der freien Natur und verzichte auf den Rummel.

In der von außen recht unscheinbaren Wallfahrtskirche von Gottsbühren begeistern mich die vielen um das Jahr 1400 entstandenen Fresken.

Nun folgen einige der übelsten Stunden meines D-Wanderer-Projekts. Zuerst stapfe ich über einen Waldweg, der besonders tief von den Rädern schwerer Forstwirtschaftsfahrzeuge gepflügt wurde. Beim Abstieg in ein schmales Tal wird der Weg immer schlechter. Häufig muss ich über umgestürzte Bäume und Äste steigen. Obwohl ich wilde Outdoor-Pfade gewohnt bin und mich ein bisschen Klettern nicht aufhalten kann, komme schließlich selbst ich beim besten Willen nicht weiter. Egal wie sehr ich suche, kann ich in keiner Richtung auch nur den kleinsten Hinweis auf die Route erkennen. Keine Ahnung, ob ich auf der rechten oder auf der linken Seite des Tales absteigen muss! Mir bleibt nichts anderes übrig als umzukehren.

Kurz bevor ich weiter oben einen breiten Forstweg erreiche, sehe ich etwa 30 m vom Weg entfernt gut getarnt ein Hinweisschild im Schlamm liegen, auf dem steht, dass die Schlucht gesperrt ist und man einer Umleitung folgen muss. Na prima! Da hätte ich mir 30 sehr mühsame Minuten sparen können. Ich hebe das Schild auf und trage es zum Wegweiser.

Dass vorübergehend Wegabschnitte wegen Sturmschäden oder Forstwirtschaft gesperrt sind, kann überall passieren. Auch auf der Homepage des Weserbergland-Weg gibt es eine Rubrik, in der u. a. auf mögliche Probleme beim St. Georgengrund hingewiesen wird. Doch auf der Startseite steht zum Zeitpunkt meiner Wanderung unmissverständlich, dass aktuell alle Wege problemlos begehbar sind. Als ich das Tourismusbüro anschließend auf diese gefährliche Falschmeldung hinweise, erfahre ich, dass der Hinweis noch vom letzten Sommer stammt. Inzwischen wurde dies korrigiert. Auch im Frühjahr 2021 steht nun auf der Homepage, dass der Weg im Trumbachtal weiterhin unbegehbar ist und umgeleitet wird.

Als ich nach der Umleitung wieder die Originalstrecke erreiche, geht das Chaos erst richtig los. Die Route führt nun mehrmals über frisch gerodete Waldflächen. Ich kann manchmal den komplett mit Holz bedeckten Pfad nicht erkennen und stapfe bzw. stolpere orientierungslos mühsam zwischen den am Boden liegenden Ästen hindurch. Alle Wegmarkierungen wurden mit den gefällten Bäumen beseitigt. Mehrmals plage ich mich über Streckenabschnitte mit extrem tiefem Schlamm in den Reifenspuren der Forstfahrzeuge. Irgendwann kann man hier sicherlich wieder recht unbeschwert wandern, doch heute ist das recht abenteuerlich.

Ich bin froh, als ich das Weserstädtchen Bad Karlshafen erreiche, dessen Altstadt in einem recht einheitlichem barocken Stil erbaut wurde. Vier Stunden lang erhole ich mich dann in der riesengroßen Weser-Therme. Dort kann man unter anderem aus großen Sole-Becken hinab zur Weser blicken und sich in sehr vielen verschiedene Saunen aufwärmen. Am besten gefällt mir die kleine Sauna auf einem Boot in der Weser. Ein wunderbarer Abschluss eines miesen Wandertages!

Der Weserbergland-Weg führt nur selten direkt am Fluss entlang. Heute komme ich unter anderem durch einen ehemaligen Hutewald, der als Naturreservat eingezäunt ist. Hier wurden einst Eichen angepflanzt, damit Schweine und Kühe darunter weiden konnten. Nun muss dieses Areal mit einer speziellen Rinderrasse und Wildponys beweidet werden, damit dieser besondere Lebensraum erhalten bleibt.

Am späten Nachmittag wandere ich auf einem Holzsteg durch das Hochmoor Mecklenbruch, in dem früher sehr viel Torf abgebaut wurde. Erst in den letzten Jahren renaturierte man mit großem Aufwand das Gebiet, legte neue Teiche und Gräben an, so dass die Natur im Laufe der Jahrzehnte wieder den ursprünglichen Zustand herstellen kann. Aber schon heute ist dieses Hochmoor ein lohnendes Ausflugsziel.

Heute wandere ich unter anderem in einem märchenhaft schönem Wald über den Kamm eines Bergrücken, der auf einer

Seite direkt neben dem Weg ein paar hundert Meter sehr steil in die Tiefe abfällt. Plötzlich sitzt auf diesem perfekten Traumpfad weniger als zehn Meter vor mir ein Waschbär und schaut mich neugierig an. Als ich meine Kamera hebe, hoppelt er ins Gestrüpp. Schade, ich hätte ihn gerne fotografiert.

Am Mittag komme ich an einem Kloster vorbei, in dem mir nur der kleine Klostergarten gefällt, außerdem besteige ich zwei Aussichtstürme.

Bald nach meinem Aufbruch von Bodenwerder komme ich am Ufer der Weser am Wasserschloss Hehlen vorbei. Auf einem Acker spaziert mir ein ganz junger Fuchs entgegen. Etwa 15 Meter vor mir bleibt er stehen und weiß wohl nicht so recht, was er mit mir anfangen soll. Erst nachdem ich ihn fotografiere, wird ihm die Situation wohl unheimlich und er rennt davon.

Am Mittag erreiche ich das Wasserschloss Hämelschenburg, ein prächtiges Meisterwerk der Weserrenaissance. Man kann es mit einer etwa 50-minütigen Führung besichtigen, doch bei dem schönen Wetter will ich lieber weiterwandern. Die Kapelle neben dem Schloss ist der älteste frei stehende protestantische Kirchenbau Deutschlands.

Heute will ich mal wieder zwei lange „offizielle" Etappen an einem Tag zurücklegen, breche bereits um 5:30 Uhr auf und marschiere schnell voran. Ich verzichte auf einen Abstecher ins etwa 4 km vom Weserbergland-Weg entfernte Hameln, da ich die Rattenfängerstadt mit ihren vielen schönen Weserrenaissance-Fachwerkhäusern schon kenne.

Am Mittag marschiere ich lange Zeit über den Süntel-Bergrücken, sehe aber wegen dichtem Nebel am Aussichtsturm und an den Felsen mal wieder nur Grau. Auch danach bleibt das Wetter sehr ungemütlich. Am Abend zeigt das Thermometer auf der Terrasse vor dem Hotel in Rohdental nur sieben Grad – nicht gerade das, was man normalerweise Mitte Mai erwartet.

Ein kleiner Umweg bringt mich zum fotogenen Schloss Schaumburg. Der Besuch dieses wunderschönen Ensembles vieler teilweise im typischen Stil der Weserrenaissance geschmückten Gebäude lohnt sich. Danach führt der Weg zu oft über öde Forstwirtschaftswege, nur zwischendurch am Kamm des Wesergebirge von schönen Pfaden in wilder Vegetation unterbrochen. Schließlich erreiche ich Porta Westfalica. Ich hatte nicht geahnt, dass das Kaiser-Wilhelm-Denkmal so weit vom offiziellen Endpunkt des Weserbergland-Weges entfernt steht und sich dadurch meine Wanderung hin und zurück um 5 km verlängert. Nun muss ich mich sehr beeilen, damit ich vor der Heimfahrt noch eines der bedeutendsten Nationaldenkmäler Deutschlands besichtigen kann. Mit einer sportlichen Abschlussleistung schaffe ich es, schnell das insgesamt 88 m hohe, 1892–96 erbaute Denkmal mit der 7 m großen Bronzefigur von Kaiser Wilhelm I. zu erreichen und anschließend gerade noch rechtzeitig zum Bahnhof zu kommen.

Eifelsteig

23.5. – 2.6.2019

Der hervorragend markierte Premium-Wanderweg führt in offiziell 15 Etappen 313 km weit mit etwa 7.600 Höhenmetern von Aachen-Kornelimünster nach Trier. Die sehr abwechslungsreiche Strecke ist nicht besonders schwer und führt meist über Naturwege, nur selten über Asphalt. **www.eifelsteig.de**

Annette und ich fahren schon am Tag vor der Wanderung nach Aachen und nehmen uns dort viel Zeit für die Besichtigung des Doms. Dieser ist für mich das faszinierendste Bauwerk Deutschlands. Fast 600 Jahre lang wurden hier die Könige gekrönt. Schon von außen beeindruckt der Dom, aber vor allem die märchenhafte Innenausstattung begeistert uns.

Wenige Minuten nachdem wir mit dem Bus im Aachener Vorort Kornelimünster angekommen sind, wandern wir durch die Natur. Bald kommen wir an einigen alten Kalköfen vorbei. Vor diesen beeindruckenden Zeugnissen der Industriegeschichte informieren große Tafeln darüber, wie hier aus dem in Steinbrüchen abgebauten Kalkstein nutzbarerer Kalk erzeugt wurde.

Die relativ leichte Strecke führt uns entlang romantischer Bäche, über sonnige Wiesen, durch Laub-, Misch- und Nadelwälder. Wir spazieren auf einem Bohlenweg über ein Hochmoor und kommen an einem Stausee vorbei. Der Eifelsteig verzichtet fast komplett auf asphaltierte Strecken, nur ein kurzer Ausflug nach Belgien führt uns im Hochmoor des Hohen Venn über einen längeren Asphaltweg. Dann wandern wir wieder durch eine sonnige Landschaft mit Wiesen und Obstbäumen. Das wunderschöne Städtchen Monschau, einer der Touristenmagnete der Eifel, erfreut mit vielen Fachwerkhäusern und romantischen Flecken am Ufer der Rur jeden Wanderer.

Auch heute gefällt uns die abwechslungsreiche Route, die uns wieder zu einigen Aussichtspunkten und zu einem Stausee führt. Heute erreiche ich Kilometer 5.000 meines D-Wanderer-Projekts. Die erste Hälfte der geplanten Strecke liegt nun also bereits hinter mir. Vor einem Jahr war ich nicht sicher, ob irgendwann der Moment kommen würde, an dem ich keine Lust mehr auf das tägliche Wandern habe. Im Gegenteil! Nach allem, was ich bisher gesehen und erlebt habe, freue ich mich auf die zweite Hälfte sogar mehr als auf die erste.

Am Abend essen wir auf der Terrasse eines Restaurants in Einrur mit Blick auf den großen Stausee leckere Pfannkuchen.

Am Morgen wandern wir auf herrlicher Strecke mal oberhalb des Stausee, mal direkt am Ufer. Das Bild der Stauseen, das ich an einem Aussichtspunkt oberhalb der Urftstaumauer aufnehme, zählt anschließend zu meinen Lieblingsfotos aus dem D-Wanderer-Projekt.

Umgeben von sehr vielen blühenden Ginstersträuchern marschieren wir hinauf zur ehemaligen NS-Ordensburg Vogelsang, einem der größten Bauwerke der Nationalsozialisten.

Am Nachmittag informieren mich auf einem interessanten Pingen-Lehrpfad viele Schilder über diese Bergbaumethode. Hier wurde einst in senkrechten, nur wenige Meter breiten Schächten Erz abgebaut. Neben dem Weg sehe ich sehr viele Reste dieser Pingen. Für uns ist es heute kaum vorstellbar, mit welchem Aufwand man früher die Rohstoffe fördern musste. Und dabei vergessen wir, dass auch heute noch viele Grundlagen unseres Wohlstands irgendwo auf der Welt auch nicht gerade unter humanen Verhältnissen gefördert werden.

Am Abend erreichen wir Kloster Steinfeld, dessen Gästetrakt für Eifelsteig-Wanderer eine ideale Unterkunft und sehr gutes Abendessen und Frühstück bietet. Am Abend können wir in aller Ruhe die schöne Atmosphäre genießen. Lange schlendern wir durch die große Anlage mit einer teilweise barock ausgestatteten romanischen Basilika aus dem Jahr 1142, Kreuzgang, Labyrinth, parkähnlichen Innenhöfen und dem recht verwilderten „Garten der Stille".

Das Genusswandern in sonnigen Buchenwäldern, über Wiesen, Höhen mit weiter Aussicht und durch hübsche Täler geht weiter. Wir kommen an den Überresten einer alten römischen Wasserleitung aus dem 1. Jahrhundert vorbei. Diese zählt mit 95 km zu den längsten Wasserleitungen des Römischen Imperiums und gilt als größter antiker Technikbau nördlich der Alpen. Täglich wurden hier 20 Millionen Liter Trinkwasser nach Köln geleitet.

Ein weiteres faszinierendes Beispiel alter Baukunst ist der Tiergartentunnel bei Blankenheim. Um die Wasserversorgung der Burg zu sichern, wurde im 15. Jahrhundert unter anderem ein großer Tunnel durch einen Berg gegraben, in dem ein gemauerter Schacht die hölzernen Wasserrohre sicherte.

In Burg Blankenheim ist eine schöne Jugendherberge. Gestern übernachteten wir im Kloster, heute in einer Burg – der Eifelsteig bietet Abwechslung.

Schon seit 800 Jahren reisen Ende Mai bei der Matthiaswallfahrt viele Pilgergruppen zum Apostelheiligtum nach Trier. Heute treffen wir auf eine sehr große Gruppe, deren Gepäck mit einem Reisebus transportiert wird. Am Abend trinken sie den kompletten Biervorrat der Herberge leer.

Wir erwachen schon gegen fünf Uhr, da die Pilgergruppe vor dem Haus bei ihrem Aufbruch laut singt. Heute wandern wir unter anderem an herrlichen Wacholderwäldern vorbei, spazieren lange Zeit durch das idyllische Lampertstal, besichtigen die nach dem Vorbild der Erlöserkirche in Jerusalem gestaltete Kirche in Mirbach, bestaunen den Wasserfall Dreimühlen, der durch Tuffablagerung von Jahr zu Jahr wächst, und dürfen wieder eine Weile auf einem schmalen Pfad durch eine Urwaldlandschaft spazieren.

Auf weiterhin angenehmer und abwechslungsreicher Strecke kommen wir unter anderem durch Hillesheim, wo wir vor den Resten der Stadtmauer rasten, spazieren durch ein hübsches Tal und vorbei an großen Rapsfeldern. Am späten Mittag kommen wir zu Höhlen, die nicht natürlich, sondern durch menschliche Arbeit entstanden. Das Vulkangestein eignet sich besonders gut für die Erstellung von Mühlrädern. Daher hat man diese hier aus dem Fels geschlagen. Die kühlen Höhlen wurden anschließend zur Lagerung von Eis genutzt. Das Eis aus diesen Eiskellern wurde angeblich sogar bis nach Aachen und Trier transportiert.

Wir nähern uns der Stadt Gerolstein, aus der ein bekanntes Mineralwasser stammt. Noch nie in unserem Leben kamen wir an so vielen überdüngten, extrem nach Gülle stinkenden Wiesen vorbei wie hier in der Nähe der Mineralbrunnen. Obwohl ich weiß, dass die Gülle wohl nicht bis zur Fördertiefe absinkt, will ich dieses Wasser zukünftig auf keinen Fall mehr trinken.

Manche Felsen bestehen hier aus vulkanischem Material, andere aus Kalkstein eines ehemaligen Korallenriffs. In die fast zwei Millionen Jahre alte Buchenlochhöhle können wir einige Meter hineingehen. Bald darauf kommen wir am 80 m breiten und 20 m tiefen Rest eines ehemaligen Vulkankraters vorbei.

Heute verläuft der Tag nicht so wie geplant. Da Annette wegen Blasen an den Füßen etwas Pause braucht, will sie heute 14 km mit dem Bus abkürzen und erst ab Neroth mit mir wandern. Doch obwohl sie beim Busfahrer eine Fahrkarte nach Neroth löst und in Neroth auf die Stop-Taste im Bus drückt, fährt dieser ohne zu halten bis nach Daun weiter. Nun ruft mich Annette an und sagt mir, dass wir uns erst im Kurpark von Daun treffen können. Da sie unseren Proviant nach Neroth bringen wollte, bin ich am Morgen nur mit 0,33 l Wasser aufgebrochen. Entsprechend komme ich dann nach 25 Wanderkilometern sehr hungrig und dehydriert in Daun an.

Nun folgt der interessanteste Abschnitt des Eifelsteig. Die Vulkaneifel ist vor allem wegen ihrer Maare bekannt, ehemaligen Vulkankratern, von denen einige mit tiefen Seen gefüllt sind. Der Eifelsteig führt zu drei der schönsten Maare. Gemündener Maar, Weinfelder Maar und Schalkenmehrener Maar gefallen uns sehr gut. Ziegen und Esel sorgen hier dafür, dass die aus Naturschutzgründen erwünschten offenen Wiesen nicht mit Büschen und Bäumen zu wachsen.

Beim Abendessen sitzen wir in Schalkenmehren auf einer Terrasse mit Maarblick und amüsieren uns über die vielen Spatzen, die hier ohne Scheu an den Tisch kommen und auf Brösel warten.

Fast den ganzen Tag über führt uns heute der Lieserpfad ruhig und weit abseits von Straßen durch ein schönes Tal. Der häufige Wechsel zwischen schmalem Pfad und breiten Wegen sorgt für Abwechslung. Dass heute Christi Himmelfahrt ist, erkennt man an den vielen Wanderern, die uns mit Bierdosen in der Hand entgegenkommen. An einer Stelle hat jemand den Weg mit einem aus großen Schottersteinen erstellten Peace-Zeichen dekoriert. Das sieht zwar nett aus, gefährdet aber in dieser engen Kurve die Radfahrer.

Meist führt der Lieserpfad hoch oben am steilen Hang entlang, manchmal auch hinab zum Fluss. An einigen Stellen wurden Rastplätze oder Hütten mit schöner Aussicht angelegt. Bei Manderscheid sehen wir auf der anderen Seite des Tales zwei schöne Burgen.

Wir wissen, dass die Pforte bei unserem nächsten Übernachtungsziel offiziell nur bis 17 Uhr besetzt ist, erreichen aber nach der langen Wanderung erst 20 Minuten zu spät das Kloster Himmerod. Am Eingang steht ein Telefon mit Hinweis, welche Nummer man wählen soll. Jetzt sind aber gerade alle Mitarbeiter beim Himmelfahrts-Gottesdienst. Schließlich kommt doch jemand und gibt uns den Zimmerschlüssel. Die Atmosphäre in diesem Kloster wirkt auf uns recht touristisch.

Zuerst führt uns ein idyllischer Weg viele Kilometer entlang der Salm. Eine Bäckerei in Landscheid profitiert wohl recht gut vom Eifelsteig, denn die meisten Wanderer machen hier einen Zwischenstopp, egal in welcher Richtung sie unterwegs sind. Auf keinem anderen Weg während meiner 10.000 Kilometer treffe ich so viele Etappen-Wanderer wie am Eifelsteig. Manchen begegnen wir mehrere Tage lang immer wieder, da sie etwa die selbe Streckeneinteilung haben, andere trifft man nur ein Mal, ab und zu kommen uns auch welche entgegen.

In Gladbach betreten wir in dem Gasthof, in dem wir die heutige Übernachtung gebucht haben, zuerst ein Raucherlokal mit wohl seit Jahrzehnten unverändertem Stammtisch-Ambiente. Aber die Wirtin ist sehr nett. Ab und zu mag ich auch solch rustikale Lokale, in denen mich der Zigarettenrauch an meine längst vergangenen Kneipenzeiten erinnert. Untergebracht werden wir aber ein paar Häuser weiter in einer modernen, wunderschönen Ferienwohnung. Klasse!

Heute ist die Strecke zwar meist nett, bietet aber kaum besondere Höhepunkte. Der schönste Platz dieser Etappe ist ein

Sandsteinplateau mit einigen faszinierenden Felsformationen und Aussicht über Kordel.

Am Morgen treffen wir bei Kordel auf eine besonders große Pilgergruppe. Der Marsch dieser mehr als 50 Pilger auf ihrer letzten Etappe zum Grab des Apostel Matthias in Trier wird von mehreren mit Warnwesten ausgestatteten Helfern gesichert.

Im idyllischen Butzerbachtal hat sich der Bach tief in die Felsen eingeschliffen. Wir wandern an zahlreichen kleinen Wasserfällen vorbei und über mehrere Brücken. Dann führt uns der Eifelsteig zu schönen Sandsteinfelsen. In einigen hat die Erosion Höhlen ausgewaschen. In der Klausenhöhle lebte einst ein Einsiedler. Besonders gefällt uns die Genovevahöhle, die wie ein großer, farbenfroher Sandstein-Dom wirkt.

Dann wandern wir im Moseltal oberhalb hoher Felsen mit Blick über den Fluss. Zum Abschluss besichtigen wir die sehenswerte Stadt Trier. Nicht nur das berühmte römische Stadttor Porta Nigra und die Kaiserthermen lohnen einen Besuch. Die traumhaft schöne Liebfrauenkirche, die Basilika (einst ein römischer Palast) und vieles mehr gefallen uns recht gut. Schon von außen beeindruckt uns auch der Dom. Innen wirken die einzelnen Bereiche zwar ohne richtige Harmonie zusammengestückelt, aber viele der Altäre, Kapellen, die Orgel und vor allem der Kreuzgang sind sehr sehenswert.

AhrSteig

2. – 5.6.2019

Der als „Qualitätsweg Wanderbares Deutschland“ zertifizierte Ahr Steig führt in offiziell sieben kurzen Etappen 103 km weit von Blankenheim in der Eifel bis nach Sinzig am Rhein. **www.ahrsteig.de**

Wenige Stunden nach Ende meiner Eifelsteig-Wanderung komme ich mit dem Zug am Bahnhof bei Blankenheim an. Die Busverbindung zum einige Kilometer entfernten Ort ist sehr schlecht. Der Busfahrer sagt mir, dass ich schon oben am Ortseingang aussteigen soll, da er wegen Verspätung heute darauf verzichten will, fahrplanmäßig hinab zur Haltestelle Rathaus zu fahren. Ich hoffe, dass nun dort unten niemand vergeblich auf den Bus warten muss. Blankenheim wirkt an diesem sonnigen Tag völlig anders als vor einer Woche, als wir bei nasskaltem Wetter auf dem Eifelsteig vorbeikamen. Heute sitzen überall viele Wanderer und Radfahrer vor den Restaurants und Cafés. Von der Terrasse des Museumscafé genieße ich beim Abendessen den schönen Blick hinauf zur Burg.

Nach einem recht langweiligen Beginn gefällt mir die Strecke erst, als ich am Mittag in dem nun von hohen Felsen begrenzten Ahrtal wandere. Kurz vor Insul sitze ich eine halbe Stunde lang an einer besonders idyllischen Stelle am Ufer der Ahr und kühle meine Füße im Wasser.

Am Morgen stecken die Hänge bis fast hinab zur Ahr in Wolken. In einer mystischen Nebelstimmung wandere ich über einen Bergrücken. Dann löst sich der Hochnebel auf und ich kann wieder weit in die Ferne schauen.

Die Etappen von Insul bis Bad Neuenahr sind anstrengend, aber landschaftlich äußerst reizvoll. Vor allem bei Nässe erfordern einige recht steile Pfade gute Schuhe, aber trittsicheren Wanderern empfehle ich diese Strecke sehr.

Bei Altenburg beginnt der faszinierendste Abschnitt des Ahrsteig. Die steilen, mit einigen Felsen versetzten Waldhänge oberhalb der Ahrschleife und der schmale Weg durch herrliche Vegetation erinnern mich sehr an Wanderungen auf Gran Canaria oder Mallorca. Mehrmals zweigen schmale Pfade zu Stellen mit großartiger Aussicht ab. Am Schwarzen Kreuz genieße ich den herrlichen Blick auf Altenahr, die Burg Are, Felsen und Weinberge. Danach ändert sich der Charakter der Landschaft. An steilen Hängen wird Wein angebaut. Über einen Weinberg wandere ich hinauf zur Saffenburg, die ein grandioses 360-Grad-Panorama bietet.

Nach vielen angenehmen Wanderkilometern, unter anderem an zwei Aussichtstürmen und am Kloster Calvarienberg vorbei, verlässt der Ahrsteig für eine Weile das Ahrtal und führt auf der anderen Seite eines Berges weiter. In Sinzig erreiche ich wieder die Ahr, die hier in den Rhein mündet.

WesterwaldSteig

6. – 13.6.2019

Der als „Qualitätsweg Wanderbares Deutschland“ zertifizierte, offiziell in 16 Etappen eingeteilte Weg führt 235 km weit von Herborn an der Dill nach Bad Hönningen am Rhein.

www.westerwald.info/wandern/westerwaldsteig.html

Die Altstadt von Herborn konnte bis heute nahezu unzerstört ihren historischen Charme bewahren. Entlang der Fußgängerzone stehen viele prächtige Fachwerkhäuser, teilweise mit schön verziertem Fachwerk.

Am WesterwaldSteig wechselt die Strecke häufig zwischen breiten Wegen und ganz schmalen, manchmal zugewachsenen Trails. Immer wieder schmücken Blumenwiesen den Weg. Am späten Nachmittag erreiche ich die Fuchskaute. Der mit 657 m höchste Berg im Westerwald erhebt sich nur wenig über die Umgebung. Dennoch reicht der Blick von oben sehr weit. Ich hatte angesichts des für die besondere Lage direkt am Gipfel recht günstigen Preises eine spartanische Übernachtung in einer altmodischen Herberge erwartet. Doch die Fuchskaute-Lodge erweist sich als sehr stilvolles, elegantes Haus mit wunderschönem Restaurant und sehr gutem Abendessen und Frühstück.

Auf den ersten Etappen ärgere ich mich mehrmals über unklare oder fehlende Wegmarkierungen. Die Strecke ist heute zwar recht nett, aber inzwischen bin ich wohl von anderen Routen verwöhnt, so dass ich mich bis Westerburg meist eher wie beim „Kilometersammeln“ fühle. Schleicht sich nun doch erstmals etwas zu viel Routine bei mir ein?

Ich hatte bereits bei den ersten Etappen anhand des Zustands mancher Pfade vermutet, dass nur wenige Menschen auf dem WesterwaldSteig wandern. Heute wird dies besonders deutlich, denn stellenweise wuchern hier so hohes Gras und andere Pflanzen am Boden, dass man den Pfad kaum noch erkennen kann. Immer wieder führt mich die Route heute über völlig zugewachsene Pfade. Für mich bieten solche „Offroad-Abschnitte" eine willkommene Abwechslung zum seit vielen Monaten gewohnten Wanderalltag. Bei der Orientierung muss ich auch heute wieder sehr aufpassen und brauche mehrmals die Karte.

Nahe der Wiedquelle werden Streckenführung und Orientierung besonders kniffelig. Nur anhand eines Wegweisers und eines Pfosten in der Ferne ahne ich, dass ich mir nun meinen Weg mitten durch hohe Vegetation bahnen muss. Oben am Pfosten stehe ich dann aber vor einem Rätsel, denn zuerst habe ich keine Ahnung, in welche Himmelsrichtung es weitergeht. Aber dann vermute ich, dass ein aus dieser Distanz nur als weißer Punkt zu erkennender Fleck weit unten am Waldrand vielleicht eine Markierung ist und steige hinab.

Im Restaurant am Gräbersberg esse ich zu Mittag. Nahezu alle Plätze auf der Terrasse sind von Motorradfahrern belegt. Als Wanderer mit Rucksack fühle ich mich hier wie eine exotische Minderheit. Bald darauf führt der Weg durch die Betriebseinrichtungen eines großen Basalt-Steinbruchs. Hier kann man aber nicht nur Industriegeschichte besichtigen. Im Rahmen des Abbaus des vulkanischen Gesteins traten dazwischen auch Sedimente eines Sees ans Tageslicht, eine äußerst bedeutende Fundstätte von Versteinerungen.

Auch in Bad Marienberg komme ich an einem ehemaligen Basalt-Steinbruch vorbei. Die typischen Säulen dieses vulkanischen Gesteins ragen wie Orgelpfeifen empor. Am Ufer des unter dem Steinbruch entstandenen Sees stehen interessante Informationstafeln sowie sehenswerte technische und geologische Ausstellungsstücke. Bald darauf sehe ich am großen Wolfstein ein besonders markantes Relikt des hier vor etwa 25 Millionen Jahren aufgetretenen Vulkanismus.

In Hachenburg komme ich am Landschaftsmuseum Westerwald mit vielen interessanten Gebäuden vorbei, dann setze ich mich in der Altstadt zwischen den hübschen Fachwerkhäusern auf eine Terrasse und trinke Kaffee.

Beim sehr beliebten Ausflugsziel Kloster Marienstatt begeistert mich vor allem der wunderschöne Garten. Obwohl ich keinen langen Aufenthalt eingeplant hatte, bleibe ich fast eine Stunde lang hier. Heute ist Pfingstsonntag und perfektes Wetter, entsprechend lang ist die Warteschlange beim Selbstbedienungshäuschen im Biergarten des Brauhauses.

Bald darauf steige ich auf sehr steilen Treppen in das beleuchtete Bergwerk einer 20 m tiefen Schiefergrube hinab. Hier baute man schon von mehr als 500 Jahren Schiefer ab, mit dessen Schindeln viele Dächer gedeckt wurden. Zum Abschluss des langen Tages wandere ich einige Kilometer am idyllischen Ufer der Nister.

Am Morgen folge ich noch eine Weile der Nister. Heute begegne ich einem Wanderer, der wissen will, ob auch ich unterwegs mit meinem MP3-Player Hörbücher höre. Obwohl ich sehr gerne Bücher lese, will ich mich beim Wandern nicht von Geschichten ablenken lassen. Je länger ich wandere, desto intensiver nehme ich viele Details neben mir wahr. Nach einigen Monaten als D-Wanderer empfinde ich es so, als würde ich nun den Wald lesen. Damit meine ich keine wissenschaftliche Analyse dessen, was ich sehe. Mir geht es unterwegs nicht um die vielfältigen Zusammenhänge der Lebensgemeinschaften in der Natur. Mir sind auch die Namen der Pflanzen oder Vögel egal. Aber wie die Seiten in einem Buch betrachte ich nun rechts und links neben mir verschlungene Wurzeln, Muster in der Baumrinde, Farne, Pilze, Gräser, Blumen, Efeu, Steine, Moos, Flechten, Pfützen, Totholz, Sträucher, Spinnennetze, welkes Laub, Dornenranken, Erosionsspuren im Sand und vieles mehr. Und so wie sich die Worte in einem Buch zu einer kleinen Geschichte verbinden, betrachte ich all die kleinen Dinge als Puzzleteile im großen Naturerlebnis, und der Blick auf ein komplettes Waldstück oder eine Wiese ist für mich wie eine Kapitelüberschrift.

Die nächsten Stunden über bleibt die Strecke recht harmlos. Vom Beuleskopf-Turm sehe ich in der Ferne unter anderem Eifel, Siebengebirge und Rothaargebirge und verknüpfe dieses Panorama mit schönen Erinnerungen an meine in den letzten Monaten bereits zurückgelegten Wanderungen.

Auf einem einsamen Waldweg eilt mir ein Pferd ohne Reiter in vollem Galopp entgegen. Es ist so schnell, dass ich bei einem Rennen sofort auf seinen Sieg wetten würde. Mit etwa 100 Metern Abstand folgt ein Hund, danach niemand mehr. Ich sorge mich um den Reiter, denn ich gehe davon aus, dass das Pferd ihn irgendwo abgeworfen hat. Doch zehn Minuten später wandert er mir entgegen und fragt, wie viel Vorsprung Pferd und Hund haben und wie schnell sie waren. Das Pferd ist zum Glück erst abgehauen, als der Reiter an einem steilen Hang abstieg. Und offensichtlich kennt es den Heimweg.

Am Mittag führt der Weg eine Weile nahe am Ufer der Wied entlang. Am Holzbach wurde neben einer Brücke eine wunderschöne Wassertretanlage errichtet, die ich natürlich nutze, um meine Füße im Bach zu kühlen. Herrlich!

Bald komme ich am Eingang eines Bergwerksstollen vorbei. Ein Stück weit kann man in den niedrigen Felsgang hineinsehen, der ab 1866 angelegt wurde. Einige Zeit später führt der Wanderweg durch einen ehemaligen Eisenbahntunnel, an dessen Eingang es sogar einen Lichtschalter für die Beleuchtung gibt. Oberhalb der Wied führt der Weg nun sehr reizvoll an einem steilen Hang entlang, manchmal vorbei an Felsen. Leider regnet es nun immer stärker. Ich begegne einer anderen Fernwanderin, die mit ihrem Hund unterwegs ist. Offensichtlich fehlen ihr die Erfahrung und die Gelassenheit, unterwegs auch mit solchem Wetter umzugehen, denn ein starker Regenguss versetzt sie sichtlich in Panik.

Erneut erreiche ich einen ehemaligen Basaltbruch mit einem See in der Senke. Am Mittag wandere ich durch ein tiefes Tal der Wied. Dichter Wald bedeckt die steilen Hänge. An mehreren Aussichtspunkten blicke ich hinab zum Fluss. Dann steige ich hinauf zum Roßbacher Häubchen, wo mich die säulenförmigen Basalt-Strukturen besonders begeistern. Hier wurde von 1883 bis 1942 ein großer Basaltkegel abgetragen. Mich fasziniert auch die Tatsache, dass dieser Berg früher 32 Meter höher war und durch menschliche Arbeit verkleinert wurde.

Am Etappenziel Waldbreitbach schaue ich mir zwei Mühlräder an, blicke in die alte Dorfschmiede hinein und setze mich dann lange ans Ufer der Wied.

Der lange Aufstieg zum Malberg lohnt sich wegen der weiten Rundumsicht am Gipfel. Auch hier oben wurden früher gewaltige Mengen Basalt abgebaut. Eine Tafel informiert über die interessante Geschichte. Sogar eine große Seilbahn und eine Bahnlinie wurden für den Steinbruch angelegt. 1902 stürzte der Steinbruch, den damals gewaltige Basaltsäulen zierten, mitsamt Gipfelkreuz und Aussichtsturm ein. Es dauerte lange, bis der Abbau weiterging. Aber die Aussage auf der Tafel, dass die Kriegsgefangenen, die hier einige Jahre lang schuften mussten, gutes Essen bekamen und russische

Lieder durch das Tal schallten, bezeichne ich als nostalgische Schönfärberei.

Der Limes, die faszinierende Grenzbefestigung der Römer, führte 550 km weit von der Donau bis zum Rhein. Heute komme ich an einer Stelle vorbei, an der ein Stück des Grabens und der hohen Holzmauer rekonstruiert wurden. Auch die Fundamente von zwei alten Limes-Wachtürmen stehen hier.

Der WesterwaldSteig endet bei einem kleinen Römermuseum am Ortsrand von Bad Hönningen.

Hochrhöner

17. – 21.6.2019

Der Hochrhöner führt insgesamt 180 km weit von Bad Kissingen über die Rhön nach Bad Salzungen. In der Mitte teilt sich der hervorragend markierte Weg für eine Weile in zwei Varianten. Ich wandere die Kuppenrhön-Strecke. **www.rhoen.de**

In Bad Kissingen nehme ich mir viel Zeit, die Kuranlagen mit den wunderbaren Wandelhallen und dem schönen Rosengarten zu fotografieren. Dies ist einer der bedeutendsten Kurorte Deutschlands. Schon Kaiserin Sissi war hier.

Auf einer parkähnlichen Allee wandere ich an der Saale entlang, danach durch die Natur bergauf. Plötzlich sitzt auf einem Wiesenweg zwei Meter vor mir ein ganz junger Waschbär im Gras. Als ich langsam meine Kamera hebe, erwarte ich, dass er wie jedes andere Tier gleich flüchtet. Doch das goldige Tierkind schaut mich nur neugierig an und gibt seltsam gurrende Laute von sich. Anders als der Waschbär, dem ich vor einigen Wochen begegnete, richtet sich dieser immer wieder auf, während ich ihn fotografiere, als wolle er posen. Zehn Minuten lang blicken wir uns in die Augen. Dann wandere ich weiter.

Schließlich erreiche ich Kloster Kreuzberg. Da ich in diesem Jahr schon in mehreren Klöstern übernachtet habe, überrascht es mich, wie sehr sich die Atmosphäre jeweils unterscheidet. Kloster Kreuzberg ist überregional vor allem wegen seiner Brauerei bekannt. Entsprechend wirkt der Klosterbezirk mit seinen in mehreren Bereichen aufgestellten Tischen und Bänken eher wie ein großer Biergarten als wie ein Ort der Besinnung. Wegen dem schönen Wetter herrscht hier heute ein sehr großer Andrang bei Getränke- und Essensausgabe. Meine hohen Erwartungen an das vielgelobte, dunkle Bier werden erfüllt.

Nachdem ich ein Bier getrunken habe, marschiere ich hinauf zum Gipfel, bleibe lange oben sitzen und genieße das Panorama. Am Abend esse ich unten im Biergarten etwas und trinke zu viel von dem leckeren Bier. Dennoch schaffe ich es danach, zum Sonnenuntergang noch einmal die 296 Treppenstufen vom Kloster hinauf zum Gipfel zu steigen, wo sich der Himmel hinter den drei großen Kreuzen immer stärker rot färbt.

Die Rhön ist weniger bewaldet als andere deutsche Mittelgebirge. Entsprechend oft führt der Weg über sonnige Wiesen und Weiden, meist aufgelockert durch Hecken, Sträucher und wenige Bäume.

Bald erreiche ich das Rote Moor, ein ausgesprochen beliebtes Ausflugsziel. Hier wurden einst 700.000 Kubikmeter Torf abgebaut. Seit den 80er-Jahren wird nun das Gebiet mit großem Aufwand renaturiert. Am südlichen Ende des Moores kann man über einen Bretterzaun auf die Wasserfläche eines aufgestauten Sees schauen. Ich spaziere auf einem langen Bohlensteg durch einen märchenhaften Birkenwald. So wie hier sah es früher an vielen Stellen in der Rhön aus, doch heute ist dies der letzte verbliebene Rest. Von einem Aussichtsturm blicke ich über eine weite ehemalige Torfabbaufläche, die sich nun mit Hilfe von Bewässerungsgräben allmählich wieder in ein Hochmoor zurückentwickeln soll.

Auf dem höchsten Berg in Hessen, der 950 m hohen Wasserkuppe, ist heute sehr viel los. Die weite, offene Kuppe wurde schon früh als Startplatz genutzt und ging in die Luftfahrtgeschichte ein. Am Flugplatz starten heute fast pausenlos Segelflieger, an einer anderen Stelle kreisen Modellflugzeuge, nur die Gleitschirmflieger kommen wegen zu starkem Gegenwind nicht vom Hang weg.

Einige Kilometer danach steige ich auf die 835 m hohe Milseburg, wo ich oben lange Zeit auf den Basaltfelsen mit schöner Aussicht sitze.

Die Jugendherberge Oberbernhards ist nicht besonders schön, auch die Lage ist objektiv betrachtet nur durchschnittlich. Dennoch empfinde ich diesen Abend als einen der schönsten meiner Wanderjahre. Von 19 bis 23 Uhr sitze ich auf dem Balkon und und blicke auf die angenehme Landschaft vor mir. In meinem „normalen" Leben hätte ich es nie geschafft, einfach nur vier Stunden lang draußen zu sitzen und die Stille zu genießen. Ich erkenne, wie mich schon mein erstes Jahr als D-Wanderer verändert hat. Schwalben fliegen vorbei, es duftet nach Heu, nur ganz selten höre ich ein Auto. Kurz vor der Dämmerung landet ein Heißluftballon auf der Wiese neben der Straße und ich schaue zu, wie die Luft abgelassen wird. Nun bricht die Nacht an. Die ersten Fledermäuse flattern vorbei. Erst als es draußen ganz dunkel ist, gehe ich ins Zimmer. Unbezahlbar!

Auch heute führt der Weg meist durch eine offene, sonnige Landschaft, manchmal vorbei an herrlichen alten Bäumen. Eine liebenswerte Besonderheit dieses Fernwanderweges sind die fantasievoll mit geschnitzten Tieren verzierten Hochrhöner-Bänke. Nun lasse ich die touristischen Hauptrouten der Rhön hinter mir und treffe stundenlang keinen einzigen Wanderer. In Tamm schaue ich mir das kleine, recht reizvolle Freilichtmuseum an.

Am Morgen erreiche ich wieder einmal die ehemalige deutschdeutsche Grenze. Der einstige Todesstreifen zieht sich heute als 1.400 km langer Biotopverbund „Grünes Band" durch das Land. Ein paar Meter weit führt der Hochrhöner über den alten, mit Betonplatten befestigten Kolonnenweg.

Heute begegne ich den ganzen Tag über nur zwei Spaziergängern. Dieser Teil der Rhön ist daher genau richtig für Ruhe suchende Urlauber.

Der Gläserberg, eine Basaltkuppe, die von einem alten Vulkan übrigblieb, bietet einen sehr weiten 360-Grad-Rundblick. Im Naturschutzgebiet Ibengarten stehen noch viele uralte Eiben – ein heute seltener Anblick. Das Biosphärenreservat Wiesenthaler Schweiz ist mit seinen herrlichen Wacholderhängen ein kleines Paradies.

Bisher hat mir der Hochrhöner so gut gefallen, dass ich ihn zu den schönsten Wegen Deutschlands zähle, nur die letzte Etappe kann dieses hohe Niveau nicht halten. Aber am Ziel in Bad Salzungen versöhnt mich die herrliche Kuranlage beim Gradierbau schnell mit den letzten öden Stunden.

Vulkanring Vogelsberg

24. – 27.6.2019

Der offiziell in sechs Etappen eingeteilte Rundweg führt 119 km weit mit etwa 2.200 Höhenmetern durch die ehemalige Vulkanregion Vogelsberg und kommt vor allem für Wanderer in Frage, die leichte und einsame Wald- und Wiesenwege ohne besondere Sehenswürdigkeiten suchen. **www.vogelsberg-touristik.de**

Schon bald nachdem ich in Freienseen aus dem Bus gestiegen bin, spaziere ich über Wiesen mit uralten Bäumen. Auch der Schlosspark von Laubach prunkt vor allem mit seinem schönen Baumbestand. Auf Schloss Laubach würde die Bezeichnung Märchenschloss sehr gut passen. Hier könnte Dornröschen wohnen. Über Wiesen und manchmal durch Wald wandere ich nach Eichelsdorf.

Da der Wetterbericht für heute 33 Grad ankündigt, warte ich nicht auf das Frühstück im Hotel, sondern esse schon um sechs Uhr etwas nebenan im Supermarkt. Am frühen Morgen wandere ich durch ein Naturschutzgebiet mit Wiesen, großen Hecken und alten Bäumen, danach ist die Strecke weniger interessant.

Die heute so ruhige Vogelsberg-Region wurde einst von zahlreichen Vulkanausbrüchen geprägt. Zur Hauptphase des Vulkanismus vor 18 – 16 Millionen Jahren sah es hier wohl manchmal ähnlich aus wie heute auf Island. Beim Wandern komme ich an einigen Felsen vorbei, die Reste alter Lavaströme sind. Angesichts der geologischen Bedeutung sind diese interessant, aber ich kam auf anderen Fernwanderwegen an deutlich spektakuläreren Basaltfelsen vorbei als am Vogelsberg.

Insgesamt führt der Vulkanring heute mehr als 5 km praktisch weglos auf unebenem Boden durch sehr hohes Gras, über tiefes Heu oder zwischen dichter Vegetation hindurch. So etwas gefällt mir normalerweise besser als normale Wanderwege, aber bei dieser Hitze kostet dies nur unnötig Kraft und Zeit. Außerdem müsste ich hier eigentlich mit langen Hosen wandern, da meine Haut gegen manche Gräserpollen allergisch ist. Bald bedecken juckende Pusteln fast lückenlos meine Beine.

Doch ich erlebe auch heute wieder nette Momente, z. B. als ein junger Fuchs auf mich zukommt, erst wenige Meter vor mir den Gegenverkehr bemerkt und in den Wald rennt, oder als auf einem Wiesenpfad viele Dutzend kleine weiße Schmetterlinge dicht über dem Gras fliegen.

Bertls Bed & Breakfast in Herchenhain zähle ich zu den schönsten Unterkünften meiner 10.000 Kilometer. Diese herrliche Idylle mit märchenhaftem Garten ist einer der wunderbaren Orte, an denen Fotografen von Gartenzeitschriften gleich drei Doppelseiten füllen könnten oder Produzenten von Fernsehsendungen Material für zehn Minuten finden. Auch die Herzlichkeit der Vermieter, das Haus und alles andere begeistert mich. Hier würde ich gerne ein paar Tage bleiben … oder sogar einige Monate lang wohnen!

Wegen der angekündigten Hitze starte ich wieder gegen sieben Uhr. Schon um neun Uhr ist es eigentlich zu warm zum Wandern. Ich freue mich über jeden Meter im Schatten. Am Mittag erreiche ich den schönsten Abschnitt des Vulkanring, der mich insgesamt nicht so recht begeistern kann. Die großen Schalksbachteiche wurden einst für die Fischzucht angelegt. Heute gelten sie als Naturschutzgebiet von europaweitem Rang. Hier wachsen 29 vom Aussterben bedrohte Pflanzenarten, aber auch seltene Wasservögel leben hier. An jedem der beiden Seen setze ich mich eine Stunde lang in den Schatten.

Als ich bei brutaler Hitze meine Unterkunft erreiche, bin ich sehr froh darüber, nun keine Minute länger in der Sonne bleiben zu müssen. Selbst drei Stunden später ist es um 19 Uhr noch so heiß, dass ich nur kurz vor das Haus gehe, um mich in den Schatten zu setzen, aber sofort wieder umkehre.

Auch heute marschiere ich meist über mit Hecken und Baumreihen aufgelockerte Wiesen. Auf dem Totenköppel befindet sich ein alter Sippenfriedhof. Vor einem kleinen Häuschen außerhalb des Friedhofs hängen einige sehenswerte alte Grabsteine. Bei Ulrichstein setze ich mich eine Weile in einen schönen botanischen Garten mit regionalen Pflanzen.

Am Abend übernachte ich in der schönen Schreinersmühle. Das alte Mühlengebäude wurde schon vor Jahrzehnten abgerissen, aber zwei hübsche Fachwerkhäuser blieben übrig.

Natursteig Sieg

28.6. – 5.7.2019

Der Natursteig Sieg führt 197 km von Siegburg bis Mudersbach. Zu den offiziell 14 Etappen kommen noch einige Kilometer für die Zuwege zu den Übernachtungsorten oder Bahnhöfen. Die beinahe lückenlos sehr gut markierte Strecke ist vor allem etwas für Wanderer, die durch einsame Natur spazieren wollen. Wer pittoreske Altstädte mit vielen prunkvollen Bauwerken sucht, ist hier am falschen Fluss. **www.natursteig-sieg.de**

Schon gleich ab dem Stadtrand von Siegburg gefällt mir der Weg sehr gut. Schmale, urige Pfade, breite Forstwege und asphaltierte Strecken wechseln häufig. Nur auf die gewohnte Stille im Wald muss ich auf den ersten Kilometern verzichten, da die Startschneise des Flughafen Köln-Bonn direkt über das untere Siegtal führt. Manchmal sieht es so aus, als würden die Maschinen gleich die Baumwipfel streifen.

Die Route des Natursteig führt meist nicht in die Städte im Tal hinein. Über einen der vielen, sehr gut markierten Zuwege wandere ich heute nach Hennef.

Bereits früh am Morgen ist es heute unangenehm heiß. Durch die vielen Auf- und Abstiege kommen hier jeden Tag etliche Höhenmeter zusammen. In Blankenberg schaue ich mir die schöne Burgruine und ihren hübschen Burggarten an. Dann gehe ich am Ort Blankenberg vorbei, der noch von seiner Stadtmauer umrahmt wird. Beim Schloss Merten lege ich eine längere Pause mit schönem Blick auf die Klosterkirche St. Agnes ein. Ich kaufe Eis, Cola und alkoholfreies Bier und würde am liebsten jetzt hier bis zum Abend im Schatten sitzen.

Doch schließlich gehe ich dann doch in trägem Schlappschritt weiter nach Eitorf. Im Tal werden heute 39 Grad im Schatten gemessen. Sengende Sonne, kein Windhauch, Durst – ich fühle mich sehr ausgetrocknet.

Da der Wetterbericht den heißesten Junitag seit Beginn der Aufzeichnungen androht, starte ich auch heute wieder vor sieben Uhr. Um 13 Uhr zeigt das Thermometer schon 35 Grad. Mehrmals wandere ich auf wunderschönen Wegen am Ufer der Sieg entlang, dazwischen muss ich einige steile und anstrengende Auf- und Abstiege bewältigen. Zwischendurch führt mich ein bequemer Weg durch das Tal einer ehemaligen, heute vom Fluss abgeschnittenen Siegschleife.

Endlich erreiche ich Schladern. Als die Bahnlinie durch das Siegtal gebaut wurde, grub man hier für die Sieg einen künstlichen Durchfluss, der eine Schleife abkürzte und damit dort Platz für die Bahntrasse schuf. Vor einigen Jahren wurde hier eine natürlich gestaltete Fischtreppe angelegt, damit Lachse und andere Fische wieder diese Barriere im Fluss bewältigen können. Jetzt nutzen viele Leute dieses Gelände zum Baden. Am Abend schaue ich hier zu, wie kleine Fische gegen die Stromschnellen ankämpfen und immer wieder versehentlich gegen Felsen oder an Land springen.

Oberhalb des Siegwasserfalls befindet sich in einem alten Industriegelände der faszinierendste Biergarten, den ich je gesehen habe. Oben ist Elmores eine äußerst kreativ gestaltete moderne Lounge mit dezenter Clubmusik. Die sehr verschieden gestalteten unteren Ebenen bieten dagegen viele ruhigere Plätzchen mit Blick auf das Wasser. Einen besseren Platz zum Feiern meiner ersten 365 Tage seit Start des D-Wanderer-Projekts könnte ich mir kaum wünschen.

In diesen zwölf Monaten wanderte ich mehr als 5.000 Kilometer. Je weiter ich komme, desto mehr begeistert mich

Deutschland als Wanderland. Zur Feier des Tages trinke ich nicht nur Bier, sondern passend zur entspannten Lounge-Atmosphäre auch Caipirinha und Mojito.

Vorbei an einem kleinen, wunderschönen Museumsdorf wandere ich hinauf zur Ruine der Burg Windeck. Mich fasziniert immer wieder, wenn ich sehe, dass auch die mächtigsten Mauern eine Burg nicht vor Zerstörung und Verfall schützen konnten. Wegen der langen Trockenheit ist die Waldbrandgefahr momentan besonders hoch. Dennoch sehe ich in der Ruine, wie ein paar Leute Zigaretten rauchen und die Kippen dann auf das vertrocknete Gras werfen. Unglaublich!

Mit dem gewohnten Wechsel zwischen Berg und Tal, breiten Wegen und schmalen, steilen Pfaden wandere ich heute bis nach Au. Unterwegs liegen an einem Aussichtspunkt hinter der Bank sehr viele Tüten, Schachteln und Dosen. Hier spielte wohl eine größere Familie Müll-King. Zumindest einen Teil dieses ganzen Mists trage ich nun hinab zum Papierkorb am nahen Parkplatz. Die D-Wanderer-Müllabfuhr ist im Großeinsatz!

Nach den viel zu langen Strecken am Hitzewochenende fühle ich mich nun recht erschöpft. Daher beschließe ich, heute statt der geplanten zwei „offiziellen" Etappen nur 1,5 zu wandern. Trotz endlich wieder angenehmer Temperatur komme ich deutlich langsamer voran als gewohnt. Unterwegs lasse ich mir viel Zeit und setze mich recht lange an Aussichtspunkten hin. Am Nachmittag erreiche ich Birken-Honigsessen. Entsprechend meinem Entschluss von heute Morgen, will ich hier in den Bus steigen, müsste nun aber zwei Stunden an der Haltestelle warten. Daher marschiere ich trotz meiner starken Erschöpfung und großem Durst doch weiter. Erst nach einigen Kilometern kann ich auf der Terrasse eines großen Gasthofes ein großes Bier trinken und leckeren Stachelbeerkuchen essen. Das war jetzt dringend nötig! Die letzten Kilometer bis nach Wissen kommen mir sehr, sehr weit vor.

Irgendwann musste es so kommen. Es reicht! Ich kann nicht mehr ignorieren, dass ich heute eine Pause brauche. Hundemüde schleppe ich mich zum Frühstück. Ich könnte ein paar Tage Urlaub vertragen. „Du machst doch schon seit Januar dauerhaft Urlaub", höre ich im Kopf meine Leser sagen. Aber ich gönnte mir seit sechs Monaten keinen einzigen Tag Erholungspause. Meist wanderte ich durchschnittlich sieben bis acht Stunden pro Tag in recht hohem Tempo. An den wenigen Tagen dazwischen arbeitete ich zuhause täglich zwölf bis 14 Stunden und war danach mit den Nerven so fertig, dass ich mich auf das stressfreiere Wandern freue. Ein paar Stunden nur Lesen, Musik hören oder Fernsehen wäre auch mal wieder schön. Doch selbstverständlich beschwere ich mich nicht über dieses Leben. Die Anstrengung ist der Preis, den ich für die vielen schönen Erlebnisse gerne zahle. Heute werde ich aber nur 15 km wandern, mehr nicht!

Ich finde es nun sehr angenehm, auch mal einen Tag ganz langsam und mit vielen Pausen zu spazieren. Oberhalb von Scheuerfeld setze ich mich auf eine Bank und genieße die Ruhe. Nach einer Weile kommt ein Mann den Weg heraufspaziert, der mich wegen seiner Kleidung und dem großen Lederhut an einen Cowboy erinnert. Eine halbe Stunde lang reden wir über die Gegend, das Leben und die Welt. Dann geht er wieder zurück in den Ort. Bald darauf wandere auch ich bergab und setze mich unten noch einmal lange Zeit ans Ufer der Sieg.

Nach vielen netten, abwechslungsreichen Kilometern erreiche ich den Druidenstein. Diese faszinierend in den Himmel aufragenden Basaltsäulen sind Reste erstarrter Lava. Einst waren sie noch viel größer, doch im Dreißigjährigen Krieg wurde der obere Teil abgetragen, da die damals weithin sichtbare Bergkuppe als Orientierungspunkt für feindliche Heere dienen konnte. Heute ist nur noch ein Drittel erhalten. Wenn ich daran denke, dass es nun schon etwa ein Vierteljahrhundert her ist, dass ich auf meiner Wanderung vom Königssee zur Ostsee erstmals vor diesen Säulen stand, bekomme ich Gänsehaut. Wie schnell die Zeit vergeht!

Am späten Nachmittag besteige ich den Ottoturm, der von unten bis oben hässlich mit Graffiti besprüht wurde. Was geht in den Köpfen von Leuten vor, die selbst weit abseits der Städte mitten in der Natur ihre hässlichen Schmierereien hinterlassen müssen?

Schon bald nach meinem Aufbruch in Kirchen erreiche ich die Freusburger Mühle. Diese ist kein kleines Häuschen mit Mühlrad, sondern das faszinierende Industriedenkmal einer ehemaligen Walzenmühle mit bis zu 60 Tonnen Tagesleistung. Inzwischen wird Wasserkraft hier nur noch zur Stromerzeugung genutzt.

Der kleine Ort Freusburg bietet viele hübsche Fotomotive. Ganz oben befindet sich in der Burg eine Jugendherberge. Von Mudersbach fahre ich mit dem Zug nach Hause.

Moselsteig

9. – 20.7.2019

Der offiziell in 24 Etappen eingeteilte Weg führt 365 km weit mit etwa 9.200 Höhenmetern von Perl nach Koblenz-Güls. Der Moselsteig ist als „Qualitätsweg Wanderbares Deutschland" sowie nach den Qualitätskriterien der Europäischen Wandervereinigung als „Leading Quality Trail – Best of Europe" ausgezeichnet.

www.moselsteig.de

Bei meinem Start in Perl blicke ich zum anderen Ufer der Mosel nach Schengen in Luxemburg, flussaufwärts sehe ich Frankreich. Zuerst führt der Moselsteig meist über traumhaft schöne Pfade durch Wald mit üppiger, fast schon mediterran wirkender Vegetation. Ab und zu sehe ich unter mir den Fluss. Dann verlasse ich das Tal und wandere ein paar Stunden lang über eine kurzweilige Mischung aus Wald, Feld, Wiesen und Weinbergen. Am Abend sitze ich bei Palzem zwei Stunden lang am Ufer der Mosel, esse meinen Proviant und trinke eine ganze Flasche Elbling, eine hier bereits von den Römern angebaute Weißwein-Sorte, die mir hervorragend schmeckt. Schwäne kommen zu Besuch, ein paar Lastschiffe fahren an mir vorbei – welch ein schönes Leben!

Während der ersten Stunden folgt ein herrlicher Moselblick nach dem anderen. Die abwechslungsreiche Strecke gefällt mir heute den ganzen Tag über so gut, dass ich bereits ahne, dass ich den Moselsteig später als eine meiner Lieblingsrouten empfehlen werde.

Vor Nittel spaziere ich auf einem faszinierenden Pfad durch eine urwaldhafte Wildnis unterhalb dicht bewachsener Felsen.

Bald darauf wandere ich über Weinberge unterhalb großer Kalkfelsen, die Relikte eines Meeres sind, das hier vor 210 Millionen Jahren auf Land traf. Dann führt ein schmaler Pfad durch urwüchsige Vegetation direkt an der Oberkante der Felsen entlang. Es folgen einige sehr sonnige Kilometer über eine sanfte Hügellandschaft.

Nachdem ich einen Monat lang immer bei trockenem Wetter wandern konnte, regnet es heute stundenlang ohne Pause. Bei Konz überquere ich zuerst die Saar, kurz darauf die Mosel. Die Temperatur sinkt schnell und es gießt in Strömen. Dies ist kein normaler Niederschlag mehr, sondern einer der selten vorkommenden Extremregenfälle. Später erfahre ich, dass in Trier sogar einige Straßen überflutet wurden. Da meine Sommerjacke nicht mehr wasserdicht genug ist, bin ich bald völlig durchnässt. Vor einigen Tagen bekam ich fast einen Hitzschlag, jetzt friere ich.

In Pallien könnte ich über einen Zuweg nach Trier gehen, aber da ich diese Stadt schon am Ende meiner Eifelsteigwanderung besichtigt hatte, verzichte ich heute darauf und marschiere gleich weiter.

In den nassen Klamotten friere ich heute stärker als bei den meisten meiner Winterwanderungen. Daher will ich so schnell wie möglich ins Trockene. Doch als ich am späten Nachmittag das Hotel erreiche, in dem ich für heute ein Zimmer gebucht hatte, erfahre ich, dass trotz verbindlich bestätigter Buchung kein Zimmer für mich frei ist. Stinksauer muss ich im einzigen anderen Hotel im Ort übernachten, was deutlich über meinem gewohnten Preislimit liegt.

Nach einigen Kilometern wandere ich wieder über Weinberge mit Moselblick, dazwischen auf eine hohe Wiesenkuppe mit umfassender Rundsicht. Dann erreiche ich den ersten der am Moselsteig häufigen Streckenabschnitte, für die man gute Schuhe und Trittsicherheit braucht. Nun steige ich sehr steil bergauf, zwischendurch über Treppen, manchmal etwas felsig. Vor einem Gipfelkreuz verschnaufe ich etwas von der Anstrengung und genieße die Aussicht auf die von Weinbergen umrahmte Mosel. Bald darauf erreiche ich einen der schönsten Aussichtspunkte am Moselsteig, den Turm beim Fünfseenblick. Einen See sieht man von hier nicht, dafür mehrere Abschnitte der Mosel, die in vielen engen Schleifen durch das tiefe Tal fließt. Auf den recht leichten Kilometern bis nach Leiwen komme ich an weiteren Aussichtspunkten vorbei.

Auch heute bietet die Strecke viele schöne Blicke auf die Mosel. In Neumagen-Dhron steht die Nachbildung eines römischen Grabdenkmals. Es zeigt ein mit Weinfässern beladenes Schiff. Gleich darauf komme ich am Ufer am Nachbau eines römischen Schiffes vorbei. So wie einst die Römer können jetzt Touristen in solch einem Schiff auf der Mosel fahren.

Als ich in Mühlheim ankomme, will ich mir zuerst Proviant und Getränke kaufen, doch es gibt keinen offenen Laden. Zum Glück werde ich dann bei meinen Gastgebern sehr nett empfangen und gleich zu einem Bier eingeladen. Als ich am Abend zu einem Restaurant in Ortsmitte gehe und nach einem freien Platz frage, wird mir äußerst unfreundlich mitgeteilt, dass ich verschwinden soll, falls ich keine Platzreservierung habe. Da ich nicht hungrig ins Bett gehen will, bleibt mir nur übrig, in einem sehr teueren Hotel am Ufer etwas zu essen. Dort ist der Fisch zwar sehr lecker, aber ich zahle viel Geld für eine so winzige Portion, so dass ich anschließend immer noch hungrig bin.

Am Morgen komme ich an der Ruine von Burg Landshut vorbei. Dann erreiche ich Bernkastel, das wegen seinem großen und recht einheitlich wirkenden Ensemble vieler sehenswerter Fachwerkhäuser, aber auch wegen vieler hübscher Cafés, Restaurants und Läden, die Moselurlauber in Scharen anzieht. Ich nehme mir genügend Zeit zur Besichtigung der fotogenen Altstadt.

Wie gewohnt geht es dann mal im Wald, mal auf Weinbergen weiter, immer wieder mit guten Aussichtspunkten.

Eine Schlingnatter glaubt wohl, dass ich sie nicht sehen würde, wenn sie ihren Kopf im Gras versteckt. Gefährlicher Trugschluss! Für Schlangen ist das Moseltal mit seinen vielen warmen Geröllflächen ideal. Gestern sah ich eine der sehr seltenen Aeskulapnattern. Aber keine Angst – beide sind nicht giftig.

Am Abend erreiche ich Traben-Trarbach.

Ruine Grevenburg ist ein überzeugendes Musterbeispiel dafür, dass auch von einst sehr großen, stolzen Burganlagen nach einiger Zeit nur noch ein paar Mauerreste übrig bleiben. In großen Weinbaugebieten muss man im Sommer immer damit rechnen, dass vom Hubschrauber oder aus Fahrzeugen Schädlingsbekämpfungsmittel auf die Reben gespritzt wird. Überall hängen hier Warnschilder, auf denen auch die Homepage angegeben wird, die über die regionalen Spritzzeiten informiert. Ich habe diese natürlich nicht gelesen und bin sehr froh darüber, dass ich gerade weit genug entfernt oben durch Wald spaziere, als unterhalb von mir ein Weinberg gespritzt wird.

Vom Prinzenkopf-Turm aus sehe ich in fast allen Blickrichtungen die Mosel auf ihrem verschlungenen Kurs fließen, ein Stück weit sogar fast parallel um die Schleife bei Zell herum.

In Zell trinke ich in einem Café am Ufer einen Eiskaffee, danach noch ein Bier, und komme mir mal wieder wie ein ganz normaler Tourist vor.

Für den Aufstieg zum Collis-Turm kann ich zwischen einem Klettersteig und dem „normalen" Moselsteig wählen. Achtung: Auch der normale Weg wird hier mit sehr steilen, teilweise seilgesicherten Passagen zu einem kurzen alpinen Intermezzo.

Am Petersberg oberhalb von Neef fließt erneut die Mosel sowohl rechts als auch links von mir. Außerdem sehe ich in der Ferne bereits den Calmont, an dessen Hang der steilste Weinberg Europas angelegt wurde.

Gegen Mittag sitze ich auf dem Calmont, einem weiteren Aussichtspunkt, auf den kein Moselurlauber verzichten sollte, und blicke auf die schönste der vielen Moselschleifen hinab. Eine Stunde lang bleibe ich hier oben und sehe vielen Gleitschirmfliegern beim Start zu.

Wieder führt mich ein herrlicher Pfad durch wunderschöne Vegetation sehr steil über einen felsigen Bergrücken hinab zur Mosel. In Ediger gefällt es mir zwischen den vielen hübschen Fachwerkhäusern so gut, dass ich mich hier länger als geplant aufhalte.

Ganz entspannt wandere ich im nächsten Abschnitt des Moseltals, denn hier führen keine Fernverkehrsstraßen oder Bahnlinien hindurch. Am gegenüberliegenden Ufer dominiert dichter Wald, auf meiner Seite geht es über viele, längst aufgegebene Weinberge. Mich fasziniert, wie man anhand der unterschiedlich dichten Vegetation deutlich erkennen kann, wie lange der jeweilige Hang schon nicht mehr bewirtschaftet wird. Mal wachsen gerade die ersten kleinen Büsche und Sträucher auf den alten Terrassen, mal bereits dichter Wald.

Senhals ist ein stiller Ort für Leute, die Ruhe suchen. Ich setze mich auf die Terrasse eines Restaurants, trinke guten Moselwein und schaue den vorbeifahrenden Schiffen zu. Nach dem langen und anstrengenden Wandertag bietet dieser Abend die erhoffte Erholung.

Als ich aufwache, hängt über der Mosel noch eine Nebeldecke, doch diese löst sich bald auf. Schon bald wandere ich auf leichter Strecke über Weinberge, dann auf einem schmalen Pfad am Steilhang im Wald bis zur großen Burgruine Metternich. In Beilstein trinke ich in einem der netten Straßencafés einen Cappuccino und esse ein Stück Himbeertorte. Die enge Ansammlung hübscher Gassen und Fachwerkhäuser im pittoresken Dörfchen Beilstein zählt zu den beliebtesten Touristenmagneten an der Mosel.

Wieder fordert ein kurzer, an einigen Stellen mit Seilen gesicherter Weg Trittsicherheit und Schwindelfreiheit. Nach abwechslungsreichen Stunden sehe ich auf der anderen Seite der Mosel die mächtige Reichsburg, eine der fotogensten Burgen Deutschlands. In der mit Touristen überfüllten Altstadt von Cochem halte ich mich nicht lange auf und wandere gleich weiter bis nach Klotten.

Ich marschiere durch ein enges, von hohen Steilhängen und Felsen begrenztes Tal, das wie ein Canyon im Urwald wirkt. Oben auf sonnigen Höhen komme ich zum Martberg, wo sich früher zuerst eine keltische Siedlung und danach eine römische Tempelanlage befand. Ich besichtige die Rekonstruktion und Fundamente der römischen Gebäude sowie den Nachbau eines keltischen Wohnhauses.

In Karden gefallen mir in der Moseldom genannten Stiftskirche St. Castor vor allem die Orgel und die von einem Engel getragene Kanzel. Dann erreiche ich Burg Eltz, die wohl jeder Moselurlauber besichtigt. Die mitten im Wald erbaute Burg mit ihren vielen Türmen und Zinnen ist eine der schönsten Burgen Deutschlands. Eigentlich wollte ich hier auf der Terrasse ein Bier trinken, aber diese ist völlig überfüllt. Wegen dem enorm hohen Touristenandrang verzichte ich auch auf eine Führung und wandere gleich weiter.

Kurz vor Hatzenport bietet der Moselsteig ein ganz besonderes Schmankerl, das man aber auch bequem umgehen könnte. Am Kletterpfad Dolling brauche ich zwischendurch auch meine Hände und die am Fels angebrachten Drahtseile und darf zwei Leitern hinabsteigen.

Am Morgen verzichte ich auf die Besichtigung der sicherlich interessanten Burg Thurant und wandere nur an ihr vorbei. Bei Alken führt der Weg direkt über einen Friedhof mit auffallend kleinen Kreuzen. Am Gebeinehaus grinsen mir durch ein Gitter Totenschädel entgegen.

Ich komme an einer alten Wallfahrtskirche und an der Rekonstruktion einer keltischen Mauer vorbei, blicke aus der Höhe zu den weit entfernten Vulkanbergen der Eifel und sehe bei Kobern-Gorndorf die Oberburg und die Matthias-Kapelle, in der im 13. Jahrhundert der angebliche Kopf des Apostel Matthias aufbewahrt wurde, der heute in Trier liegt.

Bald darauf steige ich einen steilen Weg hinauf, den ich bereits im März am RheinBurgenWeg wanderte. Heute begeistern mich die steilen Weinberge mit ihren vielen Terrassen sogar noch mehr als beim ersten Mal. Wie schon beim letzten Mal genieße ich am Abend oberhalb von Winningen lange Zeit die Aussicht.

Die letzten Kilometer führen mich über besonders markante Beispiele des Steillagenweinbaus. Die Panoramablicke auf hohe Terrassen bieten mir einen wirklich grandiosen Abschluss meiner Wanderung auf dem Moselsteig. Für normale Fernwanderer ist hier der Urlaub zu Ende, doch ich muss nur kurz mit dem Zug von Güls nach Bonn fahren, um noch einige Tage weiter wandern zu dürfen. Ich spüre immer deutlicher, wie sehr das Wandern inzwischen zu meinem Alltag wurde und das Leben zuhause nur wie eine notwendige Unterbrechung erscheint. Wochenlang jeden Tag vom Frühstück bis zum Abendessen einfach nur zu wandern, jeden Abend an einem anderen Ort zu übernachten, alles was ich brauche in den Rucksack zu packen, wird immer mehr von einer Freizeitbeschäftigung zu einem Lebensstil. Unterwegs merke ich immer stärker, wie wenig materielle Dinge ich im Leben wirklich brauche.

Rheinsteig

20. – 29.7.2019

Der offiziell in 21 Etappen aufgeteilte Rheinsteig zählt zu den bekanntesten und am meisten begangenen Fernwanderwegen Deutschlands. Die meist gut markierte Strecke führt 320 km weit mit knapp 10.000 Höhenmetern zwischen Bonn und Wiesbaden durch das zum UNESCO-Welterbe zählenden Mittelrheintal.

www.rheinsteig.de

Schon zwei Stunden nach meinem Abschied vom Moselsteig folge ich bei Bonn dem asphaltierten Weg am Ufer des Rheins. Für mich bleibt dieser wenig attraktive Streckenabschnitt untrennbar mit der Erinnerung an den KoBoLT verbunden, einem 140 km langen Ultratrail-Wettkampf auf der Rheinsteig-Strecke von Koblenz nach Bonn, bei dem ich 2011 erstmals auch eine komplette Nacht hindurch unterwegs war. Damals war ich mächtig stolz darauf, diesen anstrengenden Lauf geschafft zu haben und hätte nicht geglaubt, dass ich in den folgenden Jahren sogar noch längere und viel schwerere Wettkämpfe erleben würde. Dieses Mal will ich hier aber die meiste Zeit über ganz normal wandern und nur dazwischen kurze Abschnitte laufen.

Bald erreiche ich das weitläufige Areal des Kloster Heisterbach, in dem die sehenswerte Ruine einer alten Klosterkirche steht, die bei ihrer Einweihung im Jahr 1237 an Größe nur vom Kölner Dom übertroffen wurde. Anfang des 19. Jahrhunderts wurde die Kirche bis auf den Chorbereich abgerissen.

Nun zieht ein heftiges Gewitter auf. Beim Aufstieg zum Petersberg gießt es aus allen Kübeln. Oben beschränkt sich die Aussicht auf 200 m Grau, zumal sich nun auch ein paar kleine Hagelkörner in den Platschregen mischen. Eben noch lechzte der Wald wegen der langen Dürre nach Regen, jetzt verwandelt sich der Wanderweg in ein Bachbett. Mir macht es Spaß, mal wieder durch strömendes Wasser bergab zu rennen.

Als ich den Aussichtspunkt am Geisberg erreiche, ziehen die Wolken, die eben noch den Hang verhüllten, zur Seite und ich sehe vor mir den Rhein und den Drachenfels.

Bald darauf besichtige ich Schloss Drachenburg, das von außen wie ein Märchenschloss aus dem Bilderbuch wirkt. Dieses Meisterwerk des Historismus wurde im 19. Jahrhundert nicht von einem Fürsten, sondern von einem Börsenspekulanten errichtet, der aber nie drin wohnte. Die Gestaltung im Inneren unterscheidet sich stark vom prunkvollen Kitsch vieler anderer Schlösser. Sowohl auf großen Wandgemälden als auch bei den grandiosen Fensterbildern wurde viel Bezug auf Deutsche Geschichte genommen. Für mich ist dies das zweitschönste Schloss Deutschlands. Platz eins in meinem Ranking nimmt das leider wegen seinem berühmten Nachbarn unterschätzte Schloss Hohenschwangau ein.

Nun marschiere ich hinauf zur Burg Drachenfels, laufe aber wegen der nächsten Sintflut ohne anzuhalten an ihr vorbei und danach so schnell es geht hinab nach Rhöndorf.

Insgesamt mag ich den Rheinsteig gerne, aber heute morgen langweilen mich viele Kilometer auf breiten Forstwirtschaftswegen ohne Aussicht. Erst die zweite Tageshälfte gefällt mir wieder. Vom großen Felsen der Erpeler Ley blicke ich bei Sonnenschein über das Rheintal. Lange schaue ich mir in Linz, einem der schönsten Orte am Mittelrhein, die vielen Fachwerkhäuser und andere historische Bauten an. Die Terrassen der Restaurants und Cafés sind sehr gut mit Touristen gefüllt.

Am Morgen wirkt Linz dann völlig anders. Kaum ein Mensch ist unterwegs. So ruhig gefällt mir die Stadt am besten.

Der Rheinsteig führt mich heute über abwechslungsreiche Pfade, vorbei an Schloss Arenfels, hinauf zum Aussichtspunkt Rheinbrohler Lay und weiter nach Leutesdorf, wo ich direkt am Ufer in einer der besten Jugendherbergen Deutschlands übernachte. Abendessen und Frühstück entsprechen hier eher einem Vier-Sterne-Hotel. Zuerst setze ich mich mit einem Bier auf der Terrasse in den Schatten, zum Sonnenuntergang gehe ich dann hinab zur Wiese am Ufer und schaue den vorbeifahrenden Schiffen zu.

Nun verlässt der Rheinsteig für sehr viele Kilometer den Rhein. Am Morgen krabbelt ein Hirschkäfer vor mir über den Weg, kurz darauf springt ein Rehbock neben mir durch ein Kornfeld und dann sehe ich auch noch ein Wiesel.

Schon um elf Uhr plagt mich die fast unerträgliche Hitze. Wenige Kilometer entfernt wird heute in Mülheim-Kärlich mit 40,3 Grad der heißeste Tag der Stadtgeschichte gemessen. Wieder bin ich über jeden Meter im Schatten froh und kaufe unterwegs besonders viele Getränke. Als ich endlich mein Tagesziel Sayn erreiche, will ich wegen der Hitze noch nicht einmal im Schlosspark in den Schatten sitzen und gehe gleich in meine Unterkunft.

Da der Wetterbericht 39 Grad ankündigt und ich ausgerechnet für heute eine fast 40 km lange Strecke geplant habe, beginne ich mit der Wanderung bereits um sechs Uhr. Als Belohnung für den frühen Aufbruch zaubert die noch tief stehende Sonne wunderbare Lichtspiele auf die Bäume.

Gegen Mittag blicke ich von Festung Ehrenbreitstein hinab nach Koblenz und zur Mündung der Mosel. Unten am Rhein staune ich beim Anblick der alten Hochwassermarkierungen, die zeigen, wie unglaublich hoch die Fluten in den letzten Jahrhunderten schon gestiegen sind.

Am Mittag mildern schattige Waldwege die Hitze ein wenig. An solch heißen Tagen duftet der Wald intensiv nach Harz, Holz und Nadeln. Ich liebe diesen Sommergeruch des Waldes und genieße ihn heute in vollen Zügen.

Als ich im Februar auf meiner Lahnwanderung in der Ruppertsklamm an den leichten, mit Drahtsteilen gesicherten Kletterstellen hinabstieg, lag oberhalb der Klamm Neuschnee. Heute ist ein brutal heißer Tag, doch in der Klamm selbst bleibt das Klima überraschend angenehm. Unten trifft mich die mörderische Hitze dann wie ein Hammer.

Zwei Stunden lang plagt mich schlechte Laune. Ich schwanke zwischen Depression und Wut. Es scheint so, als wären aus unerklärlichen Gründen alle Fotos von Moselsteig und den bisherigen Rheinsteig-Etappen auf den Speicherkarten unlesbar. Wenn jetzt zwei besonders schöne und wichtige Wanderwochen fehlen, wäre dies für mich eine Katastrophe, da ich die Bilder nicht nur für meine Homepage brauche, sondern die zwei Wanderjahre vor allem durch eine Multimedia-Show nachträglich finanzieren will. Zum Glück zeigt mir meine Kamera dann am Abend die Bilder doch wieder an. Keine Ahnung, was vorhin los war! Ich bin auf jeden Fall unendlich erleichtert.

Nun nähere ich mich dem Hitzerekord. Bald steige ich beim Abstieg nach Braubach über einen herrlichen Felsengrat mit ein paar recht steilen, seilgesicherten Stellen. Dann erreiche ich die Marksburg. Die Besichtigung der einzigen unzerstört gebliebenen Reichsburg am Mittelrhein lohnt sich sehr, aber ich kenne sie schon und marschiere weiter.

Immer wieder führt der Rheinsteig zu netten Aussichtspunkten. Am Vormittag kommen mir vier Mal andere Rheinsteigwanderer entgegen. Der Rheinsteig ist neben Malerweg und Eifelsteig die Route, auf der ich am häufigsten anderen Etappenwanderern begegne.

In Fils habe ich riesengroßes Glück, denn eigentlich ist der Dorfladen schon seit einigen Minuten wegen Mittagspause geschlossen. Eine nette Dame öffnet mir dann aber doch die Tür und ich kann die wegen der Hitze für die restlichen 17 km dringend benötigten Getränke kaufen.

Auf einem Berg setze ich mich eine Weile hin und genieße in aller Ruhe den Blick hinüber nach Boppard. Ach wie kalt war es dort drüben im März bei meiner RheinBurgenWeg-Wanderung! Jetzt scheint mich die Hitze zu erschlagen.

Über tolle Trails durch duftenden Kiefernwald erreiche ich die beiden „Die feindlichen Brüder" genannten Burgen. Zuerst schaue ich mir kurz Burg Sterrenberg an, dann trinke ich im schattigen Hof der Burg Liebenstein ein Bier. Der Wirt wundert sich, dass bei dem Extremwetter jemand freiwillig zu Fuß unterwegs ist.

Einige Kilometer danach sehe ich von einem Aussichtspunkt, dass in der Nähe eine Rauchsäule aufsteigt. Der Richtung nach könnte es durchaus sein, dass das Feuer an einem der Rastplätze entstanden ist, an denen ich vor zwei Stunden vorbeikam. Ich sehe nahezu jeden Tag Leute, die trotz extremer Dürre im Wald Zigaretten rauchen und halte es für wahrscheinlich, dass der Brand auf diese Weise ausgebrochen ist. Dies könnte dann aber auch für mich zu einem Problem führen, denn ich traf seit Stunden niemanden auf dem Weg, stattdessen wissen die Frau aus dem Laden und der Wirt im Schloss, dass der D-Wanderer hier unterwegs war. Wie soll ich nachweisen, dass ich seit mehr als zehn Jahren keine Zigarette mehr geraucht habe?

Als ich auch zwei Stunden später noch den Rauch aufsteigen sehe, beginnt bei mir ein Kopfkino. Ich warte schon fast darauf, dass mich jemand verdächtigt, dort oben ein Feuer angezündet zu haben, dabei habe ich weder Streichhölzer noch ein Feuerzeug dabei. Zum Glück erfahre ich später, dass kein

Wanderer, sondern ein überhitzter Mähdrescher für das Feuer verantwortlich war.

Selbst am späten Abend ist es in Kestert viel zu heiß, um draußen zu sitzen. Von einem Wirt erfahre ich, dass er heute auf seiner Terrasse 40,5 Grad im Schatten gemessen hat.

Heute komme ich unter anderem durch St. Goarshausen und zur Burg Maus. Dann erreiche ich die Loreley, den wohl berühmtesten Felsen Deutschlands. Dieser zählt für mich persönlich nicht zu den Höhepunkten des Mittelrheins. Zu viele Touristen, zu viele Betonwege, zu viele Zäune!

Bald verheißen aufziehende Gewitterwolken etwas Linderung von der fast unerträglichen Hitze. Endlich wird es auch um mich herum schattig. Starke Windböen bringen zusätzlich etwas Abkühlung.

Heute ist der erste Tag in meinem Leben, an dem ich mich über lückenlos bewölkten Himmel freue. Ein weiterer Hitzetag wäre auch für mich zu viel gewesen.

Noch vor wenigen Jahrzehnten wurden viel mehr Hänge als heute am Mittelrhein für den Weinbau genutzt. Inzwischen lohnt sich diese mühsame Arbeit immer weniger. Viele alte Weinberge wurden aufgegeben und wachsen nun sehr schnell zuerst mit Sträuchern, dann mit Wald zu. Die Treppen an den alten Mauern, die einst für Generationen erbaut wurden, führen nun in undurchdringliche Wildnis. Damit nicht jeder aufgegebene Weinberg sich in Wald verwandelt, sollen nun an einigen Stellen Ziegen und Schafe den Boden von zu starkem Bewuchs frei halten, so dass sonnenliebende Pflanzen und Tiere hier weiterhin überleben können. Plötzlich fangen über mir einige Ziegen an, lautstark zu meckern. Ich wundere mich darüber, was los ist. An mir kann es nicht liegen, da sie bisher nicht auf mich reagierten. Dann sehe ich, dass weit unter mir ein Auto den Berg hinauffährt. Die Ziegen werden immer lauter. Schließlich hält das Auto neben dem Zaun und ein Mann, vermutlich der für die Tiere zuständige Hirte, steigt aus. Die Ziegen hatten das Auto ganz eindeutig schon auf die große Entfernung erkannt und ihren „Chef" frühzeitig begrüßt.

Wieder sehe ich zahlreiche Burgen auf beiden Seiten des Rheins. Bei Assmannshausen führt der Rheinsteig über besonders schöne Weinberge.

Am Morgen scheint mich die extrem schwüle Wärme zu erdrücken. Bald sehe ich unter mir den Mäuseturm bei Bingen, der auf einer winzigen Insel im Fluss den Eingang ins Rheintal markiert.

Nach einsamen Kilometern im Wald treffe ich beim Niederwalddenkmal übergangslos auf sehr viele Touristen. Vor allem asiatische Reisegruppen strömen in Scharen zu dem gigantischen Monument mit der 12,5 m hohen Bronzefigur der Germania, das zur Erinnerung an die Wiedergeburt des Deutschen Kaiserreiches erbaut wurde.

Vorbei am mit prächtigen Wandgemälden geschmückten Kloster St. Hildegard und dem fotogenen Schloss Vollrads, bei dem gerade ein Oldtimertreffen stattfindet, erreiche ich am Mittag Kloster Eberbach, einen der kulturellen Höhepunkte deutscher Klostergeschichte. Ich kann gut verstehen, warum Hollywood dieses als Kulisse für die Verfilmung von „Der Name der Rose" gewählt hat. Die Atmosphäre im gesamten Klosterbezirk fasziniert mich. Hier passt einfach alles. Am besten gefällt mir der alte Weinkeller.

Am Abend spaziere ich lange durch Kiedrich, wo ich bei den vielfältigen historischen Gebäuden schöne Fotomotive finde.

Die letzte Etappe ist zwar recht nett, bietet unterwegs aber keine besonderen Höhepunkte mehr. Im ehemals bedeutenden

Kurort Schlangenbad sind inzwischen alle Läden und Cafés in den Arkaden geschlossen, der Putz bröckelt von den Wänden. Nur wenige Gebäude zeugen noch vom vergangenen Glanz der Stadt.

Bei Wiesbaden führt der Weg eine Weile direkt am Rhein entlang. Das am Ufer erbaute Schloss Biebrich und der große Schlosspark bilden einen würdigen Abschluss der empfehlenswerten Wanderung.

Himmelsstürmer-Route der Wandertrilogie Allgäu

12. – 24.8.2019

Die offiziell in 24 Etappen aufgeteilte Strecke ist 358 km lang und erfordert gute Kondition und alpine Erfahrung. An einigen einfachen, mit Drahtseilen oder Steighilfen gesicherten Kletterstellen braucht man Trittsicherheit und Schwindelfreiheit. Doch trotz aller Schwierigkeiten zählt sie zu meinen Lieblingsrouten.

www.allgaeu.de/wandern

Heute bin ich überhaupt nicht darüber enttäuscht, dass es beim Aufstieg von Halblech zur Kenzenhütte meist stark regnet. Dank meiner guten Regenbekleidung ist mir das nasskalte Mistwetter jetzt sogar lieber als die mörderische Hitze am Rheinsteig.

Inzwischen wurden für mich die alltäglichen Routinen des Fernwanderns längst zur Gewohnheit und kommen mir mehr wie mein wahres Leben vor als die Dinge, die ich zwischendurch zuhause erledigen muss. Doch es wird seit einiger Zeit leider ebenso zur Gewohnheit, dass mir oft auf der Bahnfahrt zur nächsten Wanderung die Vorfreude auf die folgenden Tage fehlt. Dies ist wohl der Preis, den man für ein so langes Projekt zahlen muss. Auf einen normalen Wanderurlaub freut man sich wochenlang, kann den Beginn kaum erwarten und sitzt dann bei der Fahrt strahlend im Zug. Stattdessen hätte ich mich jetzt lieber noch ein paar Tage lang zuhause ausgeruht. Aber schon nach wenigen Wanderstunden erwacht wieder meine Freude am Unterwegssein. Dies ist mein Leben, und so soll es bleiben!

Nachdem ich mein Gepäck in der Kenzenhütte zum Matratzenlager gebracht habe, spaziere ich hinauf zu einem großen Wasserfall, der jetzt nach tagelangem Regen besonders eindrucksvoll rauscht.

Heute ist die Nacht mit den meisten Sternschnuppen des Jahres. Ich hatte mich darauf gefreut, in der Dunkelheit vor der Hütte zu sitzen und das Spektakel am Himmel anzuschauen. Doch schon ab dem Abendessen umhüllt Nebel das gemütliche Haus.

Schon vor acht Uhr wandere ich hinauf in ein kleines Hochtal. Steile Gipfel und schmale Felszacken umrahmen meine Aufstiegsroute. Ich habe noch nie an einem einzigen Vormittag so viele Gämsen gesehen wie heute. Welch ein schöner Morgen! Den Kenzensattel mit seiner tollen Aussicht in beide Richtungen nutze ich zur Rast für ein zweites Frühstück.

Während der ersten Stunden bin ich ganz alleine unterwegs. Doch in der Nähe des Tegelberg kommen mir immer mehr Wanderer entgegen. Schon seit mehr als 14 Monaten hängt hinten an meinem Rucksack ein großes Schild mit dem „D-Wanderer"-Logo. Damit will ich unterwegs bei möglichst vielen Leuten Interesse an meiner Homepage wecken. Doch fast immer wurde ich gefragt, was das „D" bedeutet. Daher änderte ich nun das Logo zum unmissverständlichen „Deutschland-Wanderer".

Die Abstiegsroute zur Marienbrücke ist als alpiner Steig beschildert, der Trittsicherheit und entsprechende Schuhe erfordert. Doch zu viele Touristen ignorieren dies und sitzen nun auf halber Strecke völlig entkräftet mit panischem Blick neben dem Pfad. Normalen Bergwanderern bereitet dieser Weg keine Probleme, dagegen sind sogar Moselsteig und Rheinsteig an einigen Stellen schwerer, aber für Spaziergänger mit losen Sandalen ohne Profil bieten ein paar felsige Meter und vor allem die Stelle, an der man über ein paar Metallbügel steigt, ordentliche Hindernisse. Ich schüttle immer wieder den Kopf, wenn ich die Dummheit mancher Urlauber sehe.

Je tiefer ich komme, desto schöner wird der Blick auf die Schlösser Neuschwanstein, Hohenschwangau und auf den Alpsee. Als ich die Marienbrücke erreiche, staune ich. Auf der über eine tiefe Schlucht führenden Brücke drängeln sich die Touristen wie in einer Sardinenbüchse, um von hier Schloss Neuschwanstein zu fotografieren. Welch ein Glück, dass ich die Brücke von oben erreiche, denn auf der anderen Seite stehen ein paar hundert Menschen in einer schier endlosen Warteschlange. Staufrei wandere ich danach hinab zum Alpsee und auf einsamer Strecke weiter nach Füssen.

Die Etappe von Füssen nach Pfronten lasse ich dieses Mal aus, da ich dort bereits beim Maximiliansweg wanderte. Ab Pfronten-Ried sehe ich dann unter mir oft die von den Eiszeitgletschern geformte, sanfte Moränenlandschaft, die sich im Allgäu nördlich des Gebirges ausbreitet.

Bei der Bergstation der Alpspitzbahn sind heute sehr viele Spaziergänger unterwegs. Auch am Abstieg nach Nesselwang kommen mir auf dem teilweise recht steilen und wurzeligen Pfad überraschend viele Familien mit kleinen Kindern entgegen. Als Fünfjähriger hätte ich diesen Weg nicht geschafft. Unten führt die sehenswerte Strecke über viele Metallstege und Treppen an einigen Wasserfällen vorbei. Von Nesselwang fahre ich mit der Bergbahn wieder zur Bergstation und wandere nun hinauf zum Gipfel der Alpspitze, dann hinab zum Grüntensee, wo ich mich bei warmem Sonnenschein eine Stunde lang auf dem Staudamm ins Gras setze.

Als ich im Supermarkt in Oy einkaufen will, stelle ich fest, dass Mariä Himmelfahrt in Bayern ein Feiertag mit geschlossenen Läden ist. Ohne Proviant für diesen Wandertag marschiere ich weiter. Zum Glück kann ich am Ufer des Rottachsee an einem Kiosk einen Steakweck essen. Bei Regenwetter wandere ich nach Rettenberg, wo mich das gute Bier im Braugasthof mit diesem bisher recht trostlosen Tag versöhnt.

Der Aufstieg zum Grünten ist zwar anstrengend, aber technisch leicht. Vom Gipfel des „Wächter des Allgäu" genannten Berges sehe ich alle wichtigen Gipfel der Allgäuer Alpen. Beim Abstieg verwandelt sich der D-Wanderer wieder zum Läufer. Es macht mir verdammt viel Spaß, auf diesen Trails hinabzu bolzen. So schön Wandern ist – auch weiterhin muss ich ab und zu auch mal wieder laufen.

In der engen, von senkrechten Felswänden umrahmten Starzachklamm mit ihren vielen rauschenden Wasserfällen lasse ich mir dann viel Zeit zum Schauen und Genießen. Auf dem schmalen Steg drängen sich mir sehr viele Menschen entgegen.

Nördlich von Sonthofen folgen einige fast völlig ebene Kilometer.

Nach einem steilen und kraftzehrenden Aufstieg marschiere ich auf teilweise recht anspruchsvoller, aber faszinierender Strecke über den Grat der Nagelfluhkette. Ein paar Mal muss ich hier beim Wandern etwas klettern, doch an allen anspruchsvollen Stellen hängen dicke Stahlseile zur Sicherung. Eine Weile sitze ich am Gipfel des Steineberg und genieße das Panorama.

Schließlich verlasse ich den Grat und marschiere bergab. Zehn Stunden lang wanderte ich mit trockenen Socken, doch kurz vor meinem Etappenziel versinken nun beide Füße beim Durchqueren eines kleinen Sumpfgebiets in tiefem Schlamm.

Nach dem Abendessen sitze ich bei der Alpe Gund noch lange vor der gemütlichen Hütte. Ich bin sehr froh darüber, dass ich mich nun in aller Ruhe in den stillen Abendstunden draußen erholen kann, anstatt wie noch vor einem Jahr die Zeit mit der täglichen Arbeit an meiner Homepage zu verschwenden.

Beim Abstieg nach Immenstadt, am Weg zum Alpsee und auf dem von sehr vielen Spaziergängern frequentierten Weg hinauf zur Pfarr-Alpe schleiche ich heute recht träge und ungewohnt motivationslos voran. Ich spüre deutlich, wie sehr die letzten Wochen und Monate meine Kraftreserven reduzierten. Lange sitze ich an einem Aussichtspunkt und schaue hinab zum Alpsee.

Als ich am Morgen über eine Reihe langgezogener Bergrücken wandere, sehe ich rechts unter mir das hügelige Alpenvorland, links die Nagelfluhkette. Zur Mittagsrast setze ich mich am Hündlekopf auf eine Bank mit schöner Aussicht. Als ich hinab zu den Buchenegger Wasserfällen laufe, freue ich mich darauf, dort an diesem sehr warmen Tag zu baden. Doch der Stau kurz vor dem Wasserfall lässt mich schon ahnen, dass es unten mehr als nur sehr überfüllt ist. Hier hätte man einen Vorverkauf für Stehplatzkarten organisieren können. In dem großen Talkessel drängen sich so viele Menschen, dass für Neuankömmlinge Sitzen, Baden oder auch nur kurz den Rucksack absetzen unmöglich ist. Schnell knipse ich ein Foto und gehe dann gleich weiter.

Nun führt mich der Weg wieder hinauf zur Nagelfluhkette, wo es mich überrascht, dass trotz ein paar leichten Kletterstellen überraschend viele Leute unterwegs sind.

Vom Grat aus blicke ich bei recht klarer Fernsicht auf alle wichtigen Gipfel der Allgäuer Alpen. Als ich mich am Hochgrat-Gipfel auf eine Bank setze, werde ich so umschwärmt wie noch nie zuvor. Keine Ahnung, warum ein riesiger Schwarm fliegender Ameisen ausgerechnet nur um diese Bank kreist.

Nach drei Minuten fliehe ich, kann mich aber bereits ein kurzes Stück abseits ungestört hinsetzen. In der Ferne schimmert der Bodensee im Sonnenlicht.

Nachdem an der Bergbahnstation die letzte Gondel ins Tal gefahren ist, sitze ich dort ganz alleine auf der Terrasse und freue mich über die Stille. Dann gehe ich hinab zur Alpenvereinshütte Staufner Haus und beziehe mein Lager. Nach dem Abendessen spaziere ich wieder hinauf zur Bergstation, wo ich nun fast zwei Stunden lang sitzen bleibe und in der Abenddämmerung das Alpenpanorama in aller Ruhe genieße.

Beim Heidenkopf sehe ich wieder die typische Nagelfluh-Landschaft in voller Pracht. Hier erfordern zwei ganz besonders steile Kletterpassagen im Abstieg Trittsicherheit und volle Konzentration. Dank der guten Seilsicherung komme ich auch hier problemlos hinab. Dennoch sollte man die Route über Heidenkopf und Girenkopf keinesfalls bei starkem Regen oder Nebel wandern.

Am späten Nachmittag komme ich in Balderschwang an. Gegen Mitternacht schreckt mich ein schweres Gewitter aus dem Schlaf. Fünf Minuten lang tobt draußen ein brutal heftiger Sturm. Unten im Restaurant drückt der Wind sogar die Tür zur Terrasse auf und bei mir im Zimmer peitscht der Regen so extrem stark gegen das Fenster, dass ich sehr froh darüber bin, dieses üble Unwetter nicht im Freien zu erleben.

Da es noch immer stark regnet und die Berge in Wolken stecken, wäre es heute sinnlos, der geplanten Route zu folgen. Außerdem steht in der Broschüre zur Wandertrilogie, dass man hier an Tagen nach langen Regenfällen besser auf eine empfohlene Alternativstrecke ausweichen sollte. Daher verzichte ich nun auf ein paar Gipfel und steige direkt zum Riedberger Horn auf. Auf einer Almwiese hüpft ein großer, brauner Frosch über den Pfad. Ihm gefallen die vielen Pfützen heute sicherlich.

Kurz vor dem Gipfel erreiche ich wieder die Himmelsstürmer-Route. Da der Regen gerade aufhört, hole ich schnell die Kamera aus dem Rucksack. Wie schon oft erlebe ich auch hier, dass „schlechtes" Wetter oft faszinierendere Stimmungen erzeugt als Sonnenschein mit Postkartenpanorama. Das außergewöhnliche Foto mit der gezackten Kette der vielen Berggipfel und den darauf verteilten Wolkenfetzen zählt zu meinen Lieblingsbildern der Deutschland-Wanderer-Zeit. Welch ein glücklicher Zufall, dass ich ausgerechnet am Gipfel die einzige kurze Auflockerung des Tages erleben darf! Eine schnell von unten heraufziehende Wolke beendet die fünfminütige Regenpause.

Bei gutem Wetter sind die anspruchsvollen Trails über die Allgäuer-Hörner-Gipfel eine herrliche Strecke, aber nicht bei Regen und Nebel. Daher wähle ich nun meist leichtere Wege unterhalb der Himmelsstürmer-Route.

Ab Ofterschwang marschiere ich zwar endlich unterhalb der Nebelgrenze, aber dies ist wirklich das einzige positive, was ich zu dem Mistwetter sagen kann, das sich auch auf der restlichen Strecke bis Fischen nicht bessert.

Von Fischen bis Oberstdorf sehe ich um mich herum nur tief von Wolken verhüllte Berge. Bei diesem trüben Wetter gefällt mir die Wanderung erst ab dem Weg von Oberstdorf entlang des rauschenden Oybach zum Oytal-Haus.

Der Aufstieg zum Seealpsee ist ein hochalpiner Steig, der nur von erfahrenen Bergwanderern begangen werden sollte und vor allem bei Regen sehr hohe Trittsicherheit und Schwindelfreiheit fordert.

Auf dem sehr steilen Pfad mit vielen glatten und rutschigen Steinen gibt es immer wieder kleine Kletterstellen mit Drahtseilen. Bei zwei Bächen, die man bei normalem Wetter problemlos überqueren kann, kommt nach den tagelangen Regenfällen heute niemand mit trockenen Füßen hinüber.

Dann umgibt mich lange Zeit dichter Nebel mit weniger als 200 m Sichtweite. Schließlich erreiche ich den Seealpsee, der aber ebenfalls vom Nebel verborgen wird. Einesteils finde ich es schade, dass ich nichts von der Gebirgslandschaft erkenne, andererseits ergänzt auch dieser etwas abenteuerliche Nachmittag meinen reichhaltigen Schatz an D-Wanderer-Erlebnissen.

Auch am großen, heute voll belegten Edmund-Probst-Haus sehe ich bei kühlen acht Grad nur hundert Meter weit.

Als ich kurz nach fünf Uhr aus dem Fenster schaue, sehe ich alle Gipfel wolkenfrei vor mir. In Berghütten packe ich oft schon am Abend sämtliche Bekleidung, die ich morgens für einen Spaziergang vor Sonnenaufgang brauche, in eine Tasche. Dadurch kann ich mich dann vor meinem frühen Aufbruch unten im Schuhraum umziehen, anstatt die anderen Gäste im Matratzenlager zu wecken. Draußen fotografiere ich zuerst die Lichter der unter mir liegenden Stadt Oberstdorf. Noch ist es recht dunkel, doch allmählich erkenne ich immer mehr von der Landschaft.

Da man vor der Hütte den Sonnenaufgang nicht sehen kann, marschiere ich ein Stück weit hinauf Richtung Nebelhorn, bis ich hoch genug bin. Nun zaubert die Dämmerung ein rotes Farbenspiel über die Berge. Ich liebe diese Stimmung. Eigentlich sollte ich viel öfter irgendwo oben übernachten und früh genug aufstehen. Dann schiebt sich die rote Sonne über ferne Berge.

Nach Sonnenaufgang gehe ich hinab zum Frühstück. Danach führt mich ein Steig recht mühsam über zerklüftetes Karstgestein. Oft muss man selbst im Juli hier noch Schneefelder überqueren, doch heute sehe ich nur noch ganz kleine Schneereste. Neben dem Pfad blühen viele Blumen. Nur ein kleiner See wird noch von einer dünnen Eisschicht bedeckt.

Einige Zeit später erreiche ich den zwischen weiten grünen Wiesen wie ein blaues Juwel leuchtenden Engeratsgundsee. Von dort steige ich zu einem kleinen Pass hinauf und laufe ein paar Kilometer weit viele 100 Höhenmeter auf einem für Trailrunner perfekten Pfad bergab. Welch ein Vergnügen! Nach ein paar Kilometern entspanntem Genusswandern übernachte ich in Bad Hindelang.

Statt einer normalen Wanderetappe hatte ich für heute einen besonders langen Trailrunning-Tag geplant. Doch wegen der tiefen Wolkendecke am Morgen und vor allem wegen der für den Nachmittag angekündigten Gewitter kürze ich den ersten Streckenabschnitt mit Bus und Seilbahn ab. Daher stehe ich nun schon kurz nach neun Uhr an der Bergstation der Iselerbahn. Über mir leuchtet herrlich blauer Himmel, unter mir bedeckt ein flaches Wolkenmeer Bad Hindelang, Sonthofen und das Tannheimer Tal. Nur die hohen Berge ragen wie Inseln hervor.

Dicht oberhalb der Wolkengrenze spaziere ich begeistert weiter. Bald löst sich der Hochnebel auf. Von der Bergstation der Wannenjochbahn laufe ich in hohem Tempo hinab nach Schattwald. Da ich mich wegen der Gewittergefahr beeilen muss, kürze ich bei Tannheim erneut ein Stück der Strecke ab. Dann marschiere ich hinauf zum Füssener Jöchel. Nach sonnigem Aufstieg verhüllt bei der Bergstation dichter Nebel das große, von sehr vielen Touristen besuchte Restaurant. Kurz darauf wandere ich wieder eine Weile oberhalb der Wolkengrenze.

Auf dem Weg hinüber zur Bad Kissinger Hütte nimmt das herrliche Wechselspiel zwischen Wolken und Sonne immer mehr zu. Das Alpenvereinshaus liegt bei meiner Ankunft unter einer dicken Nebelschicht, doch nach dem Abendessen reißt das Grau auch hier manchmal für eine Weile auf.

Wieder gehe ich schon vor sechs Uhr vor die Hütte, um die Morgendämmerung zu erleben. Die Hütte steht an einem Grat mit freiem Blick in fast alle Richtungen. Südlich der Hütte sind die Täler schon jetzt nebelfrei, im Norden liegt über dem Alpenvorland noch eine dünne Hochnebelschicht. Fast der ganze Himmel ist wolkenlos. Nur in Richtung aufgehende Sonne färben sich einige Wölkchen etwas rötlich. Anfangs stehe ich alleine hier draußen, dann kommen immer mehr Leute dazu. Bald kann ich beobachten, wie der Nebel unten immer mehr kleine Hügel freigibt.

Nach dem Frühstück marschiere ich hinauf zum Aggenstein. Die letzten paar Minuten führen mich wieder mit etwas Kletterei und Stahlseilen zu einem tollen 360-Grad-Panorama. Am Gipfel bleibe ich eine halbe Stunde lang sitzen und schaue in alle Richtungen. Dann wandere ich hinab nach Pfronten.

Märkischer Landweg

29.8. – 3.9.2019

Der offiziell in zehn Etappen eingeteilte Märkische Landweg führt 217 km weit mit nur wenigen Höhenunterschieden durch die Uckermark und an den Rand des Nationalpark Unteres Odertal.

www.tourismus-uckermark.de

Nachdem mir im Winter die Uckermark sehr gut gefallen hat, will ich nun einige Seen dieser Region auch zur Badesaison erleben.

Als ich kurz nach Sonnenaufgang in Fürstenberg starte, verzaubert eine dünne Dunstschicht über dem Schwedtsee die Landschaft mit träumerischer Atmosphäre.

Mal folgt der Weg direkt dem Ufer der Havel, mal marschiere ich in weitem Abstand zum Fluss. Am frühen Morgen fahren nur wenige Schiffe auf dem schmalen Fluss. Unterwegs sehe ich eines der Hausboote, mit denen Touristen führerscheinfrei von See zu See schippern können. Am Stolpsee wollte ich eigentlich baden, doch heute ist der Wellengang wegen kräftigem Wind zu stark zum Schwimmen. Stattdessen setze ich mich nun am Ufer auf die Terrasse eines Restaurants und esse Fisch aus der Region.

In Lychen spaziere ich am Abend von meiner Unterkunft zu einer schönen Badestelle am Zenssee und schwimme lange. Schon wenige Stunden nach meiner Ankunft hat mich diese Region bereits wieder in ihren Bann gezogen. Die Erkenntnis, dass mir die Seen im Nordosten Deutschlands mit ihren vielen einsamen Badestellen so gut gefallen, ist für mich inzwischen eine der besten Lehren, die ich aus dem D-Wanderer-Projekt ziehe. Während in den meisten Regionen Deutschlands die

Ufer der Seen oft fast komplett mit Privatgrundstücken belegt sind, findet man hier auch unglaublich viele Seen, an denen kein einziges Haus steht. Die Vielzahl der Gewässer bietet mehr als genug Platz für Ferienhäuser, Campingplätze, Freibäder und Schifffahrt, aber auch für Seen mit hundert Prozent ungestörter Natur.

Am frühen Morgen spaziere ich wieder am Ufer von zwei Seen entlang, die eine lange, schmale, einst von den Gletschern der Eiszeit gegrabene Rinne füllen. Dies ist ein für die Region typisches Landschaftsbild. Um diese Zeit ist hier noch kein Mensch außer mir unterwegs. Ich genieße die Stille.

Nach ein paar Kilometern im Wald schwimme ich schon wieder in einem großen, naturbelassenen See, den ich wie gewohnt ganz für mich alleine habe.

Bei idealem Badewetter erreiche ich den Lübbesee, an dem ich im Januar auf der Uckermärker Landrunde bei starkem Regen wanderte. Zuerst schwimme ich an einem einsamen Badeplatz in der Natur, dann spaziere ich weiter zu einem großen Strand mit aufgeschüttetem Sand und viel Südsee-Atmosphäre. Zwischen Liegestühlen, Sonnenschirmen, Tischen und Stühlen spazieren einige Enten über den Sand und betteln bei den Badegästen nach Futter. Ich bezweifle, dass Pommes Frites die ideale Ernährung für Enten sind, aber es scheint ihnen zu schmecken. Zwei Stunden lang bleibe ich an diesem netten Strand und schwimme erneut. Wieder einmal kommt mir ein Wandertag mehr wie ein Badeurlaub vor.

Schon um 6:30 Uhr kaufe ich mir bei einer Bäckerei Proviant. Dann setze ich mich zum Frühstücken ans Ufer des Stadtsees, wo die gerade über die Bäume steigende Morgensonne den See mit ersten Strahlen beleuchtet. Dies gefällt mir hundertmal besser als Frühstück in einem Hotel.

Nach einer netten Wanderstunde am stillen Ufer und einigen recht langweiligen Kilometern erreiche ich am Libbesickesee einige besonders schönen Badestellen. Trotz idealem Badewetter scheine ich heute der einzige Mensch an dem großen See zu sein. Zwei Stunden bleibe ich hier und schwimme natürlich auch wieder. Dann wandere ich weiter nach Ringenwalde, wo ich im Landgasthof Grüner Baum übernachte, der mir bereits im Winter sehr gut gefiel.

Da heute Sonntag ist, kann ich einen Blick in die sonst verschlossene Kirche werfen. Es lohnt sich, denn hier steht etwas, das ich bisher noch in keiner einzigen Kirche gesehen habe: Blickfang sind hier nicht Altar oder Orgel, sondern der an einer Seitenwand stehende riesige Ofen, der im Winter wohl mit Kohle beheizt wird. Vielleicht gibt es auch in einigen anderen Kirchen solch einen Ofen, aber mich überrascht dieser Anblick.

Über eine mit alten Bäumen gesäumte Allee, durch Laub- und Kiefernwald sowie über sonnige Feldwege in einer sanften Hügellandschaft erreiche ich den Wolletzsee. Hier spaziere ich kilometerweit am Ufer entlang, schwimme an herrlichen Badestellen und komme erst am Abend in Angermünde an.

Nach einigen Kilometern erreiche ich den Nationalpark Unteres Odertal. Von einem Turm schaue ich über das recht flache Odertal bis hinüber nach Polen. Der Fluss, den ich unter mir sehe, ist aber nicht die Oder, sondern die künstlich angelegte Hohensaaten-Friedrichsthaler-Wasserstraße. Ich wandere an idyllischen Schilfgebieten vorbei, dann auf einem Radweg über einen Deich. Leider verlässt die Route nun wieder das Tal und tangiert den Nationalpark nur noch vereinzelt, was mich sehr enttäuscht. Erst mein Etappenziel Schwedt versöhnt mich wieder mit dieser zuletzt langweiligen Etappe.

Ich hatte mich auf idyllische Schilfgebiete im Nationalpark gefreut, doch meine heutige Doppeletappe bleibt leider oft fern der Gewässer. Die öde Strecke scheint sich in die Länge zu ziehen. Unterwegs sehe ich weit entfernt auf einem Acker ein paar Kraniche. Einmal muss ich etwa 400 m weit auf einer Straße ohne begehbaren Randstreifen wandern. Ständig rasen Autos in wenigen Zentimetern Abstand an mir vorbei durch die engen Kurven. Abgesehen vom nur wegen der Witterung üblen Aufstieg zum Rachel ist dies der gefährlichste Streckenabschnitt meiner 10.000 Kilometer.

Als ich mich auf eine Bank setze, um meine Regenjacke aus dem Rucksack zu holen, jagt vor mir ein Wiesel eine Maus über den Weg. Zuerst glaube ich, dass der Maus die Flucht gelingt, doch gleich darauf ertönt aus dem Wald ein lautes Quieken.

Erst auf den letzten Kilometern gefällt mir die Strecke wieder. In Mescherin blicke ich am Abend von einem Beobachtungsturm weit über ein Schilfgebiet mit vielen Wasservögeln.

Als ich am nächsten Morgen erwache, geht die Sonne am gegenüberliegenden Ufer der Oder auf. Der Wind treibt leichten Dunst über das Wasser. In der Ferne rufen Kraniche, ein paar fliegen über mich hinweg. Nach diesen schönen Eindrücken verabschiede ich mich von der Oder. Nur wenige Fahrstunden später stehe ich bereits am Ufer der Elbe.

Malerweg

4.9. – 8.9.2019

Der offiziell in acht Etappen aufgeteilte Malerweg mit 112 km und etwa 4.000 Höhenmetern zählt zu den beliebtesten Etappenwanderungen Deutschlands. Unterwegs gibt es einige etwas anspruchsvolle Streckenabschnitte, aber die großartigen Felslandschaften des Elbsandsteingebirges in der Sächsischen Schweiz sollte jeder Wanderer und Naturfreund einmal besuchen.

www.saechsische-schweiz.de/malerweg

Eigentlich hatte ich vor, diesen Nachmittag ganz entspannt in Pirna zu verbringen. Doch da heute perfektes Wander- und Fotowetter ist, steige ich nicht in Pirna aus der S-Bahn, sondern fahre noch zwei Stationen weiter bis Wehlen-Pötzscha. Nun beginne ich meine Wanderung mit den offiziell letzten Kilometern der Malerweg-Strecke. Noch kann ich nicht ahnen, wie sehr ich am Sonntag froh darüber sein werde, dass ich diese drei Stunden bereits heute vorgezogen habe.

Über sonnige Höhen, durch Wald entlang der oberen Kante der Steilhänge und zwischendurch unten auf dem stark frequentierten Elbe-Rad wandere ich nach Pirna. Nun habe ich viel Zeit, mir diese sympathische Stadt in aller Ruhe anzuschauen. Vor allem die Marienkirche begeistert mich, aber auch der Marktplatz sowie viele kleine Verzierungen an den Häusern gefallen mir hier ausgesprochen gut.

Ein weiterer Höhepunkt des Tages ist für mich das sehr preiswerte Hostel, in dem ich übernachte. Ich mag gute Gemeinschaftsunterkünfte meist lieber als anonyme Hotels. Das in einer alten Villa aus der Gründerzeit angesiedelte Casa Hostel hat prunkvolle Stuckdecken im Aufenthaltsraum und im großen Schlafraum sowie eine gut ausgestattete Küche. Am Abend sitze ich lange mit der netten Leiterin und drei Malerweg-Wanderern zusammen, trinke viel zu viel Wein und genieße das Leben.

Schon kurz nach dem Aufbruch wandere ich durch ein felsiges Tal, das mir recht gut gefällt. Bald darauf führt der Malerweg lange Zeit durch den wunderbaren Uttewalder Grund, ein schmales Tal, das kilometerweit von hohen Felsen eingerahmt wird. Hier unten ist es recht dunkel. Moos und Farne bedecken die Felsen. Am Felsentor zwängt sich der Weg durch einen ganz kleinen Durchgang. Schon jetzt werden meine hohen Erwartungen an den berühmten Malerweg voll erfüllt. Solche wilden Täler findet man in Deutschland nur an wenigen Stellen.

Zwei Stunden danach scheine ich mitten in einer Völkerwanderung zu stecken. Die Bastei ist eines der beliebtesten Ausflugsziele Deutschlands. Je näher ich diesen spektakulären Felsen komme, desto mehr Menschen sind hier unterwegs.

In der Sächsischen Schweiz gibt es sehr viele wie Burgen oder Türme aufragende Sandsteinformationen. Einige der schönsten davon stehen im Bereich der Bastei. Eine so grandiose Kombination aus grau-weißen Felszinnen und grünem Wald gibt es nur hier im Elbsandsteingebirge.

Mich stört es zwar ein wenig, dass ich im Zentrum des Massentourismus an manchen Aussichtspunkten Schlange stehen muss, bis ich zum Fotografieren vor ans Geländer darf, aber es lohnt sich. Auch über die wunderschöne Basteibrücke, die einige der Felsmonumente verbindet, drängen sich die Urlauber. Doch die Bastei sollte jeder einmal gesehen haben!

Unten am Amselsee ist es schon deutlich ruhiger, da der See ein paar hundert Meter abseits der Hauptwanderrouten liegt. In der nächsten Felsenschlucht bin ich schon wieder fast alleine unterwegs. Weiter geht es über sonnige Höhen zum Aussichtsfelsen Hochstein. Der Abstieg auf einer steilen Treppe durch die tiefe und sehr schmale Wolfsschlucht fasziniert mich.

Schloss Hohnstein kombiniert mit vielen einzelnen Gebäuden historisches Ambiente und schöne Aussicht. Hier kann ich überraschend preiswert übernachten. Zum Sonnenuntergang steige ich auf den höchsten Turm. Danach bleibe ich noch lange draußen auf dem Gelände der alten Burg und genieße das letzte Abendlicht, bis es fast ganz dunkel ist. Solche Tage sind einfach unbezahlbar.

Am Morgen komme ich zuerst an der Gautschgrotte vorbei, einem großen, von Erosion ausgewaschenem Hohlraum in einer Felswand, dann blicke ich von einem Aussichtspunkt über die weite Landschaft mit ihren typischen Tafelbergen. Danach steige ich über 800 Treppenstufen in die Tiefe. Kurz darauf mühe ich mich auf der nächsten Treppe wieder steil bergauf. Den Malerweg könnte man auch Felsentreppenweg taufen.

Zu den typischen Konstanten in meinem Leben zählt es, dass ich problemlos die schwierigsten Wege bewältigen kann, auf Eis, losem Geröll oder Schlamm niemals stürze, mich aber manchmal an Stellen verletze, an denen es nicht den geringsten Grund für einen Sturz gibt. Dies führt jetzt beinahe zu einem vorzeitigen Ende meines Wanderprojekts. An einem völlig harmlosen Forstwirtschaftsweg rutsche ich auf einem Stück Schotter aus.

Hose zerrissen, Schienbein aufgeschürft, Knie und Schienbein stark geprellt – einige Minuten lang bleibe ich einfach am Boden liegen. Dann teste ich, ob das Bein gebrochen ist. Glück gehabt! Es schmerzt zwar höllisch, aber es scheint nur eine oberflächliche Verletzung zu sein. Eine halbe Stunde lang bleibe ich aber noch sitzen, bis ich glaube, wieder wandern zu können.

Auf den nächsten Kilometern humple ich langsam voran und muss mich mehrmals zwischendurch setzen. Wie ich so mein noch weit entferntes Tagesziel erreichen soll, bleibt rätselhaft. Aber von meinen langen Ultratrail-Wettkämpfen weiß ich, dass ich niemals schon auf halber Strecke aufgeben sollte, denn vielleicht fühle ich mich später doch wieder besser. Zwei Stunden lang plage ich mich voran, bis ich die Ostrauer Mühle erreiche. Von hier aus könnte ich mit dem Zug nach Hause fahren. Doch entgegen aller Vernunft will ich nun doch weiterwandern. Ich habe mich so lange auf den Malerweg gefreut, da darf mich so ein blöder Sturz jetzt nicht bremsen.

Die Schrammsteine sind, abgesehen von der Bastei, das beliebteste Ziel der Region. Auch diese faszinierende Felslandschaft mit grandios geformten Sandsteinmonumenten muss man gesehen haben. Obwohl ich das rechte Bein nicht belasten kann, schaffte ich es irgendwie, über die steilen Treppen und manchmal sogar Leitern voranzukommen. Heute könnte ich Ibuprofen gebrauchen, aber Schmerzmittel habe ich aus Prinzip nicht dabei. Entweder es geht ohne oder ich höre auf!

Felsen, Felsen, Felsen! Ein toller Aussichtspunkt folgt auf den nächsten. Schade, dass ich das heute nicht genießen kann! Aber die Landschaft lenkt mich immerhin von der Verletzung ab. Ohne Stöcke könnte ich heute keine 100 m bergab wandern.

Nachdem ich endlich in der Neumannmühle meinen Rucksack ins sehr günstige Massenlager gebracht habe, würde ich am liebsten darauf verzichten, zum Abendessen hinunter ins Restaurant zu gehen, da ich eigentlich keinen einzigen Schritt mehr gehen kann. In der Nacht halten mich die pochenden Schmerzen am sehr dick geschwollenen Knie und Schienbein lange wach. Den Rest meines Lebens wird mich eine kleine Kerbe im Schienbein an den Malerweg erinnern.

Vor dem Frühstück humple ich die Treppe hinab. Wie ich in dem Zustand auch nur einen einzigen Kilometer wandern soll, steht in den Sternen. Daran, wie geplant auch heute wieder zwei Etappen zu marschieren, brauche ich wohl nicht zu denken. Doch vielleicht kann ich mit genügend Kaffee-Doping zumindest die Etappe bis Schmilka schaffen. Von dort könnte ich dann mit dem Zug nach Hause fahren.

Zum Glück ist die Strecke auf den ersten Kilometern relativ leicht. Auf den Abstecher zur Kleinsteinhöhle, dem angeblich schönsten Felsbogen des Elbsandsteingebirge, verzichte ich natürlich. Das Regenwetter, die von Wolken verhüllte Aussicht und die heute teilweise sehr schlechte Streckenmarkierung tragen nicht gerade zu einer Verbesserung meiner Laune bei.

Irgendwie schaffe ich es trotz der Verletzung, über den Großen Winterberg nach Schmilka zu humpeln. Dort setze ich mich in den schönen Mühlengarten, esse Kartoffeln mit Quark und trinke eine Cola. Eben noch war ich sicher, dass ich gleich nach dieser Pause nach Hause fahren muss, doch nun fühle ich mich doch halbwegs fit genug, auch die nächsten 17 km mit 700 Höhenmetern zu schaffen. Ich verschiebe die Entscheidung über einen Abbruch der Wanderung auf morgen früh und überquere mit einer kleinen Fähre die Elbe.

Nun muss ich auf einer sehr steilen Treppe aus dem Tal hinaussteigen. Oben kann ich dann zum Glück lange Zeit recht bequem wandern. Bequem heißt aber nicht schmerzfrei.

Vor mir sehe ich mehrere Tafelberge, hinter mir auf der anderen Seite der Elbe eine kilometerlange, fast lückenlose Kette mit den Schrammsteinen und anderen Felsen, an dem ich gestern vorbeihumpelte.

Wegen der Verletzung muss ich auf die Besteigung von zwei Tafelbergen verzichten. Die Zeit, die ich durch diese Abkürzung spare, brauche ich dann leider am Abend auf der Suche nach einer Gelegenheit zum Abendessen. Jedes Restaurant im großen Kurort Gohrisch ist heute entweder geschlossen oder lässt Gäste nur mit Reservierung ein. Schließlich finde ich am Ortsrand doch ein Hotel, in dem ich zwar beim Essen am Tresen sitzen muss, mich aber am Buffet bedienen kann.

Da Aufgeben an einem so sonnigen Tag nicht in Frage kommt, humple ich weiter. Ein typisches Bild der Sächsischen Schweiz sind die aus dem Nebel aufragenden Tafelberge, wie sie schon von Caspar David Friedrich und anderen Landschaftsmalern verewigt wurden. Solch eine Szene kann ich fotografieren, als am frühen Morgen Nebel um die Festung Königstein wogt.

Bald führt der Malerweg durch die nächste Felsen-Wunder-Welt hinauf zum Pfaffenstein. In üppiger Vegetation erheben sich bizarre Sandsteingebilde. Über eine außerordentlich steile Treppe marschiere ich zwischen steilen Felswänden bergauf. Der Nadelöhr genannte Durchschlupf ist so eng, dass mein Rucksack am Fels scheuert, als ich die Leiter hinaufsteige.

Lange Zeit stehe ich oben am Aussichtspunkt. Dann nehme ich mir Zeit für den Abstecher zur berühmten, 42 m hohen Felsnadel Barbarine. Der Abstieg über den Klammweg führt durch eine besonders hohe Felsspalte.

Immer wieder komme ich heute an Felswänden mit bizarren Verwitterungsspuren vorbei. Hier hat die Erosion auch einige Höhlen ausgewaschen. Bei der riesengroßen Festung Königstein muss ich mich auf den Anblick von außen beschränken, da ich heute weder Zeit noch Kraft für die ein- bis zweistündige Besichtigung habe.

Zur Mittagszeit bin ich in Wehlen-Pötzscha sehr froh darüber, dass ich die letzten Kilometer von hier bis Pirna bereits vor ein paar Tagen gewandert bin. Die Vernunft sagt mir, dass ich nun wegen der Verletzung nach Hause fahren soll, doch ich habe für die nächsten Tage schon Übernachtungen im Erzgebirge gebucht und freue mich auf die Tour am Kammweg. Zwei Stunden nach Ende meiner Malerweg-Wanderung erreiche ich mit der Bahn bereits den Startpunkt des Kammweg.

Kammweg Erzgebirge-Vogtland

9.–17.9.2019

Der offiziell in 17 Etappen eingeteilte, als „Qualitätsweg Wanderbares Deutschland“ zertifizierte Weg führt 287 km weit auf einer relativ leichten, hervorragend markierten Strecke über das Erzgebirge und durch das Vogtland. Wer gerne weit abseits von Verkehrs- und Industrielärm durch die Natur wandert, der ist hier am rechten Fleck. **www.kammweg.de**

Heute regnet es in Strömen. Im dichten Nebel wandere ich über den Geisingberg. Normalerweise verzichte ich bei Fernwanderungen meist auf Museumsbesuche, aber wegen der heftigen Dauerdusche besichtige ich heute in Altenberg die interessante Ausstellung im Bergbaumuseum. Es lohnt sich!

Bald marschiere ich durch schöne Hochmoorwälder. Eine Schutzhütte am 905 m hohen Kahleberg bietet mir Gelegenheit, etwas im Trockenen zu essen, doch bei weniger als fünf Grad ist es zu kalt, um lange sitzen zu bleiben. Dieser 9. September fühlt sich wie ein Novembertag an. Ich freue mich über die heute recht leichte Strecke, da mir wegen der Verletzung steile Abstiege noch Probleme bereiten. Am Mittag nähert sich der Kammweg der Grenze zur Tschechischen Republik. Nur noch einige Schilder weisen auf die Grenze hin.

Nach stundenlanger Kälte, Nebel und Regen bin ich froh, als ich das gebuchte Hotel in Holzau erreiche. Zehn Minuten nach meiner Ankunft sitze ich bereits in der Sauna und friere endlich nicht mehr.

Nach abwechslungsreichen und leichten Kilometern blicke ich am Mittag vom Gipfel des Schindelberg in allen Richtungen weit über das Land. Als ich im Restaurant einen Kaffee trinke, erlebe ich Szenen, die allen Klischees aus Fernsehfilmen entsprechen. Hier oben findet gerade ein Klassentreffen statt. Zu Beginn trägt einer der Rentner ein Heimatgedicht vor, danach werden Einträge aus den alten Klassenbüchern zitiert, jemand liest Briefe von Klassenkameraden vor, die heute nicht kommen konnten, aber nun schriftlich ihre ausführliche Krankheitsgeschichte mitteilen. Ach wie froh bin ich, dass ich alleine weiterwandern darf!

Nachdem ich heute schon an einem Museum mit den für das Erzgebirge typischen Nussknackern vorbeikam, erreiche ich nun den auch als Spielzeugdorf bezeichneten Ort Seifen. Hier werden fast an jeder Ecke die ebenfalls für diese Region typischen Holzwaren produziert und auch verkauft. Den Besuch des Spielzeugmuseums lasse ich zwar aus, aber am Schaufenster eines Geschäfts, in dem faszinierende Miniaturwelten in Streichholzschachteln verkauft werden, bleibe ich lange mit großer Begeisterung stehen. Ich bin absolut kein Freund von Dekorations- oder Geschenkartikeln, aber diese hier finde ich genial.

Am Ortsrand von Oblernhau führt der Weg durch das große Gelände der Saigerhütte, die mit mehr als 20 historischen Gebäuden eines der größten und faszinierendsten Monumente der inzwischen zum UNESCO-Welterbe zählenden Montanregion Erzgebirge ist. Da ich heute 41 Kilometer weit wandern will, muss ich mich leider darauf beschränken, die Gebäude von außen anzuschauen. Vor allem den alten, mit Wasserkraft betriebenen Kupferhammer, der den Besuchern noch immer in Aktion vorgeführt wird, hätte ich gerne gesehen.

Wieder wandere ich nur wenige hundert Meter von der Grenze entfernt bergauf. Drüben sieht der Wald genau so aus wie hier. Für die Pflanzen und Tiere gibt es keine Trennung der Nationen. Die Menschen dort drüben wuchsen mit einer völlig anderen Geschichte und einer anderen Politik auf, hören andere Musik, lesen andere Bücher, sehen andere Kinofilme und Fernsehsendungen, doch trotz aller räumlich und historisch bedingter Unterschiede sind die Träume und Hoffnungen der Menschen auf beiden Seiten gleich, und ich hoffe, dass irgendwann die letzten Grenzen verschwinden.

Mal führt die leichte und hervorragend markierte Strecke durch eine offene Landschaft mit viel Aussicht, mal an einem Kanal entlang, der angelegt wurde, um Wasser aus den umliegenden Tälern zur Nutzung im Bergbau zu führen, mal durch ein kleines Hochmoor. Am Hirtstein begeistern mich einige spektakuläre Basaltformationen.

Ich übernachte im kleinen Weiler Schmalzgrube in einer Ferienwohnung auf dem Gelände eines alten Hammerwerks, wo noch ein im Jahr 1659 aus Stein gemauerter acht Meter hoher Holzkohlehochofen steht.

Mal entlang plätschernder Bäche, mal durch Wald wandere ich auf angenehmer Strecke weiter, unter anderem auf den 897 m hohen Bärenstein und zur Talsperre Cranzahl. Kurz bevor ich die etwas abseits des Kammwegs stehende Jugendherberge Neudorf erreiche, freut es mich sehr, dass gerade jetzt der Dampfzug der Fichtelbergbahn an meinem Weg vorbeifährt.

Zuerst wandere ich auf den 1.215 m hohen Fichtelberg, der höchsten Erhebung Mitteldeutschlands. Hier kommen viele Touristen mit dem Sessellift oder mit Deutschlands ältester Seilbahn herauf. Danach führt der Kammweg heute fast nur durch Wald mit wenig Aussichtspunkten. Doch obwohl ich diese Etappe recht langweilig finde, hat sie auch ihre guten Aspekte. Weit abseits von allem Verkehrslärm kann man hier absolute Stille genießen.

In Johanngeorgenstadt wundere ich mich zuerst darüber, warum es hier so viele große, gebührenpflichtige Parkplätze gibt. Gleich darauf erkenne ich am Grenzübergang zum tschechischen Potucky den überraschenden Grund. Auf der anderen Seite locken dicht gedrängt Souvenirläden, Duty-Free-Shops und jede Menge Ramsch unglaublich viele Touristen an.

Nach einigen Kilometern blicke ich vom Aussichtsturm auf dem 1.018 m hohen Auersberg weit in alle Richtungen. Die nächsten Stunden führen mich auf einer schönen, recht abwechslungsreichen Strecke mit Wäldern, Wiesen, Teichen und alten Wassergräben nach Mühlleithen, wo ich in einer empfehlenswerten Pension direkt am Wanderweg übernachte.

Wieder wandere ich durch Wald und vorbei an idyllischen Seen. Dann wechselt der Kammweg vom Erzgebirge in das Vogtland. Dort sind die Berge nicht mehr so hoch. Auch diese offene Landschaft gefällt mir am ersten Tag ausgezeichnet.

Mein verletztes Bein schmerzt zwar noch immer, aber inzwischen kann ich wieder halbwegs normal durch eine Mischung aus Wald, Wiesen und Feldern wandern. Am späten Nachmittag erreiche ich Gutenfürst. Da ich keine Übernachtungsmöglichkeit an diesem Streckenabschnitt gefunden habe, muss ich mit dem Regionalzug in die wenige Minuten entfernte Stadt Hof fahren. Auf dem Fahrplan steht, dass der Zug in Richtung Hof auf Gleis 1 abfährt, laut Beschriftung der Bahnsteige geht es von Gleis 2 nach Hof. Da dies nur ein Bedarfshaltepunkt ist und der Übergang auf die andere Seite recht weit ist, warte ich ziemlich verunsichert auf den nur stündlich fahrenden Zug, stehe aber zum Glück auf der richtigen Seite.

Ab Gutenfürst führt der Kammweg meist an der ehemaligen deutsch-deutschen Grenze entlang. Schon bald wandere ich auf einem Kolonnenweg. Entlang der Grenze zieht sich seit

Jahren eine „Grünes Band“ genannte Kette von Naturschutzgebieten. Unterwegs lese ich auf Tafeln die Geschichte kleiner Siedlungen, die damals nach der deutschen Teilung wegen ihrer Nähe zur Grenze geräumt werden mussten.

Unterwegs komme ich in das Dorf Mödlareuth, das jahrzehntelang durch eine 800 m lange Grenzmauer aus Beton geteilt wurde. Schautafeln und ein Museum informieren über diesen gruseligen Teil deutscher Geschichte. Im Außenbereich des Museums stehen u. a. ein Wachturm und verschiedene Arten der Grenzbefestigung. Auch ein Abschnitt der Mauer und ein Teil des Grenzzauns mit Graben wurde erhalten.

Ich erreiche die Sächsische Saale und blicke an zwei sehr schönen Aussichtspunkten hinab zum Fluss. Bei Hirschberg wandere ich eine Weile auf einem hübschen Uferweg. Einst stand zwischen dem Ort und dem Fluss ebenfalls eine Mauer.

Am Mittag erreiche ich Blankenstein, wo der Kammweg am Wanderportal endet, das ich von meinem Start zum Frankenweg kenne.

Abenteuer Bahn! Auf der Heimfahrt bleibt der Regionalzug mitten auf der Strecke stehen. Ich erfahre, dass die Weiterfahrt in den nächsten Stunden wegen eines Unfalls nicht möglich ist. Eine Stunde später werden wir mit einem Taxi zu einem Kleinstadtbahnhof gebracht. Eine außergewöhnlich nette Bahnmitarbeiterin nimmt mich von dort in ihrem Auto mit zum Bahnhof Gotha. Leider kann man hier nirgends im Warmen sitzen. Da der ICE nach Frankfurt aus technischen Gründen zu spät kommt, muss ich 65 Minuten lang in windiger Kälte stehen. Und in Frankfurt hänge ich dann erneut lange fest, so dass ich anstatt wie geplant gegen Mitternacht erst rechtzeitig zum Frühstück nach Hause komme. Den ganzen Winter über wanderte ich bei Regen, Sturm und Schnee und blieb dennoch kerngesund. Die Kälte am Bahnhof Gotha führt nun zur einzigen Erkältung während meiner D-Wanderer-Zeit.

Goldsteig (Südroute)

25.9.–3.10.2019

Nachdem ich bereits im Frühjahr auf der nördlichen Route des Goldsteig 440 km wanderte und ihn seither zu den schönsten Wanderwegen Deutschlands zähle, folgt nun die offiziell in 21 Etappen eingeteilte Südvariante. **www.goldsteig-wandern.de**

Zwei Tage nachdem ich im SWR-Fernsehen bei „Kaffee oder Tee" erneut Wandertipps gab, marschiere ich von Passau hinauf zur Veste Oberhaus, dann hinab zur Ilz. Den ganzen Tag über folgt der Goldsteig nun auf idyllischer Strecke einem der letzten noch recht ursprünglichen Flüsse Deutschlands. Jahrhunderte lang wurde auf der Ilz Holz aus dem Bayerischen Wald nach Passau transportiert. An einer Stelle wurde ein 115 m langer Tunnel gegraben, durch den das Holz unter einem Berg hindurch geschwemmt wurde und so eine enge Flussschleife abkürzte. Der Goldsteig führt mich durch diesen Tunnel, danach weiter am Ufer der Ilz und an der Ilztalsperre entlang. Weit und breit höre ich keine Straße. Einmal fliegt ein Eisvogel neben mir über den Fluss. Am Nachmittag erreiche ich die Schrottenbaummühle, wo ich mich vor dem Abendessen eine Weile ans Ufer setze.

Nun wird das Tal immer enger und zwängt den bisher recht beschaulich fließenden Fluss in ein schmales, von steilen Berghängen begrenztes Bett. Jetzt rauscht er munter über viele Stromschnellen. Eine Weile bleibe ich stehen und beobachte eine Wasseramsel.

Fast das ganze Tal steht unter Naturschutz, um den Lebensraum für bedrohte Pflanzen zu erhalten, doch leider erscheint dies nun recht sinnlos zu sein, da sich hier in den letzten Jahren wie an vielen anderen Stellen in Deutschland das Drüsige Springkraut, oft auch Indisches Springkraut genannt, mit enormer Geschwindigkeit ausgebreitet hat. Im 19. Jahrhundert wurde es als Zierpflanze eingeführt und verdrängt hier inzwischen fast alle ursprünglich vorhandene Vegetation. Nun überzieht ein lückenloses Gestrüpp mit rosa Blüten den Boden und lässt der natürlichen Artenvielfalt keine Chance mehr.

Am Nachmittag steige ich am Turm des 1.011 m hohen Brotjackriegel mehr als 120 Treppenstufen hinauf, doch das trübe Wetter verhindert eine schöne Aussicht. Ich bin froh, als ich nach regnerischen Stunden Langfurth erreiche. Laut meiner ausgedruckten Kartenskizze ist der Gasthof, in dem ich heute angemeldet bin, genau in Ortsmitte. Doch dort sehe ich nur einen anderen Gasthof, der heute Ruhetag hat. Ich rufe im Grünen Baum an und erfahre, dass der zwar wirklich in Ortsmitte ist, aber in Langfurth in Unterfranken. In „meinem" Langfurth gibt es heute keine Übernachtungsmöglichkeit. In einem kleinen Laden kaufe ich mir etwas zum Abendessen. Als ich den Inhaber frage, ob er eine Unterkunft in der Nähe kennt, ruft er bei einer Pension in Ölberg an, wo ich zum Glück nach zusätzlichen 2,5 km Wanderung übernachten kann.

Beim Frühstück unterhalte ich mich lange mit zwei anderen Gästen, die hier mit Eseln wandern. Mit solch einem Vierbeiner erlebt man unterwegs ganz andere Dinge als ich. Die beiden können sich ebenso wenig vorstellen, wochenlang mit Rucksack sechs bis zwölf Stunden täglich zu wandern, wie ich es mir vorstellen kann, zwei störrische Tiere zu begleiten. Dieses Gespräch zwischen zwei so verschiedenen Wander-Welten finde ich äußerst interessant. Nach nicht besonders spannenden Stunden bei trübem Wetter übernachte ich in der Nähe von Gotteszell.

Bei der Planung dieser Goldsteig-Etappen hatte ich mich auf goldene Spätsommertage gefreut, doch heute komme ich mir vor wie bei einer Novemberwanderung. Im Regen marschiere ich durch kalten, dichten Nebel. Normalerweise gefallen mir auch Nebelstimmungen im Wald, aber bei diesem ungemütlichen Klima ist das kein Vergnügen. An mehreren Aussichtspunkten sehe ich nur Grau.

Vom Gipfel des 1.048 m hohen Pröller kann ich endlich bei recht gutem Wetter hinüber zum Arber, Lusen und den anderen Gipfeln schauen, über die ich im Frühjahr auf der Nordroute wanderte. Stundenlang marschiere ich auf schöner Strecke mit vielen Auf- und Abstiegen voran. Allmählich spüre ich die Anstrengung meiner zuletzt sehr langen Tageswanderungen. Als ich Haunkenzell erreiche, freue ich mich, dass mein Etappenziel Pilgramsberg nur noch 1,7 km entfernt ist. Doch diese kurze Strecke hat es in sich. Der Aufstieg wird immer steiler. Als wäre dies am Ende eines langen Wandertages nicht anstrengend genug, muss ich mich zuletzt auch noch über eine lange Treppe plagen, bis ich endlich oben vor der Wallfahrtskirche stehe. Kurz darauf komme ich im Gasthof „Zur schönen Aussicht" an, der seinen Namen zu Recht trägt. Endlich kann ich nun auch mit klarer Sicht die weite Kette der Alpengipfel in der Ferne vor mir betrachten. Lange bleibe ich draußen sitzen, bis unter mir das Donautal von den Lichtern der Städte beleuchtet wird.

Zuerst wandere ich ein paar Stunden lang genau an einer Wettergrenze entlang. Rechts drohen dunkle Wolken eines Orkans, links sehe ich ab und zu blauen Himmel. Auf offenen Flächen bläst mir ein unangenehm starker Wind entgegen.

Am Nachmittag durchquere ich unter anderem das faszinierende Naturschutzgebiet Hölle, in dem sich der Bach und der Pfad zwischen schier endlos vielen rund geschliffenen Felsen hindurchdrängen. Mich wundert es nicht, dass die Menschen früher dieses nur schwer passierbare Tal Hölle nannten. Heute ist es dagegen für Wanderer ein sehenswertes Naturparadies. Große, runde Steine, kleine Wasserfälle, umgestürzte Bäume, Farne und Moos – alle paar Meter entdecke ich faszinierende Fotomotive.

Ein an vielen Felsen vorbeiführender Pfad, eine kurzweilige Wald- und Wiesenmischung, die kleine Kapelle Marienstein mit ihren wunderschönen Fenstern, die auch in eine Galerie für moderne Kunst passen würden, eine Ruine und eine große Felsgruppe sind die Schmankerl dieses sonnigen Wandertages. Am Ziel besichtige ich in Reichenbach eine der schönsten Klosterkirchen des Bayerischen Waldes. Ihre üppige Barockausstattung wirkt nicht so schwülstig wie in manch anderen Kirchen.

Lange Zeit führt mich der Goldsteig nun fast nur durch Wald, in dem ich viele Pilze fotografiere, dann eine Weile über Felder und zu einigen Seen. Zuletzt muss ich bis Neunburg vorm Wald auch ein paar Kilometer auf langweiligen Forstwirtschaftswegen bewältigen.

Heute wandere ich nur noch ein paar Kilometer in Richtung der Stelle, wo sich der Goldsteig in Nord- und Südroute aufteilt. Der Wald um mich herum zeigt jetzt schon deutliche Spuren des nahenden Herbstes. Dann fahre ich nach Hause.

Albsteig (Schwäbische-Alb-Nordrandweg, HW1)

14.–27.10.2019

Der Albsteig (Schwäbische-Alb-Nordrandweg, HW 1) ist einer der schönsten und ältesten Weitwanderwege Deutschlands. Die offiziell in 16 Etappen eingeteilte Strecke führt 365 km weit von Donauwörth bis Tuttlingen. **www.schwaebischealb.de/wandern/albsteig**

Als ich Donauwörth erreiche, liegt noch eine dünne Nebelschicht über Donau und Müritz. Aber schon bald darauf wandere ich durch eine sonnige, von den ersten Herbstfarben geprägte Landschaft.

In Wörnitzstein steht eine Kapelle auf einem großen Felsblock, der vor 14,5 Millionen Jahren beim Meteoriteneinschlag im Nördlinger Ries so wie viele andere Gesteinsbrocken viele Kilometer weit durch die Luft geschleudert wurde.

Höhepunkt des Tages ist Harburg mit dem sehr sehenswerten Schloss, das ich bereits am Ende meiner Frankenweg-Wanderung besichtigt hatte.

Über eine wunderschöne Allee erreiche ich den Gipfel des Bocksbergs, auf dem ich eine halbe Stunde lang in der Sonne sitze. Kurz vor Mönchsdeggingen komme ich an einem ehemaligen Kloster vorbei, das momentan fast nur noch als schönes Fotomotiv dient.

Am Morgen bedeckt Nebel die tiefen Bereiche des Nördlinger Ries, doch meine Route führt am sonnigen Rand des flachen, mehr als 20 km durchmessenden Meteoritenkraters entlang. Bei meiner Wanderung nach Bopfingen trumpft der Herbst nun mit aller Farbenpracht auf.

Zuerst komme ich am Ipf vorbei, einem etwa 200 m hohen, überwiegend von Wacholderheide bedeckten Zeugenberg. Dann wandere ich wieder meist durch bunten Herbstwald, vorbei an einer wenig spektakulären Ruine und an einem fotogenen Schloss. Unterhalb des Kocherursprungs folge ich einem plätschernden Bach hinab nach Unterkochen.

Von einem Aussichtsturm blicke ich hinab nach Aalen und am Albtrauf entlang. Bald danach fasziniert mich die schöne Wacholderheide auf dem Volkmarsberg.

Ein anderer Albsteigwanderer, dem ich seit der ersten Etappe mehrmals begegnete, empfahl mir, ich solle am Abend in Heubach ins Alte Sudhaus gehen. Dies ist ein sehr guter Tipp! Das urige Lokal mit seinen alten Braukesseln gehört auf jeden Fall ins Programm einer Tour auf dem HW1.

Wieder lässt ungetrübter Sonnenschein das Herbstlaub leuchten. Ab heute führt der Weg oft direkt an der Abbruchkante des Albtrauf entlang. Als Albtrauf bezeichnet man den viele hundert Kilometer langen Steilabfall am Rande der Schwäbischen Alb. Meist endet das obere Hügelland an einer scharfen Kante, unter der sehr steile Hänge mehrere hundert Meter bergab führen. Da diese Hänge für die Forstwirtschaft nicht geeignet sind, findet man hier noch an vielen Stellen eine natürliche, urwaldhafte Vegetation. Der Albsteig führt hier über traumhaft schöne Pfade zu vielen Aussichtspunkten.

Nach einem sonnigen Tag zieht schnell eine fast schwarze Front am Himmel auf. Diese droht mit viel mehr als nur einem harmlosen Regenschauer. In Wettkampftempo renne ich den teilweise steilen Pfad nach Gingen an der Fils hinab. Dieses Wettrennen gegen das Unwetter macht mir Spaß! Und entgegen aller Erwartung gewinne ich. Erst zwei Minuten nachdem ich unten ankomme, beginnt ein heftiger Regenguss.

Ab Gingen an der Fils begleitet mich endlich mal wieder Annette eine Woche lang. Trotz Regen gefallen uns die herbstlich bunt gefärbten Wälder. Auch heute führt der Albsteig viel über schmale Wege und Pfade, oft wieder direkt an der Kante des Albtrauf entlang. Dort stehen viele vom Wind bizarr geformte Bäume.

Am Morgen genießen wir bei der großen Ruine Reußenstein die Aussicht auf steile Berghänge und bunte Herbstwälder. Dann erreichen wir das Randecker Maar. Dieses ist mit 1.200 m Durchmesser die größte Ausbruchsstelle des Albvulkanismus vor 16 bis 20 Millionen Jahren. Als Magma im Erdinneren beim Aufstieg auf das Grundwasser traf, kam es zu einer gewaltigen Wasserdampfexplosion. Dadurch entstand ein großer Krater, der im Laufe der Zeit von einem bis zu 130 m tiefen See gefüllt wurde. Auf dem Boden des inzwischen längst wieder ausgetrockneten Sees findet man heute in einer über 100 m dicken Schicht viele Versteinerungen.

Bei diesem herrlichen Wetter kommen sehr viele Spaziergänger auch von weit her zum großen Felsplateau des Breitenstein, genießen die Aussicht und spazieren über die weiten Wiesen.

Bald danach erreichen wir das nächste beliebte Ausflugsziel. Wir hatten uns darauf gefreut, im Hof der Burg Teck ein Bier zu trinken, doch auf diese Idee kamen viele hundert andere Leute ebenfalls. Kurz vor der Burg treffen wir auf die vom Parkplatz hier heraufströmende Völkerwanderung. An manchen Stellen müssen wir uns fast zwischen den Horden hindurchdrängen. Im Burghof schreckt uns die lange Warteschlange bei der Selbstbedienungstheke ab, so dass wir gleich wieder weitergehen. Zum Glück biegt der Albsteig bald von der mit lauten Spaziergängern überfüllten Zufahrtsstraße auf einen stillen Weg ab.

Meist folgen wir auch heute wieder der Traufkante. Uns gefällt der Kontrast zwischen dem steilen Urwald auf der rechten Seite und den offenen Feld- und Wiesenflächen, die manchmal links von uns liegen. Der Umweg zur Burg Hohen Neuffen lohnt sich wegen der schönen Aussicht von der größten Burganlage Südwestdeutschlands.

Auch hier gab es vor Jahrmillionen viele Vulkanausbrüche. Der Vulkan in der Region rund um Urach hatte im Laufe der Zeit etwa 360 verschiedene Schlote. Heute kommen wir an einem kleinen Teich in einem alten Krater und an einem alten, durch einen Steinbruch aufgeschnittenen Kraterschlot vorbei. Nachdem wir am Mittag wieder auf einigen Felsen die Aussicht genießen, verbringen wir den Abend in der Sauna in der Therme von Bad Urach.

Zuerst schauen wir uns die mit vielen Fachwerkhäusern geschmückte Altstadt von Urach an. Bald darauf erreichen wir einen der schönsten Wasserfälle Deutschlands. Oben stehen wir an einem Geländer und sehen vor uns das Wasser 40 m in die Tiefe stürzen. Danach sehen wir von unten zu, wie das Wasser in einem großen Schwall senkrecht hinabrauscht und sich dann auf einen weiten Fächer kleiner Bäche verteilt, die bergab plätschern. Mit einer angenehmen Mischung aus Wald und Wiesen wandern wir weiter.

Am frühen Morgen steckt über uns Schloss Lichtenstein im dichten Nebel. Als wir etwas später das Schloss erreichen, zieht zwar neben uns noch immer Nebel um die Mauern, doch der Turm wird bereits von der Sonne beleuchtet. Eine halbe Stunde lang stehen wir auf einer Aussichtsplattform und beobachten, wie der Nebel das Schloss immer mehr freigibt. Unvergesslich! Danach nehmen wir an einer interessanten Führung durch das Schloss teil.

Bald darauf besichtigen wir die Nebelhöhle, die schönste Höhle der Schwäbischen Alb. Wir lassen uns viel Zeit, durch diese Wunderwelt mit vielen prächtigen Tropfsteinen zu spazieren.

Als wir anschließend direkt neben der Höhle im Restaurant die schwäbische Spezialität Maultaschen essen, treffen wir erstmals Matthias, der ebenfalls den Albsteig wandert. Ihm werden wir heute und an den nächsten Tagen noch mehrmals begegnen und immer wieder nette Gespräche führen.

Am späten Nachmittag erreichen wir den Wanderparkplatz Roßberg. Da wir nur noch wenige Kilometer von unserem Tagesziel entfernt sind, ergänze ich meine Etappe um den Aufstieg auf den Roßberg. Annette bleibt unten auf einer Bank sitzen, während ich als Trailrunner ohne Gepäck den anstrengenden Pfad hinauf zum Wanderheim laufe und dann in hohem Tempo wieder hinabrenne.

Wir dachten, dass wir nun bald den Bolberg erreichen, doch irgendwo verpassen wir unterwegs eine Abzweigung. Erst als wir weit unten an einer Kreuzung keine Markierungen sehen, schalte ich mein GPS-Gerät an. Darauf zeigt die Karte einen Pfad, der nahe unserer Position zur richtigen Strecke hinaufführt. Wir müssen uns nun sehr beeilen, da der Sonnenuntergang naht. Doch auf dem außerordentlich steilen und unwegsamen Pfad kommen wir nur sehr langsam voran. Allmählich befürchten wir, unser Ziel nicht mehr bei Tageslicht zu erreichen.

Zum Glück ist danach der Abstieg vom 880 m hohen Bolberg zu unserer Unterkunft sehr leicht.

Ein farbenfroher Himmel belohnt uns für das Aufstehen vor Sonnenaufgang. Nach einigen Kilometern erreichen wir das Gebiet des Mössinger Erdrutsch. Hier rutschten 1983 beim größten Erdrutsch der letzten 100 Jahre in Deutschland auf einer Breite von 600 m fünf bis sechs Millionen Kubikmeter

Erde in die Tiefe. Die Kante des Albtrauf wurde dadurch um teilweise mehr als 30 Meter nach hinten verlegt. Unterhalb der Abbruchstelle kann man heute noch beim Blick auf die Felswand erahnen, welche Erdmassen damals hinabgedonnert sind.

Auch heute wandern wir meist direkt an der Traufkante entlang, nur durch einige Täler mit steilen Ab- und Aufstiegen unterbrochen.

Bald sehen wir in der Ferne die auf einem Bergkegel etwas abseits des Traufs thronende Burg Hohenzollern, ein äußerst fotogenes Beispiel für ein Märchenschloss.

Typisch für den Albtrauf sind auch die an manchen Stellen auftretenden, mehrere Meter breiten Risse, die vorgelagerte Bereiche der Kante vom festeren Boden trennen. Besonders stark fällt dies am Hangenden Stein auf, einem großen, felsigen Abschnitt des Albtrauf, der bereits durch mehrere Meter tiefe Risse vom stabileren Bereich abgeschnitten wurde und irgendwann mit großem Getöse in die Tiefe stürzen wird.

Schon wenige Minuten nach dem Frühstück genießen wir an der Traufkante einen herrlichen Blick auf die Burg Hohenzollern.

Ein paar Mal kommen wir wieder an hübschen Wacholderwäldchen vorbei. Bei den großartigen Aussichtspunkten auf dem Böllat und dem Hörnle setzen wir uns lange hin und blicken am Albtrauf entlang und hinüber zum Schwarzwald. Nach langem Genusswandern erreichen wir die Jugendherberge Lochen.

Gleich nach dem Frühstück wandern wir wieder durch schöne Wacholderwäldchen. Auf dem Plettenberg sehen wir neben idyllischer Natur auch einen gigantischen Steinbruch, dessen Abbaumaterial mit einer großen Seilbahn zu einer etwa

350 m tiefer liegenden Fabrik transportiert wird. Am Gipfel sitzen wir lange in der Sonne und freuen uns über das für Ende Oktober ungewöhnlich warme Wetter.

Leider finden wir unterwegs nirgends einen Laden oder ein Restaurant und steigen daher am Nachmittag sehr hungrig auf den 1.015 m hohen Lemberg, den höchsten Gipfel der Schwäbischen Alb. Normalerweise halte ich mich aus der bei vielen Wanderern üblichen Schimpferei über Mountainbikes zurück, aber was wir hier sehen, ärgert mich sehr. Auf dem steilen, steinigen und stark verwurzelten Steig, der von Mountainbikefahrern höchstes Können fordert, treffen wir eine Fahrerin, auf deren Rad hinten ein kleines Kind auf dem Kindersitz mitfährt. Wenn ein Mountainbiker stürzt, so ist das seine eigene Gesundheit, die er gefährdet. Doch wenn die Fahrerin hier beim Slalom zwischen den vielen Spaziergängern auf dem schmalen Weg stürzt, nützt dem Kind sein Helm nichts, da es sich leicht auch das Genick brechen könnte. Unverantwortlich!

Heute wandern wir abwechselnd mal an der Traufkante und mal auf breiten Wegen am Waldrand und über große Wiesen bis nach Tuttlingen.

Werra-Burgen-Steig Hessen

2.–6.11.2019

Bereits 1885 wurde der Werra-Burgen-Steig von Hann. Münden bis zur Wartburg markiert. Die deutsche Teilung trennte auch diesen Weg. Inzwischen gibt es zwei Routen. Eine führt durch Thüringen und der als „Qualitätsweg Wanderbares Deutschland" zertifizierte Werra-Burgen-Steig Hessen führt 134 km weit von Hann. Münden nach Nentershausen. **www.werra-burgen-steig-hessen.de**

Nachdem ich vor einigen Monaten in Hann. Münden mit dem Weserbergland-Weg begann, starte ich hier nun zum zweiten Mal eine Wanderung. Umgeben von buntem Herbstlaub, wandere ich munter voran. Fast alle deutschen Wanderwege werden mit bunten geometrischen Zeichen oder interessanten Logos markiert. Hier gibt es stattdessen nur Kombinationen aus Buchstaben und Zahlen, so dass manche Bäume aussehen wie mathematische Gleichungen. Ich folge dem X5H.

In meiner Jugend liebte ich die klassischen Edgar-Wallace-Filme. In einigen diente Schloss Berlepsch als Kulisse. Nun sehe ich es live vor mir.

An meinem Tagesziel Witzenhausen kann mich trotz vieler Fachwerkhäuser nur Schinkels Brauhaus mit seinen Öko-Craft-Bieren begeistern.

Am Morgen komme ich unter anderem zur Burg Ludwigstein, die vor etwa 100 Jahren von der Wandervogel-Bewegung gekauft und für die Jugendbewegung ausgebaut wurde. Gegen Mittag besteige ich den Rosskopfturm, wo die Aussicht leider durch dunklen Himmel getrübt wird. Am Abend schaue ich mir in Bad Sooden prunkvolle Fachwerkhäuser, malerische Gassen, eines der ältesten noch erhaltenen Gradierwerke Deutschlands, einen alten Bohrturm, der einst aus mehr als 300 m Tiefe Salzwasser förderte, und vieles mehr an.

Brücken führen mich über die hier in mehrere Ströme geteilte Werra nach Allendorf. Dort stehen sogar noch mehr Fachwerkhäuser als in Bad Sooden, darunter viele mit schöner Bemalung oder Schnitzereien.

Durch bunten Herbstwald marschiere ich bergauf und erreiche einen Aussichtspunkt mit sehr schönem Blick auf den geschwungenen Verlauf der Weser. Bald danach führt mich ein idyllischer Streckenabschnitt durch urigen Buchenwald, anschließend erneut zu einem guten Aussichtspunkt. In Eschwege schaue ich mir die Altstadt mit sehr vielen Fachwerkhäusern und dem ehemaligen Landsherrenschloss an. In der Marktkirche St. Dionys und in der Neustädter Kirche stehen schöne Orgeln. Schon seit Monaten habe ich die Idee, auf einer Internetseite die 100 schönsten Orgeln Deutschlands mit Informationen, Bildern und natürlich auch Musik vorzustellen. Dies wäre sicherlich äußerst interessant, aber ohne gute Sponsoren kann man solch ein Projekt nicht umsetzen.

Die Route über Waldwege, Felder und Streuobstwiesen bleibt weiterhin angenehm. Am besten gefällt mir heute der sehr urwüchsige Wald im Naturschutzgebiet Graburg, mit vielen verwitterten Wurzeln und bemoosten Baumstämmen. In Lüderbach übernachte ich in der auch für Werra-Burgen-Steig-Wanderer geeigneten Pilgerunterkunft im Gemeindehaus. Mich stört es nicht, dass es hier keine Dusche gibt und ich ein leichtes Feldbett selbst vom Obergeschoss hinab in den Saal tragen muss, ich freue mich über die Küche mit Kaffeemaschine und Wasserkocher, aber da die Heizung mitten in der Nacht ausgeht, wache ich früh auf und friere.

Schon gegen 13 Uhr erreiche ich bei der Tannenburg den Schlusspunkt des Werra-Burgen-Steig Hessen. Ich gehe kurz in den Burghof und in den romantischen Burggarten, dann fahre ich nach Hause.

Seit vielen Monaten wandere ich fast jeden Tag. Doch über den Winter will ich nun mein Programm etwas reduzieren, denn ich brauche dringend eine Pause. Außerdem muss ich zwischendurch mal wieder mehr arbeiten, da mir allmählich das Geld ausgeht. Die Reise war bisher deutlich teurer als erwartet, die erhofften Einnahmen durch Werbung auf der Homepage und durch Fotoverkauf blieben dagegen komplett aus.

Mittelweg

4.–5.12., 10.12., 12.12. & 27.12.2019–2.1.2020

Der schon im Jahre 1903 angelegte Mittelweg führt in neun Etappen 233 km weit mit etwa 4.900 Höhenmetern von Pforzheim nach Waldshut. Im Sommer ist diese Strecke relativ leicht, im Winter sollte man bei Schnee auf ein Stück der letzten Etappe verzichten.

www.schwarzwald-tourismus.info/touren

Auf den erhofften Schnee muss ich heute zwar verzichten, aber an schattigen Stellen vermittelt herrlicher Raureif zumindest ein klein wenig Wintergefühle. Nach einer recht langweiligen Etappe erreiche ich Bad Wildbad, wo man nur noch an wenigen Gebäuden erkennt, dass dies einst ein bedeutender Kurort war. Das Ende des 19. Jahrhunderts erbaute Palais Thermal ist wegen seiner märchenhaft schönen Mischung aus orientalischen Elementen und Jugendstil das schönste Thermalbad Deutschlands.

Heute sieht die Strecke endlich richtig winterlich aus. Der markierte Mittelweg führt um das Naturschutzgebiet am Wildsee herum. Doch wie vermutlich auch jeder andere Mittelweg-Wanderer zweige ich stattdessen am Beginn des Bohlenweges links ab und wandere über den Steg durch das Hochmoor. Wer sich an die Hauptroute hält, verpasst einen der schönsten Wege im Nordschwarzwald. An sonnigen Wochenenden drängen sich mittags auf diesem Steg massenhaft Wanderer. Heute bin ich bei windstillem, sonnigem Wetter ganz alleine hier oben und kann die Stille und den Zauber der Natur genießen. Bald darauf sehe ich auch am Hochmoor beim Hohlohsee keine Menschen.

Nachdem ich die Wendeltreppe auf den Hohlohturm gestiegen bin, komme ich zufällig genau rechtzeitig, um live ein Interview zu hören, das gerade hier oben ein Kamerateam des SWR mit dem Revierförster zur Erinnerung an den Orkan Lothar führt. Ich war vor 20 Jahren selbst kurz nach dieser verheerenden Naturkatastrophe hier oben und kann mich noch sehr gut erinnern, wie es aussah, als auf weiten Flächen nahezu keine Bäume mehr standen. In den letzten beiden Jahrzehnten ist ein gesund wirkender Wald nachgewachsen und lässt kaum noch ahnen, was damals passiert war.

Bald darauf wandere ich auf einem schmalen Pfad mehrere Kilometer weit durch einen recht naturnah wirkenden Wald, weit abseits von der Zivilisation und der stark frequentierten Wanderrouten. Ich bezeichne solche Pfade inzwischen als „Glückswege der Stille". Die letzten Kilometer führen über breite Forstwirtschaftswege nach Besenfeld.

Während der Nacht hat es kräftig geschneit, und auch jetzt wirbeln manchmal dicke Flocken um mich herum. Im Sommer ist die Etappe nach Freudenstadt vermutlich recht langweilig, da sie immer nur über breite Forstwirtschaftswege ohne Aussicht führt, doch im winterlichen Wald gefällt es mir auch hier gut.

Die nächste Etappe führt mich auf schönen Naturwegen durch einen tief verschneiten Winterwald. Wer nur im Sommer wandert, der verpasst solche märchenhaften Erlebnisse. Nach einem herrlichen Wandertag erreiche ich Schiltach, wo viele schöne Fachwerkhäuser stehen.

Weihnachten verbringe ich zuhause. Als ich danach wieder mit der Bahn in den Schwarzwald fahre, habe ich wegen dem fehlenden Schnee keine rechte Lust darauf, die Wanderung fortzusetzen. Das trübe Wetter motiviert auch nicht gerade. Doch kaum liegen die erste Kilometer hinter mir, so bin ich doch wieder froh darüber, unterwegs zu sein. Das Herumsitzen zuhause ist nichts für mich!

Da ich vor Monaten bei der Buchung der Unterkünfte damit rechnen musste, dass ich hier wegen tiefem Schnee nur sehr langsam vorankomme, habe ich nach den Erfahrungen meiner bisherigen Winterwanderungen nur noch kurze Etappen eingeplant. Ohne Schnee erreiche ich heute aber schon nach weniger als drei Stunden das Hotel in Forenbühl.

Heute scheint nur ganz selten für kurze Zeit die Sonne, doch ich bin auch an diesem trüben Tag lieber im Schwarzwald als daheim.

Nach einer recht kurzen Etappe erreiche ich schon früh Sankt Georgen. Eigentlich hatte ich vor, mir hier das sicherlich interessante Deutsche Phonomuseum anzuschauen, doch heute habe ich keine Lust auf Museumsbesuch und verbringe ausnahmsweise den Rest des Tages lieber mit Lesen.

Heute fühle ich mich eher wie an einem Frühlingstag anstatt wie bei einer Winterwanderung. Unterwegs kann ich stundenlang Sonne tanken. Die auch im Winter grünen und heute meist schneefreien Nadelwälder verstärken den Eindruck der späteren Jahreszeit noch.

Vom Stöcklewaldturm sehe ich die Alpen mit Zugspitze und Säntis klar vor mir. Am Mittag besichtige ich in Furtwangen zwei Stunden lang das Deutsche Uhrenmuseum, einen der Höhepunkte meiner Mittelweg-Wanderung. Die große, außerordentlich interessante Ausstellung zeigt mit etwa 8.000 Uhren die Geschichte der Zeitmessung, von frühen Sonnenuhren bis zur Atomuhr. Neben vielen prunkvollen Kostbarkeiten sieht man nicht nur die Schwarzwälder Kuckucksuhren, sondern kann auch viele andere Uhren mit beweglichen Figuren sehen und hören, dazu alle Arten von Wand-, Taschen- und Armbanduhren, Uhren für gewerbliche Zwecke und mehr.

Wieder wandere ich gut gelaunt bei ungetrübtem Sonnenschein. Unterwegs komme ich am Gasthaus Kalte Herberge vorbei, in dem Annette und ich vor zwei Jahren bei unserer Westweg-Wanderung übernachtet hatten. Ein paar Kilometer weiter sitzt auf einer sonnigen Bank vor einem Gasthaus ein Mann und spielt Akkordeon. Danach geht mir zwei Tage lang sein Schneewalzer nicht mehr aus dem Kopf.

Auf einer großen, sonnigen Hochebene sehe ich wieder die Alpen vor mir. Ich lege mich eine Weile auf einen Liegestuhl und lasse die Sonne auf meinen Bauch scheinen. 30. Dezember, acht Grad auf etwa 1.100 m Höhe – nichts für Skilangläufer, aber perfekt für Wanderer!

Am Abend kommt Annette mit dem Zug in Neustadt an. Die riesigen Portionen im Chinarestaurant strengen mich mehr an als die Wanderung, aber lecker ist es.

Am Morgen sehen wir vom Aussichtsturm auf dem Hochfirst die Alpen, die Vogesen, den Albtrauf und natürlich viele Schwarzwaldgipfel. Kurz vor Ende unserer Etappe blicken wir vom Riesenbühl-Aussichtsturm zum Schluchsee und zu den Alpen.

Da wir schon seit vielen Jahren keine Lust auf Silvestertrubel haben, übernachten wir im Ort Schluchsee in einem ruhigen Gästehaus. Für das Abendessen habe ich extra im Internet geschaut, welches Restaurant keine Silvesterfeier anbietet. Nach telefonischer Rückfrage bei einem Hotel nahe der Kirche, ob wir am 31.12. um 18 Uhr „ganz normal" zum Abendessen kommen können, bestellten wir dort einen Tisch. Bei unserer Ankunft erfahren wir nun, dass wir im Foyer warten müssen, da erst 18.30 Uhr geöffnet wird. Als wir nach einigem Warten zu dem reservierten Tisch gewiesen werden, steht darauf eine Karte mit Beschreibung des Silvesterprogramms. Statt dem gebuchten normalen Abendessen sollen wir ein mehrgängiges Menü bezahlen, mit Livemusik, Champagner und Feuerwerk für 90 Euro pro Person. Solch eine Geschäftspraxis erinnert an Kaffeefahrten, wo das gebuchte preiswerte Mittagessen mit dem Verkauf von Lamadecken, Schnellkochtöpfen etc. „aufgewertet“ wird. Nicht nur wir lassen uns diese überraschende Abzocke nicht gefallen. Die Pizzeria gegenüber profitiert heute von uns und anderen Gästen, die wütend das Hotel verlassen.

Um Mitternacht stehen wir vor dem Gästehaus, in dem wir abseits des großen Trubels übernachten. Vor einem Jahr waren wir an Silvester an der Ostsee, jetzt sind wir im Schwarzwald. Seither habe ich zwölf herrliche Monate lang unglaublich viel gesehen und erlebt. Auch wenn ich momentan keine Ahnung habe, wie ich in den nächsten Monaten finanziell über die Runden kommen soll, bedauere ich keinen einzigen der gewanderten Kilometer.

Wir spazieren eine Weile am Ufer des Schluchsee entlang, dann geht es über sonnige Wiesenhänge mit schöner Aussicht und auf Waldwegen nach Höchenschwand. Wir übernachten etwas abseits unserer Route in Frohnschwand, da man von hier aus die Alpen und den Jura besonders schön sehen kann. Ab 16 Uhr stehen wir lange Zeit auf einer kleinen Anhöhe und genießen den Sonnenuntergang und das anschließend wechselnde Abendlicht.

Heute stehen wir schon früh auf, denn wir wollen auch den Sonnenaufgang draußen auf der Wiese fotografieren. Doch über Nacht wurden alle Türen des Gasthofs geschlossen und wir haben keinen Schlüssel. Nun müssen wir uns darauf beschränken, die Morgendämmerung durch das Zimmerfenster anzuschauen. Als ich die Wirtin beim Frühstück darauf anspreche, verspricht sie, zukünftig darauf zu achten, dass zumindest der Notausgang, wie gesetzlich vorgeschrieben, nachts geöffnet bleibt.

Nach wenigen Kilometern erreichen wir einen der schönsten Streckenabschnitte des Mittelwegs. Da der Felsenweg genannte Pfad bei Schnee unbegehbar ist, hatte ich für unsere Winterwanderung eine bequeme Alternative ausgesucht. Doch an diesem sonnigen und hier unten schneefreien Tag können wir auf der Route bleiben. Der gefrorene Hochnebel verwandelt die Umgebung in eine glitzernde Wunderwelt mit vielen Milliarden funkelnder Eiskristalle an den Bäumen und Sträuchern. An einigen Felswänden hängen lange Eiszapfen, der Boden unter uns ist heute aber bis auf wenige harmlose Stellen komplett eisfrei. Viel schöner kann ein Wandertag im Winter kaum sein. Wir brauchen keine Skipisten, Gaudi und den ganzen anderen Rummel.

Nach dem großartigen Vormittag ziehen sich die letzten Kilometer mit viel Asphalt und durch grauen Nebel etwas in die Länge.

Westweg (Abschnitt Titisee bis Degerfelden)

26.–29.1.2020

Ab der Weggabelung beim Titisee führt die Ostroute in offiziell 4,5 Etappen nach Basel. **www.schwarzwald-tourismus.info**

Nach meiner recht schneearmen Mittelweg-Wanderung hatte ich gehofft, dass Ende Januar die Schneegrenze endlich wieder sinkt. Doch die ersten Kilometer ab Titisee erinnern bei trübem Wetter eher an späten Herbst statt an Winter. Dann erreiche ich die höheren Bereiche, wo der Schnee noch nicht überall geschmolzen ist. Im dauerhaften Schatten des Feldbergs ist der Weg sogar etwa 150 m weit unter einem gefrorenen Bach völlig vereist, aber am Rand komme ich einigermaßen voran. Endlich sieht es um mich herum richtig winterlich aus. Oben am Feldberg ist heute viel los. Vermutlich treffen sich hier alle Schwarzwaldurlauber auf der Suche nach dem letzten Schnee. Ich spaziere hinauf zum Seebuck, dann hinab zum Feldberger Hof. Selbst am Feldberg finden Skifahrer heute nur auf der mit Schneekanonen präparierten Piste gute Verhältnisse. Die meisten sitzen unten auf den Terrassen vor den Lokalen, wo Discomusik für die angeblich passende Stimmung sorgt.

Ich habe ein Zimmer in einem Hotel im Ortsteil Hebelhof gebucht, dessen Lage genau zwischen den beiden Skigebieten Feldberg und Herzogenhorn ideal ist. Doch wenige Minuten nachdem ich mein Zimmer betreten habe, will ich am liebsten fliehen. Ein lautes Brummen mit einer sehr tiefen Frequenz bereitet mir schon nach kurzer Zeit Kopfschmerzen. Vermutlich stammt dieser Lärm, der sogar die Möbelstücke leicht vibrieren lässt, von einem Stromgenerator. Wenn irgendwo auf der Welt die Polizei Gefangene in einen Raum mit solcher akustischer Folter bringen würde, wäre dies ein Fall für Amnesty International. Zum Glück endet diese Plage vor 21 Uhr, sonst könnte ich vermutlich heute keine Minute schlafen.

Der Westweg führt etwas unterhalb des Herzogenhorn entlang, doch natürlich wandere ich auch das kurze Stück zur fast baumlosen Kuppe des mit 1.415 m zweithöchsten Schwarzwaldgipfels hinauf. Oben überzieht eine dünne Eisschicht die Sträucher und verwandelt die Natur in eine Märchenwelt. Lange genieße ich den Blick in alle Richtungen. Danach führt mich der Westweg oft über schmale Pfade, meist unterhalb der Schneegrenze.

Zehn Minuten, nachdem ich in Todtmoos-Weg starte, peitscht mir ein heftiger Schneesturm spitze Eiskristalle mit voller Wucht frontal ins Gesicht. Durch die eisbedeckten Gläser meiner Brille kann ich nichts mehr sehen, aber ohne Brille sehe ich auch nichts, da mir der Sturm den Schnee nun direkt in die Augen bläst. Schon nach wenigen Minuten bedeckt eine Schneeschicht den Boden. Die Temperatur sinkt rasant. Schon bedauere ich es, aufgrund der Wetterprognosen nur die dünnen Handschuhe eingepackt zu haben. Als würde der Blizzard nicht reichen, donnert es nun auch noch. Heute scheint ein interessanter Tag zu werden!

Zum Glück endet der Schneesturm nach 20 Minuten. Anfangs liegt weicher Neuschnee unter meinen Füßen. Die Bäume um mich herum sehen nun wieder richtig nach Winter aus. Doch bald komme ich unter die Schneegrenze und das Weiß weicht wieder dem Grau. Bei trübem Wetter marschiere ich ohne viel Aussicht nach Hasel.

Als ich über Wiesen und Felder marschiere, verhüllen tiefe Wolken die Gipfel des Schwarzwalds im Norden und den Jura im Süden von mir. Obwohl ich normalerweise ein wetterfester Wanderer bin, habe ich heute bei diesen Verhältnissen keine Lust mehr, dem Westweg bis zum Ende in Basel zu folgen, und steige bereits in Degerfelden in den Bus.

Unvollendete Küstenwanderung auf Rügen

15. – 16.3.2020

Da ich auf jeden Fall nach Rügen wollte, dort aber kein Fernwanderweg entlang der Küste führt, stellte ich eine 190 km lange Route zusammen, die auf dieser schönen Insel sowohl den spektakulärsten Teil der Ostseeküste als auch ruhige Wege am Boddenufer vereint. Ich wählte den März als Reisezeit, weil dann viele Zugvögel am Bodden unterwegs sind.

Seit einigen Tagen spukt das Gespenst der beginnenden Corona-Pandemie durch die Medien. Als Annette und ich nach Rügen fahren, sind wir davon überzeugt, dass es jetzt viel gesünder ist, auf der Insel am Strand zu wandern statt zuhause in der mit Viren infizierten Großstadt zu bleiben.

Nach einer kurzen Runde über die Halbinsel von Klein-Zicker wandern wir auf dem viele Kilometer langen Sandstrand zwischen Thiessow und Göhren. Im Sommer liegen hier sicherlich viele Badegäste, jetzt ist es dagegen herrlich einsam. Zwischendurch verlassen wir den Strand und spazieren eine Runde über die wunderschöne Hügellandschaft der Halbinsel Mönchsgut. Diese Strecke über viele Wiesenwege und mit weiter Aussicht gefällt uns ausgesprochen gut. Dann marschieren wir am Sandstrand weiter bis nach Göhren. Auch zwischen Göhren und Sellin können wir durchgehend am Strand wandern. In Sellin begeistern uns die herrliche, alte Bäderarchitektur und natürlich vor allem die sehenswerte Seebrücke.

Als wir am Morgen aufbrechen, ahnen wir noch nicht, dass dieser Tag völlig anders verlaufen wird als geplant. Ab Sellin führt uns der Hochuferweg durch Buchenwald entlang der

Steilküste. Dann erreichen wir das Seebad Binz, wo wir wieder viele sehenswerte Villen und Hotels bewundern.

Zu den Sehenswürdigkeiten auf Rügen zählt auch Prora, allerdings nicht zu den Schönheiten. Der 4,5 km lange architektonische Schandfleck aus acht aneinandergereihten Gebäudeblöcken wurde von den Nationalsozialisten erbaut.

Eigentlich wollten wir heute ohne Abkürzung bis Sassnitz wandern. Doch unterwegs klingelt mehrmals mein Handy und wir werden telefonisch darüber informiert, dass ganz Rügen nun wegen der Pandemie für Touristen komplett gesperrt wird und alle Hotels und Pensionen schließen. Für die etwa zehnstündige Rückfahrt nach Hause ist es nun aber zu spät, da wir ohne Auto unterwegs sind. Zum Glück dürfen wir heute noch in der gebuchten Unterkunft in Sassnitz übernachten. Wir kürzen nun einen Teil der Strecke nach Sassnitz mit dem Bus ab.

Dort bringen wir unser Gepäck in die Pension und wandern anschließend acht Kilometer auf dem Hochuferweg durch den Nationalpark Jasmund. So können wir zumindest noch den schönsten Teil der Insel besichtigen, die berühmten Kreidefelsen an der Steilküste. Obwohl es uns natürlich sehr enttäuscht, dass unsere Rügenwanderung schon nach zwei Etappen enden muss, sind wir sehr froh, dass wir zumindest diesen Höhepunkt noch erleben dürfen. Um 17 Uhr kommen wir beim Nationalparkzentrum am Königsstuhl an. Wir wissen, dass um 17.30 Uhr von hier ein Bus zurück nach Sassnitz fährt. ... Normalerweise!!! An der Haltestelle hängt ein Zettel, der darauf hinweist, dass wegen der durch Corona bedingten Schließung des Besucherzentrums vorläufig auch kein Bus fährt. Super! In einer Stunde geht die Sonne unter, wir würden zu Fuß für den Rückweg aber etwa 2,5 Stunden brauchen. Stirnlampen haben wir natürlich nicht dabei. An der Haltestelle steht auch eine junge Amerikanerin, deren Studium in Berlin momentan auch zwangsweise unterbrochen wurde und die nun die Zeit für einen Rügenurlaub nutzen wollte. Sie spricht kein Deutsch und hat keine Ahnung, wie sie ohne Bus zurückkommen kann. Zum Glück sehen wir zwei Wanderer, die so spät noch hier oben unterwegs sind. Mit denen können wir drei nun zum Wanderparkplatz Hagen absteigen und von dort mit dem Auto nach Sassnitz fahren.

In dieser Woche scheine ich ein echt mieses Karma zu haben. 800 m vor dem Bahnhof in Sassnitz stolpere ich über die Schienen des alten Hafenkrans und stürze so übel, dass Hände, Nase und zwei große Platzwunden im Gesicht stark bluten. Vermutlich bin ich nicht der Erste, dem dies hier passiert, denn ein Mann auf einem nebenan ankernden Schiff reicht mir schneller Pflaster als ich überhaupt merke, wie stark die Verletzung ist. Normalerweise sollte ich damit zum Arzt gehen, zumal ich vermute, dass die Nase gebrochen ist. Aber da alle Touristen die Insel wegen Überlastung der Ärzte und Krankenhäuser verlassen sollen, lasse ich das natürlich bleiben. Auf der gesamten Heimfahrt werfen mir Leute im Zug nervöse Blicke zu, da ich aussehe wie ein Zombie.

Baiersbronner Seensteig

7. – 8.5.2020

Diese hervorragend markierte, 84 km lange Tour mit etwa 2.700 Höhenmetern führt in offiziell fünf Etappen teilweise durch den Nationalpark Schwarzwald und zählt zu den Strecken, die man auf jeden Fall einmal wandern sollte. **www.schwarzwald-tourismus.info**

Nach mehr als sieben Wochen Zwangspause kann ich mit etwas Improvisation endlich wieder wandern. Da Übernachtungen und weite Reisen jetzt noch nicht in Frage kommen, wähle ich für diese Übergangsphase Strecken, die ich schnell von zuhause aus erreichen kann. Der Seensteig ist in diesem Fall wegen der für mich nur kurzen Hin- und Rückfahrt ideal. Damit ich möglichst wenig fahren muss, gliedere ich den Weg in nur zwei lange Etappen mit jeweils etwa Marathon-Distanz.

Obwohl der Seensteig ein Rundweg ist, starte ich beide Hälften oben am Mummelsee, da ich am Abend ab Baiersbronn mit der S-Bahn ohne umsteigen bis fast vor meine Haustür fahren kann. An Wochenenden ist beim Mummelsee immer sehr viel los. Überfüllte Parkplätze, dauerhaftes Motorradgeknatter und eine endlose Schlange an Spaziergängern hinauf zur Hornisgrinde wirken auf mich abschreckend. Aber werktags kann man hier am frühen Morgen noch die Stille genießen. Als ich um 8:50 aus dem Bus steige, bin ich hier ganz alleine.

Während der ersten Kilometer führt der Seensteig gemeinsam mit dem Westweg zum Schliffkopf. Unterwegs treffe ich zwei Westweg-Wanderer, die hier mit Schlafsack im Freien übernachteten. Sie erzählen, dass die entfallenen Verpflegungsmöglichkeiten durch die während der Corona-Krise geschlossene Gastronomie ein großes Problem für ihre Tour sind.

Die ersten Kilometer legte ich heute vor allem als Läufer statt als Wanderer zurück. Doch oben im Naturschutzgebiet bei der Darmstädter Hütte genieße ich wandernd die herrliche Natur. Anschließend laufe ich hinab zum Ruhestein und der Großbaustelle des inzwischen unglaublich viele Millionen Euro fressenden, wie eine hässliche Lagerhalle die Landschaft verschandelnden Nationalparkzentrum.

Der Weg zum Schliffkopf ist für mich die schönste Route im Nordschwarzwald. Hier begeistern mich vom Wind verkrüppelte Bäume, Heidekraut, Heidelbeersträucher und eine offene Landschaft. Ich war schon sehr oft hier oben, zuletzt bei meiner winterlichen Westweg-Tour, als ich diesen Abschnitt im verharschten Schnee und dichtem Nebel wanderte.

Bald darauf steige ich am Lotharpfad über Treppen und Stege. Inzwischen ist an dem Hang, auf dem 1999 der verheerende Orkan Lothar nahezu alle Bäume fällte, ein schöner Urwald gewachsen. Ein paar Kilometer danach stehe ich am Ufer des Buhlbachsee. Der Seensteig führt an vielen solcher märchenhaften, von den Gletschern der Eiszeit erschaffenen Karseen vorbei, die umrahmt von steilen Bergflanken ein idyllisches Naturerlebnis bieten.

Bald darauf komme ich auf dem extrem schmalen, verwinkelten, steilen und zugewachsenen „Abenteuerpfad“ ein paar hundert Meter weit nur sehr langsam voran, aber dafür macht es verdammt viel Spaß! Am Ufer des schönen Ellbachsee setze ich mich eine Weile ans Ufer. Etwas später blicke ich von weit oben auf den See herab, komme danach noch an Wasserfällen und am sonnigen Sankenbachsee vorbei und fahre am Abend von Baiersbronn aus nach Hause.

Wieder steige ich um 8:50 am Mummelsee aus dem Bus. Nun marschiere ich schnell hinauf zur Hornisgrinde, dem höchsten Berg im Nordschwarzwald. Ich war schon sehr oft dort oben, aber zum ersten Mal in meinem Leben bin ich hier ganz alleine. Bei perfektem Wetter genieße ich die wunderbare Grindelandschaft mit ihrer weiten Aussicht.

Dann laufe ich auf einem traumhaften Trail bergab. So muss Trailrunning sein! Meine Freude am reinen Wandern wuchs während der letzten 9.000-D-Wanderer Kilometer immer mehr, doch zwischendurch macht mir auch das Laufen noch viel Spaß.

An einer Stelle kreuzt mein Weg eine von schweren Forstwirtschaftsmaschinen zerwühlte Piste. Vorsichtig prüfe ich mit einem Stock den Boden vor mir. Hier würde ich bis weit über den Schuhrand in weichem Schlamm einsinken. Ich muss ein Stück weit durch dichtes Gestrüpp bergab steigen, um weiter unten eine Furt durch diese Schlammbarriere zu suchen.

Bald blicke ich wieder von einem Aussichtspunkt auf einen Karsee hinab und stehe kurz darauf unten am Ufer des herrlichen Schurmsee. Einige Kilometer darauf erreiche ich den ebenso schönen Huzenbacher See. Auf einem steilen, aber traumhaft schönen Trail steige ich bergauf zum nächsten Aussichtspunkt mit Seeblick. Es folgt ein Streckenabschnitt, auf dem ich wie schon mehrfach an diesen beiden Tagen über einige umgestürzte Bäume kraxeln darf oder unter den Stämmen hindurch krieche. Ich liebe solche kleinen Abenteuer. Am Abend fahre ich dann wieder von Baiersbronn nach Hause.

Kandel-Höhenweg (nur 1. Etappe)

Mai 2020

Diese offiziell in fünf Etappen eingeteilte Tour mit 115 km und etwa 3.500 Höhenmetern führt abseits der Haupt-Touristenziele von Oberkirch nach Freiburg. Eigentlich wollte ich den gesamten Höhenweg wandern, doch wegen der geschlossenen Hotels muss ich mich vorläufig auf die erste Etappe beschränken.

www.schwarzwald-tourismus.info

Zuerst schaue ich mir die Altstadt von Oberkirch an, spaziere kurz am Ufer der Kinzig entlang und wandere dann allmählich durch die Natur bergauf. Diese Strecke verbindet keine besonders spektakulären Höhepunkte, aber dafür kann man hier noch viel Ruhe abseits der Touristenmassen und des Verkehrslärms genießen. Am Oberkircher Brennersteig stehen mehrere „Schnapsbrunnen" genannte Häuschen, in denen man gegen eine kleine Spende regionale Spirituosen trinken kann. Für mich kommt dies so früh am Morgen natürlich noch nicht in Frage. Schade!

Am Mittag erreiche ich den Mooskopfturm, der heute aber wegen Corona verschlossen ist. Über breite Forstwirtschaftswege und schmale Pfade marschiere ich hinab ins Kinzigtal, wo ich kurze Zeit über Weinberge spaziere. Dann erreiche ich die kleine, hübsche Altstadt von Gengenbach, die von zwei Stadttoren begrenzt wird. Mit dem Zug fahre ich nach Hause. Die restlichen Etappen dieses Höhenwegs will ich irgendwann nachholen, wenn ich unterwegs wieder übernachten kann.

Albtraufgänger

Mai 2020

Der traumhaft schöne und hervorragend markierte Rundwanderweg führt in offiziell sechs Etappen 113 km mit 3.495 Höhenmetern meist am Albtrauf der Schwäbischen Alb entlang.

www.mein-albtrauf.de

Wegen der noch immer geschlossenen Hotels lege ich auch diesen Weg mit einer Mischung aus Wandern und Laufen in drei sehr langen Etappen zurück und fahre jeweils zum Übernachten nach Hause.

Ab Geislingen an der Steige marschiere ich durch einen sonnigen Eichenwald den Steilhang des Albtrauf hinauf. Oben wandere ich ein paar Kilometer mit nur wenigen Höhenunterschieden am Rand des Albtrauf entlang, mal über sonnige Wiesen, mal zwischen Wald und Feld, mal auf schmalen Pfaden direkt an der Abbruchkante. Heute scheinen die Vögel besonders laut zu zwitschern. Nach einem rasanten Abstieg komme ich unten an einer Stelle vorbei, wo der Bach kleine Tuff-Terrassen gebildet hat. Dann steige ich über viele Treppenstufen bergauf durch die urwaldhafte Natur, vorbei an kleinen Wasserfällen. Oben fließt der Bach an einer Karstquelle aus dem Fels. Nach einigen wunderbaren Kilometern auf schmalen Wegen durch den Buchenwald am oberen Rand des Trauf komme ich an einem Kloster mit schöner Kirche vorbei, etwas später zu einer Burgruine. Immer wieder führt mich der Weg heute steil bergauf oder bergab, dazwischen kann ich auf leichteren Abschnitten entspannen. Als ich eine Weile zwischen blühenden Wiesen wandere, höre ich aus allen Richtungen Grillen zirpen. Welch ein wunderbarer Tag!

Am Morgen lässt der recht bequeme Weg durch ein idyllisches Tal bis zum Filsursprung mein Herz vor Freude höher schlagen. Danach marschiere ich mit leichten Auf- und Abstiegen zur Burgruine Reußenstein. Einige Kilometer weit führt mich nun ein schmaler Pfad direkt an der Abbruchkante des Albtrauf zu schönen Aussichtspunkten. Danach wechseln bis Bad Boll auf kurzweiliger Strecke Auf- und Abstiege recht häufig.

Heute begleitet mich ein Freund, mit dem ich schon mehrmals bei Marathon-Läufen unterwegs war. Bernie und ich wollen 46 km überwiegend in sehr hohem Tempo wandern, dazwischen aber auch einen Teil der Strecke laufen.

Die Route wechselt oft zwischen Wald und Wiesen, zwischen schmalen Pfaden und breiten Wanderwegen, kurzen Auf- und Abstiegen. Bei perfektem Wetter macht es uns viel Spaß, in dieser schönen Umgebung gemeinsam unterwegs zu sein. Am Mittag stehen wir auf einem der für den Albtrauf typischen Felsen und blicken hinab nach Geislingen an der Steige. Ein paar Kilometer danach führt uns ein romantischer Steig in urwüchsiger Natur zwischen ein paar Felsen durch das idyllische Felsental. Etwas später begeistern mich leuchtend gelbe Rapsfelder. Beim Abstieg nach Geislingen kommen wir an der Burgruine Helfenstein vorbei, wo um 18 Uhr noch viele Leute in der Sonne sitzen.

Pfälzer Höhenweg

25.–28.5.2020

Der als Prädikatwanderweg ausgezeichnete Pfälzer Höhenweg führt teils durch Wald, sehr oft aber auch über sonnige Höhen mit weiter Aussicht. Die im Vergleich zu den meisten anderen Etappenwanderungen recht leichten 114 km mit 3.300 Höhenmetern werden offiziell in sieben Etappen eingeteilt.

www.pfalz.de/de/route/pfaelzer-hoehenweg

In der Pfalz sind Hotels und Gasthöfe wieder geöffnet. Ab Winnweiler wandere ich meist durch Wald, gelegentlich aber auch an Wiesen und Feldern vorbei. Mir gefällt es hier von Anfang an. Keine Sensationen, nur Natur – beziehungsweise die von Menschen erschaffene Kulturlandschaft, die wir als Natur bezeichnen. Mittags komme ich beim Aufstieg zum Donnersberg am 1880 erbauten Adlerbogen vorbei, einem riesigen Stahlbogen, der sich zwischen zwei Felsen erhebt und von einem stählernen Adler gekrönt wird. Der 686 m hohen Donnersberg ist der höchste Gipfel der Pfalz. Der Ludwigsturm ist vorübergehend noch wegen der Corona-Beschränkungen geschlossen, doch vom Königsstuhl, einem großen Felsen aus Vulkangestein, blicke ich weit über die Landschaft.

Wieder wandere ich meist über Felder und Wiesen und blicke bei herrlichem Wanderwetter über die stille Hügellandschaft. Heute begeistern mich auch viele Kornblumen und unglaublich viel blühender Mohn.

Auch am nächsten Morgen kann ich in der Höhe wieder ganz entspannt das weite Panorama genießen. Zwischendurch führt mich ein etwas zugewachsener, aber wunderschöner Pfad entlang alter Steinmauern in die Höhe. Um die Mittagszeit gehe ich durch ein altes Stadttor in die Altstadt von Meisenheim und komme an vielen Fachwerkhäusern und an der spätgotischen Schlosskirche vorbei. Danach führt der Höhenweg, wie sein Name verspricht, erneut für ein paar Kilometer in die Höhe. Am Abend sitze ich in Lauterecken lange neben der alten Brücke über die Lauter am Ufer und lasse den Tag gemütlich ausklingen.

Nach einer flachen Strecke im Lautertal setzt sich der Wechsel zwischen kurzen Auf- und Abstiegen fort. Ich komme an zwei Burgruinen vorbei und blicke am frühen Mittag von einem Aussichtsturm in die Ferne. Von Wolfstein fahre ich dann mit dem Zug nach Hause.

Pfälzer Waldpfad

Mai & Juni 2020

Der offiziell in neun Etappen aufgeteilte Weg führt 143 km weit mit 3.200 Höhenmetern durch das Biosphärenreservat Pfälzerwald, das größte zusammenhängende Waldgebiet Deutschlands.
www.pfalz.de/de/route/pfaelzer-waldpfad

Schon bald nach dem Start in Schweigen-Rechtenbach beim Deutschen Weintor wandere ich über Weinberge aufwärts. Wie der Name sagt, führt der Waldpfad danach meist durch Wald. Auf der ersten Etappe gefällt mir der Streckenabschnitt entlang des idyllisch plätschernden Portzbach am besten. Ich komme am Seehof-Weiher vorbei, wo man im Sommer an einer Wiese mit kleinem Sandstrand baden kann. Dann gehe ich an Burg Berwartstein vorbei. Heute verzichte ich auf die Besichtigung des interessanten Gemäuers, da ich schon oft dort war. Die Ruine Drachenfels ist einer meiner Lieblingsplätze in der Pfalz. Auf einem hohen Sandsteinfelsen blieben zwar nur wenige Mauerreste erhalten, aber der Fels selbst und der großartige Panoramablick sind großartig.

Über herrliche Waldwege marschiere ich bergauf. In der Pfalz begeistert mich nicht nur die Vielzahl und die Größe der Sandsteinfelsen. Auch die bizarren, von der Erosion geschaffenen Muster darauf bieten immer wieder herrliche Fotomotive.

Wieder komme ich zu mehreren Aussichtspunkten. Zwischendurch führt der Pfad über einen schmalen Grat mit nach beiden Seiten steil abfallenden Hängen.

Normalerweise sind die drei Ruinen der direkt nebeneinander auf einem Felsgrat erbauten Burgen Altdahn, Grafendahn und Tanstein einer der Höhepunkte der Strecke und eines der beliebtesten Ausflugsziele der Region. Aber wegen Corona sind die Burgen heute noch geschlossen.

Nach Durchquerung von Dahn spaziere ich erneut über einen schmalen Felsgrat, dann viele Kilometer weit durch heute im warmen Sonnenschein intensiv duftenden Kiefernwald. Zuletzt wandere ich durch das Queichtal abwärts, komme an einem See vorbei, wo eine große Terrasse am Ufer eines Sees zur Rast einlädt, und fahre bald darauf von Hauenstein aus zum Übernachten mit der Bahn nach Hause.

Heute begleitet mich mal wieder Annette. Vom Luitpoldturm auf dem Gipfel des 607 m hohen Weißenbergs sehen wir rundum fast nur Wald. Dass heute Vatertag ist, merken wir vor allem, als uns drei Jugendliche entgegenkommen, von denen jeder eine Bierdose in der Hand hält. Aus ihrem Rucksack schallt laute Ballermann-Musik. Gerade ertönt „Wir wollen Eure Bierbäuche sehn!" Nicht gerade das, was man als Wanderlied für den Pfälzer Wald kennt, aber immerhin feiern die Jungs bei einer Waldwanderung statt am Ballermann.

Die Besteigung des Bergfrieds von Burg Gräfenstein führt im unteren Bereich über eine völlig lichtlose Treppe. Wer eine Taschenlampe dabei hat, kann sich den Weg selbst beleuchten, aber mir macht es Spaß, mich in der Dunkelheit mit der Hand am Geländer Stufe für Stufe voranzutasten. Von oben sehe ich, wie am Waldpfad gewohnt, in alle Richtungen fast nur Wald.

Kurz vor Rodalben sehen wir wieder viele faszinierende Felsgebilde, an denen interessante Erosionsmuster den Sandstein verzieren.

Am Morgen fotografiere ich erneut sehenswerte Felsen. Später komme ich auf einem Bergrücken an den Überresten einer römischen Verteidigungsanlage vorbei, danach wandere ich an den Seelenfelsen entlang, einer fast 700 m hohen Mauer aus Sandsteinfelsen. Ich raste längere Zeit bei einem schönen Teich, in dem Fische, Frösche und viele hundert Kaulquappen schwimmen. Am Ufer fliegen blaue Libellen.

Am Abend sitze ich bei einer sehr ruhig gelegenen Pension nahe Johanniskreuz lange Zeit auf der Terrasse und genieße das Abendkonzert vieler verschiedener Vögel.

Auch am Morgen zwitschern die Vögel rings um mich herum ohne Pause. Eine Weile spaziere ich neben der munter plätschernden Moosalb. Später komme ich an einem der vielen Teiche vorbei, die hier im Zuge der Eisenverhüttung aufgestaut wurden. Ein Lehrpfad weist auf die Geschichte dieses Tales mit seinen Hammerwerken, Mühlen und Schmelzen hin. Besonders gut gefällt mir heute der Weg entlang eines plätschernden Baches durch die Karlstalschlucht.

Kurz vor meinem Ziel in Kaiserslautern steige ich die 163 Stufen auf den Humbergturm hinauf, aber die Aussicht enttäuscht mich.

Wiesengänger-Route (Südliche Hälfte)

7.–14.6.2020

Die Wiesengänger-Route der Wandertrilogie Allgäu führt 438 km weit durch das Voralpenland. Ich hatte geplant, die komplette Strecke zu wandern, doch als endlich nach dem Lockdown die Hotels wieder öffnen, reicht meine Zeit nur noch für offiziell zwölf Etappen mit 219 km auf der südlichen Streckenhälfte.

www.allgaeu.de/wiesengaenger-touren

Statt frühsommerlichem Wanderwetter erwische ich eine Woche mit überraschend kaltem Regen. Gleich am Bahnhof von Leutkirch ziehe ich meinen zusätzlichen Regenschutz über meine normale Wanderhose und Jacke. Bald erreiche ich das Renaissance-Schloss Zeil. Dieses gefällt mir so gut, dass ich mir viel Zeit nehme, das weitläufige Gebäudeensemble mit seinen schönen Brunnen und dem großen Park anzuschauen. So etwas ist eine ideale Beschäftigung für einen Regentag.

Dann wandere ich, wie auch an den folgenden Tagen, durch die für das Allgäuer Voralpenland typische Landschaft mit vielen sanft geformten Hügeln und niedrigen Bergen sowie einer Mischung aus Wiesen, kleinen Wäldern, winzigen Dörfern und einzelnen Bauernhöfen. Trotz strömendem Regen bin ich froh, wieder unterwegs zu sein. Von einem Aussichtspunkt könnte ich bei gutem Wetter einen herrlichen Blick auf die Alpen genießen, doch heute reicht die Sicht gerade mal zwei bis drei Kilometer weit.

Am Nachmittag wandere ich durch das Wurzacher Ried, eines der größten Naturschutzgebiete in Süddeutschland. Sein Kernbereich gilt als das größte zusammenhängende und noch intakte Hochmoor in Mitteleuropa. Mehrere Kilometer weit spaziere ich mit großer Begeisterung durch diese faszinierende Landschaft, manchmal über Bohlenstege, manchmal über schmale, idyllische Pfade. Es gibt so viel zu sehen, staunen und fotografieren, dass ich nur extrem langsam vorankomme. Aber ich habe genug Zeit und kann jeden Meter genießen.

Auch die nächsten Kilometer führen mich durch die Vielfalt der herrlichen Moor- und Riedlandschaft. Informationstafeln zeigen, dass diese Landschaft nicht ausschließlich auf natürliche Weise entstand. Jahrhundertelang wurde hier Torf gestochen. Auch der Riedsee und andere Seen bekamen ihre heutige Gestalt erst durch den Torfstich. Ein lehrreicher und wunderschöner Torf-Lehrpfad sowie ein Torfmuseum bieten weitere Informationen.

Nach einigen Wald- und Wiesenkilometern höre ich schon von weitem das Gekreische der vielen verschiedenen Wasservögel, die am Rohrsee leben. Dieser See ist vor allem geologisch etwas Besonderes. Sein Wasser fließt nur unterirdisch ab. Da er aber exakt auf der Europäischen Hauptwasserscheide liegt, fließt ein Teil seines Wassers in Richtung Donau und Schwarzes Meer, ein anderer Teil in Richtung Rhein und Nordsee.

Bequeme Wege führen mich heute in der sanften Hügellandschaft oft an Seen und Weihern vorbei. Zwischendurch hebt sich für kurze Zeit die Wolkengrenze ein wenig und ich sehe in der Ferne zumindest ein paar Alpengipfel, bald verbirgt das Grau aber wieder alles. Schade, denn eine Tafel an einem Aussichtspunkt zeigt mir, dass ich bei klarer Sicht hier vom Eiger bis zur Zugspitze sehr viele große Alpengipfel sehen könnte.

Am Nachmittag schaue ich mir in Kißlegg unter anderem die üppig ausgestattete barocke Pfarrkirche an und sitze anschließend lange Zeit am Ufer des Zeller See, wo inzwischen endlich die Sonne scheint.

Auch heute muss ich auf Alpenblick verzichten. Dafür begeistert mich erneut ein großes Moor. Auf einem Rundweg durch das Arrisrieder Moos komme ich an unterschiedlichen Lebensräumen vorbei. An einem Aufschluss sieht man 10.000 Jahre Moorgeschichte. Da das Moor innerhalb von 1.000 Jahren nur einen Meter in die Höhe wächst, kann man hier anhand von Pollenuntersuchungen feststellen, wie sehr sich die Vegetation innerhalb der letzten Jahrtausende verändert hat.

Ich komme an der Ruine einer ehemals prunkvollen Burg vorbei und sehe an einem Weiher einen Adler fliegen. Als ich mich am Ufer auf eine Bank setze und etwas von meinem Proviant esse, laufen immer wieder Mäuse vor mir über den Kies.

Die noch von einer Stadtmauer umrahmte Altstadt von Wangen gefällt mir sehr gut. Die außergewöhnlich prunkvoll bemalten alten Stadttore und viele originelle Brunnen und Skulpturen bieten hier interessante Fotomotive.

Weiterhin muss ich wegen tiefer Wolken auf Alpenblick verzichten. Ein besonderes Kleinod der heutigen Etappe ist der kleine, privat angelegte Kräutergarten Zellers. In diesem blühenden und sehr intensiv duftenden Paradies könnte ich lange verweilen. Auch heute komme ich ab und zu an kleinen Moorgebieten vorbei und wandere kurz vor Isny im Naturschutzgebiet Bodenmöser über große Feuchtwiesen. Diese entstanden nicht auf natürliche Weise. Einst wurde hier ein dichtes Netz aus Wassergräben für die Wiesenwässerung angelegt. Ein Teil der Fläche wurde auch zum Gerben von Leinen genutzt.

Endlich kann ich wieder unter blauem Himmel wandern! Bald erreiche ich den spektakulären Eistobel. Nach dem starken Regen der letzten Tage rauscht die Flut in der schmalen Schlucht besonders eindrucksvoll die vielen Wasserfälle hinab. Der Fluss hat sich hier tief in eine Molasseschicht eingegraben. Alle paar Meter bleibe ich stehen, um die grandiose Mischung grüner Bäume, brauner Felswände und stürzender Gischt zu fotografieren. Danach marschiere ich viele Kilometer weit meist durch Wald bis nach Bolsternang.

Während dem Aufstieg zum Schwarzen Grat freue ich mich darauf, oben am mit 1118 m höchsten Punkt der Wiesengänger-Route endlich die Alpen bei klarer Fernsicht zu sehen. Enttäuscht erfahre ich, dass der Aussichtsturm wegen Corona geschlossen ist. Statt der Alpen sehe ich nun um mich herum nur Wald. Doch bald darauf genieße ich von der Schletteralpe einen wunderbaren Blick auf Säntis und einige Gipfel über dem Rheintal. Von einer Bank aus beobachte die vielen Hummeln und Schmetterlinge, die hier Nektar sammeln.

Nach vielen Kilometern durch Wald mit wenig Aussicht freue ich mich darauf, mich oberhalb von Kreuzthal bei einem kleinen Gipfelkreuz mit Panoramablick vom zuletzt recht anstrengenden Aufstieg erholen zu können. Doch nachdem ich ein Weidegatter durchschreite, marschiert eine Herde Kühe zu mir und drängt sich bei meinem restlichen Aufstieg dicht um mich herum. Einige lecken an meinem Rucksack und an meinem verschwitzten Shirt. Schweiß ist Salz! Oben belagern die Kühe dann wie eine Wagenburg das Kreuz und lassen mich nicht zwischen sich hindurchgehen. Hier habe ich nicht die geringste Chance, mich auf die Bank zu setzen. Daher knipse ich nur schnell ein paar Fotos und marschiere gleich weiter.

Einige Kilometer danach erreiche ich einen anderen Bergrücken mit Alpenblick. Hier oben stehen keine Kühe. Stattdessen landen sehr viele hübsche Käfer mit schokoladenfarbenen Flügeln und türkisfarbenem Kopf auf meinen Armen.

Je weiter ich komme, desto schöner wird heute der Blick auf die Gipfel der Allgäuer Alpen. Kurz vor Ende meiner Etappe erreiche ich einen wunderschönen Pfingstrosengarten. Mir gefällt dieses Paradies mit toller Aussicht und Pfingstrosen in vielen verschiedenen Farben und Formen so gut, dass ich nach dem Abendessen noch einmal hier heraufwandere und nun lange oben sitzen bleibe.

Der weite Bogen um die Stadt Kempten gefällt mir nicht besonders. Erst ab Durach wird die Strecke wieder idyllisch.

Auf dem bequemen Spazierweg im romantischen Durachtobel sind sehr viele Familien unterwegs. An einigen Stellen baden Kleinkinder im Bach. Dies ist eine wirklich perfekte Stelle, um dem Nachwuchs die Freude an der Natur zu vermitteln.

Heute komme ich unter anderem an einem mehr als 8 Meter hohen und 1.250 Tonnen schweren Findling vorbei, den einst ein Gletscher hierherschleppte, setze mich lange Zeit an einem wunderschönen kleinen Weiher ans Ufer und wandere zuletzt über sonnige Almwiesen und ein kleines Moor nach Görisried.

An den seltenen Tagen, an denen ich während meiner zwei Wanderjahre beim Frühstück auf strömenden Regen hinausblicke, fehlt mir meist die Motivation, das Haus zu verlassen. Doch jedes Mal bin ich dann doch schon nach einem Kilometer wieder sehr froh darüber, unterwegs zu sein, so auch heute.

Bald erreiche ich eine Hängebrücke. Nach den starken nächtlichen Regenfällen rauscht die Wertach besonders wild dicht unter der schwankenden Brücke hindurch. Der Übergang ist zwar ungefährlich, aber bei diesen Verhältnissen doch eine kleine Mutprobe. Man sollte seinen Blick besser die ganze Zeit auf das andere Ufer richten. Wenn man zwischen den Planken hindurch auf die starke Strömung schaut, fühlt man sich, als würde einem der Boden unter den Füßen weggerissen. Ich liebe solche kleinen Abenteuer!

Ein idyllischer Pfad führt mich direkt am Ufer der Wertach entlang und lässt mich den Regen vergessen. Um die Mittagszeit erreiche ich die Wallfahrtskapelle Kindle. Hier stand einst ein Baumheiligtum, an dem viele Votivtafeln, Kreuze und Papierbilder hingen. Seit 1971 hängen nun Socken und andere Bekleidungsstücke von kranken Kindern an einem Stamm vor der neu erbauten Kapelle. Später komme ich an den Resten eines römischen Gutshofes vorbei und spaziere zuletzt durch eine besonders schöne Allee mit uralten Linden nach Marktoberdorf.

Altmühltal-Panoramaweg

17. – 23. 6. 2020

Mir gefielen in diesen zwei Wanderjahren fast alle Wege, denn jeder hatte ein paar Vorzüge. Alle einzelnen Aspekte zusammen betrachtet, wähle ich nun den Altmühltal-Panoramaweg als schönste Etappenwanderung Deutschlands. Auf der in 15 kurze Etappen eingeteilten Strecke mit 200 km und 4.243 Höhenmetern fehlte von Start bis zum Ziel keine einzige Markierung.

www.naturpark-altmuehltal.de

Nach einigen flachen Kilometern über Wiesen und Felder wird die Landschaft hügeliger. Ich freue mich, dass ich heute wie bereits bei meiner Wanderung auf dem Frankenweg in Spielberg im Gästehaus Sticht übernachten kann. Ich mag die nette, persönliche Atmosphäre, die äußerst reichhaltige Vesperplatte am Abend und das ebenfalls sehr gute Frühstück, beides serviert in einem schönen Gartenpavillon mit weiter Aussicht.

Wieder schaue ich mir im Innenhof von Schloss Spielberg die Skulpturen des Künstlers und Bildhauers Ernst Steinacker an. Nach einigen Kilometern erreiche ich wieder das faszinierende Naturwunder der Steinernen Rinne. Durch Kalkabscheidungen im Wasser hat sich das Bachbett hier im Laufe der Zeit immer mehr erhöht, so dass der Bach nun über einen 130 Meter langen und bis zu 1,60 m hohen Kalktuffdamm fließt.

In Treuchtlingen sitze ich zwei Stunden lang am Ufer der Altmühl, schaue den Enten zu und genieße den schönen Frühsommerabend in der Natur.

Nach einigen Kilometern begeistert mich ein Weg über von Mohn- und Rapsfeldern in Farbenträume verwandelte Höhen.

Bald darauf komme ich zu einer für den Altmühltal-Panoramaweg typischen Trockenwiese. Diese oft mit Wacholder und anderen Sträuchern bewachsenen Flächen werden mich an den nächsten Tagen noch sehr oft begeistern. Dann erreiche ich die Zwölf Apostel, eines der Wahrzeichen des Altmühltals. Bei dieser wunderschönen Formation stehen viele faszinierende Felsklippen nebeneinander.

Auch am Mittag führt mich der Weg immer wieder über wunderschöne Trockenwiesen. Bei Sonnenschein würde ich an solch einer Strecke alle 20 Meter zum Fotografieren stehen bleiben, aber inzwischen regnet es recht stark, sodass ich die Kamera im Rucksack lasse. Am Abend lockern die Wolken wieder auf, so dass ich in Dollnstein bei Sonnenuntergang lange Zeit am Ufer sitzen und den Wandertag gemütlich ausklingen lassen kann.

Gleich am Morgen spaziere ich wieder an herrlichem Wacholder vorbei. So könnte es tagelang weitergehen!

Im Altmühltal wird viel Kalkstein abgebaut. Vor allem der Solnhofer Plattenkalk ist wegen seiner dünnen Schichten berühmt. Hier findet man sehr viele Versteinerungen. Der Urvogel Archäopteryx wurde hier entdeckt. Nun komme ich an einem Steinbruch vorbei, an dem jeder gegen eine kleine Gebühr selbst nach Versteinerungen suchen kann, was vor allem für Familien ein beliebtes Freizeitvergnügen ist.

Da sich eine dunkle Regenfront nähert, schaue ich mir in Eichstätt nur sehr kurz die Altstadt an und beeile mich dann beim nächsten Aufstieg. Hinter mir wird der Himmel immer schwärzer. Gerade noch rechtzeitig erreiche ich am oberen Ortsrand eine Bushaltestelle, in der ich mich ins Wartehäuschen setzen kann, denn schon wenige Augenblicke darauf öffnet der Himmel alle Schleusen. Nach 20 Minuten endet die Sintflut und ich kann trocken weiter wandern.

Um 5:45 Uhr sehe ich vor dem Fenster den Hochnebel, der den Hang der Gungoldinger Heide bedeckt. Schnell ziehe ich mich an und eile schon nach fünf Minuten mit der Kamera in der Hand hinauf zur Heide. Nur wegen diesem Schnellstart kann ich eine Weile dort oben die wunderschöne Nebelstimmung genießen. Schon nach wenigen Minuten löst sich der Nebel komplett auf.

Heute wandere ich zuerst weiter durch Heide, dann hinauf zum herrlichen Aussichtspunkt auf den Felsen der Arnsberger Leite. Der Nachbau eines ehemaligen Limes-Wachturms, die Kirchenburg von Kinding, Hügelgräber aus der Hallstattzeit, Aussichtspunkte und ein großer, von der Erosion geformter Felsbogen sorgen unterwegs für Abwechslung.

Beim Freizeitzentrum Pfraundorfer See ist am Ufer so viel los, dass ich darauf verzichte, zwischen den vielen Menschen auch selbst zu baden.

Ich komme an Schloss Hirschberg mit einem sehr fotogenen Rokokobau aus dem 18. Jahrhundert sowie mit zwei Türmen einer älteren Burg aus dem 12./13. Jahrhundert vorbei und spaziere am Abend eine Weile durch die Altstadt von Beilngries, die mir vor allem wegen der vielen Terrassen vor den Restaurants gefällt.

Bei Töging überquere ich zum letzten Mal die echte Altmühl, denn danach fließt sie gemeinsam mit dem Main-Donau-Kanal bis zur Donau.

Am frühen Mittag erreiche ich den herrlichen Aussichtspunkt Rosskopf. Ab hier führen der Jurasteig, den ich bereits im Herbst gewandert bin, und der Altmühltal-Panoramaweg gemeinsam bis nach Kehlheim. Diese Strecke gefällt mir außerordentlich gut. Wieder marschiere ich mal unten im Tal, mal oben auf den Bergen. Beim Schloss Eggersberg mache ich wieder den kurzen Abstecher zum Kirchfelsen, den ich als schönsten Aussichtspunkt im Altmühltal bezeichne. Bald darauf führt mein Weg unten an ehemaligen Abschnitten der Altmühl an kleinen Auwäldchen vorbei. Dann steige ich steil zum Teufelsfelsen hinauf, der ebenfalls einen großartigen Blick auf das Tal bietet.

In Riedenburg ergänze ich trotz der vielen heute schon gewanderten Kilometer meine Tour noch um die steilen Aufstiege zu drei Burgen. Den ganzen Abend sitze ich dort oben und genieße die Aussicht auf Tal und Fluss.

Nach einigen recht flachen Kilometern am Ufer entlang wird die Strecke im Naturschutzgebiet Klamm anstrengend. Aber es lohnt sich! Ich steige ein paar sehr steile Felstreppen hinauf und hinunter. In der scheinbar ungezähmten Natur zwischen den Felsen gefällt es mir ausgezeichnet.

Wieder quere ich auf einer Brücke ans andere Ufer und marschiere hinauf zur Burg Prunn. Gerne würde ich diese besichtigen, doch da ich heute noch nach Hause fahren muss, reicht mir die Zeit nicht.

Eine der längsten Holzbrücken Europas führt mich ans andere Ufer. Einige Kilometer weit fasziniert mich der Weg auf dem Keltenwall. Dieser mehrere Meter hohen Befestigungswall schützte vor über 2.000 Jahren eine Stadt mit vielen Tausend Einwohnern. In einer Zeit, in der es noch keine Baumaschinen gab, muss es eine unglaubliche Arbeit gewesen sein, solch ein gewaltiges Monument zu errichten.

Nun verlässt der Weg das Altmühltal und führt ins Donautal. Der Aussichtspunkt bei der Weltenburger Enge ist für mich eine der schönsten Stellen Deutschlands. Von einem hohen Felsen blicke ich hinab zur Donau und zum beliebten Ausflugsziel Kloster Weltenburg. Hier beginnt die Weltenburger Enge, ein tiefes, schmales Tal, das die Donau in den Berg gegraben hat.

Nachdem ich eine Weile hier oben die Aussicht genossen habe, wandere ich hinab zur Donau, wo der Weg noch eine Weile dem Ufer folgt und nun auch von unten einen schönen Blick in die Enge bietet. Bald sehe ich vor mir die oben am Berg thronende Befreiungshalle. Diese 48 m hohe Kuppelhalle erinnert an die Napoleonischen Befreiungskriege. Mein Weg führt aber nicht dort hinauf, sondern am Ufer weiter nach Kelheim.

Schluchtensteig

26. – 3.6.2020

Der Schluchtensteig zählt zu den beliebtesten Etappenwanderwegen Deutschlands. Der größte Teil der offiziell in fünf bis sechs Etappen aufgeteilten Strecke mit 119 km und etwa 3.200 Höhenmetern ist dennoch nicht überlaufen. Nur in der äußerst sehenswerten Wutachschlucht drängen sich an sonnigen Wochenenden sehr viele Besucher. **www.schluchtensteig.de**

Schon kurz nachdem Annette und ich in Stühlingen aus dem Bus gestiegen sind, wandern wir auf einem Pfad am Ufer der Wutach entlang. Bald kommen wir zu einer Bahnbrücke, über die in den Sommermonaten der Dampfzug der „Sauschwänzlebahn" fährt.

Der Streckenabschnitt bei den Wutachflühen ist einer der Höhepunkte des Schluchtensteig und einer der Wege, die man einmal wandern sollte, egal ob als Fernwanderer oder bei einem normalen Spaziergang. Einige Kilometer weit wandern wir durch die unberührte, hier besonders urwaldhaft wirkende Natur. Die schwülwarme Luft verstärkt unseren Eindruck, in einem Gewächshaus mit tropischen Pflanzen zu wandern. Immer wieder führt der schmale Pfad direkt an den Felswänden vorbei. Anschließend marschieren wir durch eine offene Landschaft mit weiter Aussicht. In der Nähe von Blumberg steigen wir auf einer 8 m hohen Leiter hinab in eine kleine Schlucht und zu den hübschen Wasserfällen des Schleifenbaches.

Bei der Wutachmühle beginnt der berühmte Wanderweg durch die Wutachschlucht. Schon bald umgibt uns wieder scheinbar unberührte Natur. Da wir schon früh am Morgen gestartet sind, begegnen wir auf den ersten Kilometern in der Schlucht noch nicht allzu vielen Menschen. Mit vielen kurzen Auf- und Abstiegen führt der mal sehr schmale, mal etwas breitere Weg zwischendurch am Ufer entlang, dann wieder weit oberhalb. Oft schmiegt er sich eng an Felswände.

Die Felsen, der ungezähmte Fluss und die außergewöhnliche Vegetation begeistern uns. Doch leider nimmt nun die Zahl der Wanderer schnell zu. Schon bald strömen uns sehr viele Wandergruppen und große Familien entgegen. Da der Pfad oft zu schmal ist, um aneinander vorbeizugehen, muss man häufig ausweichen, stehen bleiben und den Gegenverkehr vorbeilassen. Bald geht uns dies ziemlich auf die Nerven. Einesteils empfehle ich auf jeden Fall eine Wanderung durch diese großartige Schlucht, da es eine der Touren ist, die man auf jeden Fall einmal machen sollte, andererseits rate ich dringend von einem Besuch am Wochenende oder in den Ferien ab. Als uns dann bei einem hübschen Wasserfall auch noch eine Jugendgruppe mit offenen Bierdosen in der Hand begegnet, freuen wir uns auf einsamere Wege. Zum Glück konzentriert sich der Massenandrang nur auf den Abschnitt zwischen Wutachmühle und Schattenmühle. Danach treffen wir nur noch selten auf andere Wanderer.

Heute wandern wir durch eine für den Südschwarzwald typische Landschaft unter anderem zum Schluchsee, wo uns der Weg eine Weile direkt am Ufer entlang führt. Leider ist es heute zu kalt zum Baden. Wir rasten bei der Vesperstube Unterkrummenhof, einem sehr beliebten Ausflugsziel. Nach Verzehr unserer extrem reichhaltigen Vesperplatten marschieren wir mit sehr vollem Magen bergauf.

Der steinige Pfad beim Windbergwasserfall und durch eine mit weiteren kleinen Wasserfällen geschmückte Schlucht ist ein idealer Abschluss dieses Tages.

Ich weiß, dass viele Menschen vom Dom in Sankt Blasien begeistert sind. Auf mich wirkt das vom Klassizismus beeinflusste Bauwerk, das bei seiner Einweihung die damals drittgrößte Kirchenkuppel in Europa hatte, aber eher kalt und steril. Aber Architektur war schon immer Geschmacksache.

Am Morgen hängen die Wolken so tief, dass wir nur unsere unmittelbare Umgebung sehen. Schade, denn auf dieser Etappe kann man bei klarem Wetter von manchen Aussichtspunkten die Alpen sehen. Das Regenwetter scheint die Vögel ganz besonders zu einem intensiven Konzert zu motivieren. Mehrmals bleibe ich stehen und zeichne das vielfältige Gezwitscher auf, um es später als Soundtrack für einen kurzen YouTube-Film vom Schluchtensteig zu verwenden. Am Abend fährt Annette von Todtmoos aus nach Hause, da sie morgen arbeiten muss.

Ich hatte erwartet, auch in der Wehraschlucht wieder ab und zu direkt am Ufer zu wandern, aber stattdessen führt der Weg oft steil bergauf und wieder ebenso steil hinab. Aber auch hier gefällt es mir sehr gut. Kurz vor Ende der Etappe spaziere ich über die Staumauer des Wehra-Stausee.

ZEHNTAUSEND Kilometer liegen nun hinter mir! Würde ich die vielen Stadtbesichtigungen, die Spaziergänge vor dem Frühstück und nach dem Abendessen sowie den Weg zu den Unterkünften, Hotels und Bahnhöfen dazu rechnen, wären es inzwischen sogar viel mehr als 10.000 Kilometer. Wer hätte daran geglaubt, dass ich diese Strecke wirklich innerhalb von zwei Jahren schaffe?

In den Monaten nach dem Wanderprojekt erkenne ich immer mehr, wie sehr mich diese beiden Jahre verändert haben. Denkt mal daran, wie sehr euch nach einem zweiwöchigen Urlaub die Erinnerungen daran ausfüllen. Manchmal scheint es mir so, als könnte ich nun den Rest meines Lebens damit verbringen, in dem unfassbar vielfältigen Schatz der Erinnerungen an die 10.000 Kilometer zu schwelgen. Ich habe so viel gesehen und erlebt.

Während der letzten Tage wechselte ich emotional häufig zwischen der Freude, die 10.000 Kilometer trotz aller Hindernisse geschafft zu haben, und dem Bedauern, dass meine große Wanderung nun zu Ende geht. Am liebsten würde ich gleich morgen mit dem nächsten Fernwanderweg beginnen.

Als ich in Wehr den letzten offiziellen Kilometer meines ursprünglich auf zwei Jahre befristeten Deutschland-Wanderer-Projekts beende, ahne ich noch nicht, dass ich in den nächsten Monaten meine Homepage um viele hundert Kilometer mit Tageswanderungen ergänzen und schon in einem halben Jahr mein neues, großes Rheinauen-Wanderer-Projekt starten werde.

***

Ausrüstungstipps

Als Anfänger schleppt man meist einen viel zu schweren Rucksack. Genügend Getränke, trockene Wechselbekleidung und ein kleines Notfall-Set mit Verbandsmaterial muss man auf jeden Fall einpacken. Bücher, Zeitschriften, Proviant für mehrere Tage, schwere Kosmetikbeutel, die dicke Brieftasche und vielen anderen Ballast kann man dagegen zuhause lassen. Haarshampoo, Duschgel und Zahnpasta sollte man entweder nur in fast leeren Packungen oder besser gleich als Mini-Portion mitnehmen.

Inzwischen ist das Sohlenprofil bei Trailrunning-Schuhen so gut, dass ich ausschließlich diese anstatt schwerer Wanderschuhe trage. Seit meinen vielen Ultratrail-Wettkämpfen bin ich es gewohnt, selbst auf extrem anspruchsvollen Strecken in hochalpinem Gelände mit guten Trailrunning-Schuhen zu laufen. In atmungsaktiven Trailschuhen trocknen nach einem Regenguss oder einer Bachdurchquerung die Socken und Füße viel schneller als in Wanderstiefeln. Wanderschuhe mit festem Schaft bieten zwar besseren Schutz vor Umknicken, durch ihre Steifheit verliert man darin aber das Gefühl für den Untergrund. Da sich die Füße in flexibleren Schuhen besser den Steinen und Wurzeln am Boden anpassen können, kommen erfahrene und trittsichere Läufer darin sogar gefahrloser voran als mit starren Wanderschuhen. Aber dies gilt ausdrücklich nicht für untrainierte Anfänger!

Ich wandere fast immer mit Wanderstöcken, da sie die Kraft auf Beine, Schultern und Arme verteilen und die Fuß- und Kniegelenke entlasten. Auf steinigem oder rutschigem Boden, bei Bachüberquerungen und im Schnee reduzieren Stöcke die Sturzgefahr. Ich empfehle ausdrücklich nur faltbare Stöcke, weil sich Schraubgewinde unterwegs lösen und zu schweren Stürzen führen können, wie ich es selbst schon erlebt habe.

Baumwolle eignet sich nicht als Wanderbekleidung, da sie zu schlecht trocknet. Die meisten modernen Sporttextilien sind angenehmer, doch sie stinken sehr schnell. Außerdem ist das synthetische Material meist nicht besonders umweltfreundlich. Beim Wandern ziehe ich seit zwei Jahren fast ausschließlich Unterwäsche, Shirts und Socken aus Merinowolle an. Diese kann ich meist am Abend waschen und schon am Morgen wieder trocken in den Rucksack packen. Außerdem fühlen sich Merino-Socken auch in nassem Zustand wesentlich angenehmer an als andere Socken. Zum Glück verzichten inzwischen viele Hersteller auf die umstrittene Tierquälerei durch Mulesing.

Da ich Rucksäcke mit Netzgitter viel angenehmer finde als die anderen, bei denen eine zu große, schlecht belüftete Fläche direkt am Rücken aufliegt, ist mir die Futura-Reihe von Deuter am liebsten. Im Sommer passt alles in meinen Futura Pro 36 Liter, im Winter trage ich den Futura Vario 50+10 Liter. Ich rate dringend dazu, als Schutz vor Nässe alle wichtigen Dinge zusätzlich auch in leichte, wasserdichte Beutel zu verpacken.

Verbandsmaterial und Sonnencreme nehme ich immer mit, Blasenpflaster habe ich zum Glück noch nie gebraucht. Da ich nie im Freien übernachte, spare ich das Gewicht von Zelt, Schlafsack und Kocher.

Anfangs fotografierte ich mit der Canon EOS M50, die sich aber schon nach wenigen Wochen als extrem störanfällig erwies. Seit März 2019 fotografiere ich ausschließlich mit der Spiegelreflexkamera Nikon D5600.

Vor allem in der dunkleren Jahreshälfte rate ich bei längeren Etappen unbedingt dazu, eine Stirnlampe mitzunehmen. Selbst wenn man plant, sein Ziel vor Sonnenuntergang zu erreichen, kann durch Orientierungsprobleme, Streckensperrungen, Unwetter, Verletzung oder Erschöpfung die Dauer der Tour drastisch steigen. An besonders kalten Tagen sollte man seine Getränke in eine Thermoskanne füllen, sonst führt eisiges oder sogar gefrorenes Wasser dazu, dass man unterwegs zu wenig trinkt. Damit kein Schnee von oben in die Schuhe eindringt, nehme ich bei Schneewanderungen meist Gamaschen mit. Wenn mit vereisten Streckenabschnitten gerechnet werden muss, empfehle ich Spikes oder Schneeketten, die man auf die Schuhe schnallt. Ich benutze seit vielen Jahren Yak Trax.

Lindemanns Bibliothek, Band 374

ISBN 978-3-96308-114-9

www.lindemanns-web.de